Ébano

Ryszard Kapuściński

Ébano

Traducción del polaco de Agata Orzeszek
y Roberto Mansberger Amorós

EDITORIAL ANAGRAMA
BARCELONA

Título de la edición original:
Heban
Czytelnik
Varsovia, 1998

Ilustración: foto © Sergio Caminata, de *Himba,*
Federico Motta Editore

Primera edición: octubre 2000
Vigésima sexta edición: noviembre 2015

Diseño de la colección: Julio Vivas y Estudio A

© De la traducción, Agata Orzeszek y Roberto Mansberger Amorós, 2000

© Ryszard Kapuściński, 1998

© EDITORIAL ANAGRAMA, S. A., 2000
    Pedró de la Creu, 58
    08034 Barcelona

ISBN: 978-84-339-2545-9
Depósito Legal: B. 9051-2011

Printed in Spain

Reinbook Imprès, sl, Passeig Sanllehy, 23
08213 Polinyà

He vivido unos cuantos años en África. Fui allí por primera vez en 1957. Luego, a lo largo de cuarenta años, he vuelto cada vez que se presentaba la ocasión. Viajé mucho. Siempre he evitado las rutas oficiales, los palacios, las figuras importantes, la gran política. Todo lo contrario: prefería subirme a camiones encontrados por casualidad, recorrer el desierto con los nómadas y ser huésped de los campesinos de la sabana tropical. Su vida es un martirio, un tormento que, sin embargo, soportan con una tenacidad y un ánimo asombrosos.

De manera que éste no es un libro sobre África, sino sobre algunas personas de allí, sobre mis encuentros con ellas y el tiempo que pasamos juntos. Este continente es demasiado grande para describirlo. Es todo un océano, un planeta aparte, todo un cosmos heterogéneo y de una riqueza extraordinaria. Sólo por una convención reduccionista, por comodidad, decimos «África». En la realidad, salvo por el nombre geográfico, África no existe.

R. K.

EL COMIENZO, EL IMPACTO, GHANA 1958

Lo primero que llama la atención es la luz. Todo está inundado de luz. De claridad. De sol. Y tan sólo ayer: un Londres otoñal bañado en lluvia. Un avión bañado en lluvia. Un viento frío y la oscuridad. Aquí, en cambio, desde la mañana todo el aeropuerto resplandece bajo el sol, todos nosotros resplandecemos bajo el sol. Tiempo ha, cuando los hombres atravesaban el mundo a pie o a caballo o en naves, el viaje los iba acostumbrando a los cambios. Las imágenes de la tierra se desplazaban despacio ante sus ojos, el escenario del mundo apenas giraba. El viaje duraba semanas, meses. El hombre tenía tiempo para familiarizarse con ambientes diferentes, con nuevos paisajes. El clima también cambiaba gradualmente, poco a poco. Antes de que el viajero de la fría Europa alcanzase el ardiente ecuador, ya había experimentado la temperatura agradable de Las Palmas, el calor de El-Mahara y el infierno de Cabo Verde.

¡Hoy no queda nada de aquellas gradaciones! El avión nos arrebata violentamente del frío glacial y de la nieve para lanzarnos, el mismo día, al abismo candente del trópico. De pronto, cuando apenas nos hemos restregado los ojos, nos hallamos en el centro de un infierno húmedo. Enseguida empezamos a sudar. Si hemos llegado de Europa en invierno, nos libramos de los abrigos, nos quitamos los jerséis. Es el primer gesto de nuestra iniciación, es decir, de la gente del Norte, al llegar a África.

Gente del Norte. ¿Hemos pensado que la gente del Norte constituye una clara minoría en nuestro planeta? Canadienses y

9

polacos, lituanos y escandinavos, parte de americanos y de alemanes, rusos y escoceses, lapones y esquimales, evenkos y yakutios, la lista tampoco resulta muy larga. No sé si, entre todos, abarcará más de quinientos millones de personas: menos del diez por ciento de los habitantes del planeta. La inmensa mayoría, desde que nace hasta que muere, vive al calor del sol. Además, el hombre nació al calor del sol, sus huellas más antiguas se han encontrado en países cálidos. ¿Qué clima reinaba en el paraíso bíblico? Reinaba el calor eterno, tanto que Adán y Eva podían ir desnudos y no sentir frío ni siquiera a la sombra de un árbol.

Ya en la escalerilla del avión nos topamos con otra novedad: el olor del trópico. ¿Novedad? Si no es otro que el olor que llenaba la tienda del señor Kanzaman, Productos Ultramarinos y Demás, situada en la calle Perec de Pińsk. Almendras, clavos, dátiles, cacao. Vainilla, hojas de laurel; naranjas y plátanos por piezas y cardamomo y azafrán al peso. ¿Y Drohobycz? ¿El interior de *Las tiendas de color canela*, de Schulz? Al fin y al cabo, «su interior, mal iluminado, oscuro y solemne, estaba impregnado de un fuerte olor a laca, colores, incienso, aromas de países lejanos, de raras mercancías».[1] Con todo, el olor del trópico es algo distinto. No tardaremos en notar su opresión, su pegajosa materialidad. Ese olor enseguida nos hará conscientes de que nos encontramos en ese punto de la tierra en que la frondosa e incansable biología no para de trabajar: germina, brota y florece, y al mismo tiempo padece enfermedades, se desintegra, se carcome y se pudre.

Es el olor del cuerpo acalorado y del pescado secándose, de la carne pudriéndose y la *kassawa* asada, de flores frescas y algas fermentadas, en una palabra, de todo aquello que, a un tiempo, resulta agradable y desagradable, que atrae y echa para atrás, que seduce y da asco. Ese olor nos llegará de los palmerales, saldrá de la tierra incandescente, se elevará por encima de las alcantarillas apestosas de las ciudades. No nos abandonará, es parte del trópico.

1. Versión castellana de Salvador Puig. Madrid, Debate, 1991, p. 50. *(N. de la T.)*

Y, finalmente, el descubrimiento más importante: la gente. Gentes de aquí, del lugar. ¡Cómo encajan en ese paisaje, en esa luz, en ese olor! ¡Cómo se convierten el hombre y la naturaleza en una comunidad indivisible, armónica y complementaria! ¡Cómo se funden en un solo cuerpo! ¡Cómo cada una de las razas está enraizada en su paisaje, en su clima! Nosotros moldeamos nuestro paisaje y él moldea los rasgos de nuestros rostros. En medio de esas palmeras y lianas, de toda esa exuberancia selvática, el hombre blanco aparece como un cuerpo extraño, estrafalario e incongruente. Pálido, débil, con la camisa empapada en sudor y el pelo apelmazado, no cesan de atormentarlo la sed, el tedio y la sensación de impotencia. El miedo no lo abandona: teme a los mosquitos, a la ameba, a los escorpiones, a las serpientes; todo lo que se mueve lo llena de pavor, de terror, de pánico.

Los del lugar, todo lo contrario: con su fuerza, gracia y aguante, se mueven con desenvoltura y naturalidad, y a un ritmo que el clima y la tradición se han encargado de marcar; un ritmo tal vez poco apresurado, más bien lento, pero, a fin de cuentas, en la vida tampoco se puede conseguirlo todo; de no ser así, ¿qué quedaría para otros?

Llevo aquí una semana. Intento conocer Acra. Es una ciudad pequeña que parece haberse multiplicado y autocopiado, y que ha salido a rastras de la selva para detenerse a orillas del golfo de Guinea. Acra es plana, baja y mísera, aunque también hay en ella casas de dos o más plantas. Nada de arquitectura rebuscada, nada de lujo ni de suntuosidad. Unos revoques de lo más corriente, paredes de color pastel, amarillo y verde claro, que aparecen llenas de chorreaduras. Frescas estas últimas al acabarse la estación de las lluvias, forman infinitos mosaicos, *collages* y constelaciones de manchas, crean mapas fantásticos y dibujos de líneas serpenteantes. El centro de la ciudad está densamente edificado. Hay mucho tráfico, multitud de gente, bullicio; la vida se hace en la calle. La calle no es sino mera calzada, separada de los bordes por un arroyo-alcantarilla. No hay aceras. Los coches se entremezclan con la multitud pedestre. Todo avanza junto: peatones, automóviles, bicicletas, carros de porteadores, y también vacas y cabras. En los bordes, más allá del sumidero y a lo largo de toda la calle, se desarrolla la vida doméstica y mercantil. Las mujeres machacan la mandioca, asan a la brasa bulbos de taro, cocinan algún plato, comercian con chicles, galletas y aspirinas, lavan y secan la ropa. Y todo ello a la vista de todos, como si rigiese una orden que obliga a los habitantes a abandonar sus casas a las ocho de la mañana y a permanecer en la calle. La causa real es muy distinta: las viviendas son pequeñas, estrechas y pobres. El ambiente es sofocante, no hay ventilación, el aire es pesado y los olores nauseabundos, no hay con qué respirar. Además, el pasar el día en la calle permite participar en la vida social. Las mujeres no paran de hablar entre ellas, gritan, gesticulan y acaban riéndose. Apostadas junto a una olla o palangana, tienen, además, un perfecto punto de observación. Pueden contemplar a los vecinos, a los peatones, la calle, escuchar conversaciones y riñas, seguir el curso de los acontecimientos. La persona está todo el día en medio de la gente, del bullicio, al aire libre.

Recorre esas calles un Ford de color rojo con un altavoz en el techo. Una voz ronca y firme exhorta a la gente a que acuda a un mitin. Será punto fuerte del mitin la presencia de Kwame Nkrumah, Osagyefo, el primer ministro, el líder de Ghana, el líder de África, de todos los pueblos oprimidos. Las fotografías de Nkrumah están por todas partes: en los periódicos (todos los días), en los carteles, en las banderolas y en las faldas de percal de las mujeres, que les llegan hasta los pies. Muestran el rostro decidido de un hombre de mediana edad, ya sonriente, ya serio, pero invariablemente en una toma que debe sugerir que el líder mira hacia el futuro.

–¡Nkrumah es el salvador! –me dice un joven maestro, Joe Yambo, con voz llena de admiración–. ¿Has oído cómo habla? ¡Como el profeta!

Pues sí, lo he oído. Acudió a un mitin que se celebraba en el estadio de la ciudad. Y con él, los ministros, hombres jóvenes y enérgicos que daban la impresión de pasárselo muy bien, de los que siempre parecen contentos y divertidos. El acontecimiento había empezado con unos sacerdotes botellas de ginebra en mano, con las que rociaban la tribuna: se trataba de una ofrenda a los espíritus, de ponerse en contacto con ellos, de pedirles comprensión y benevolencia. En un mitin de estas características hay, cómo no, personas adultas, pero sobre todo un montón de niños: desde los de pecho cuyas madres los llevan a la espalda, pasando por los que apenas gatean, hasta los de la edad de la guardería y el colegio. A los pequeños los cuidan los mayores, y a éstos, los más grandes todavía. Esta jerarquía de la edad se observa a rajatabla y la obediencia es absoluta. El niño de cuatro años tiene un poder absoluto sobre el de dos; y el de seis, sobre el de cuatro. Así, siempre son los niños los que se cuidan de otros niños, los más grandes de los más pequeños, de modo que los adultos pueden dedicarse a sus propios asuntos, como por ejemplo a escuchar a Nkrumah con toda atención.

El discurso que pronunció Osagyefo duró poco rato. Dijo que lo más importante era conseguir la independencia; el resto, en cierto modo, vendría solo. La independencia sería la fuente de todo bien.

Apuesto y de movimientos decididos, su rostro tenía rasgos nítidamente definidos y sus ojos, grandes y expresivos, recorrían el mar de cabezas negras allí reunidas con suma atención, como si quisiese contarlas todas, sin pasar por alto ni una.

Después del mitin, los de la tribuna se mezclaron con la multitud, se formó un hervidero de voces y gentes, y no se veía ningún servicio de seguridad, guardaespaldas o policía. Joe consiguió llegar hasta un joven (diciéndome por el camino que era un ministro) y le preguntó si yo podía ir a verlo al día siguiente. Éste, en medio del bullicio generalizado y sin haberse enterado muy bien de qué se trataba, dijo, como quien cubre el expediente: ¡De acuerdo!, ¡de acuerdo!

Al día siguiente, encontré el nuevo edificio del Ministerio de Educación e Información, que se levantaba en medio de un magnífico palmeral. Era viernes. El sábado, en la habitación de mi pequeño hotel, describí el día anterior:

Paso libre: ni un policía, ni una secretaria, ni siquiera una puerta.

Descorro una cortina estampada y entro. El despacho del ministro se sume en cálida penumbra. Él mismo está de pie junto a la mesa y pone en orden unos papeles. Éstos, convertirlos en una bola y a la papelera. Aquéllos, alisarlos y a la carpeta. Una silueta menuda y esbelta, una camiseta, un pantalón corto, unas sandalias, un *kente* con dibujos de flores echado por el hombro izquierdo, movimientos nerviosos.

Es Kofi Baako, ministro de Educación e Información.

Es el ministro más joven de Ghana y de toda la Commonwealth. Tiene treinta y dos años y lleva tres en el cargo. Su despacho se encuentra en la segunda planta del edificio. Aquí, el escalafón de rangos se corresponde con la jerarquía de los pisos. A mayor importancia del personaje, más alto el piso. Y es que arriba corre el aire, mientras que abajo el aire es pétreo, inmóvil. De modo que en la planta baja se asfixian los pequeños funcionarios; encima de ellos, los directores de departamento disfrutan de una levísima brisa, y, arriba de todo, a los ministros los alivia esa corriente de aire tan soñada.

Puede ir a ver al ministro el que quiera. Y cuando quiera. Si alguien tiene un asunto que solucionar, viene a Acra, averigua dónde trabaja el ministro, pongamos por caso, de Agricultura, va hasta allí, descorre la cortina, se sienta delante del funcionario y le expone el motivo de su preocupación. Si no encuentra al personaje en la oficina, lo encontrará en casa. Aún mejor, pues allí lo invitarán a comer y le ofrecerán alguna bebida. Antes, la gente se sentía distanciada de la administración blanca. Pero ahora mandan los de casa, así que no hace falta andarse con remilgos. Como es mi gobierno, tiene que ayudarme. Y para que pueda hacerlo, tiene que saber para qué lo necesito. Y para que él lo sepa, yo tengo que ir a explicárselo. Y lo mejor es que vaya yo mismo, directamente, en persona. Los solicitantes parecen no tener fin.

—Buenos días —dice Kofi Baako—. ¿De dónde vienes?

–De Varsovia.

–¿Sabes?, me faltó poco para conocerla. Y es que yo he viajado por toda Europa: Francia, Bélgica, Inglaterra, Yugoslavia. En Checoslovaquia estuve esperando el momento de ir a Polonia, pero Kwame me mandó un telegrama diciendo que debía volver para el congreso de nuestro partido gobernante, el Convention People's Party.

Estábamos sentados a la mesa de su despacho, sin puertas ni ventanas. En su lugar aparecían unos postigos entreabiertos por los que se deslizaba una suave corriente de aire. La estancia, más bien pequeña, estaba abarrotada de papeles: documentos, actas, folletos... En un rincón se veía una caja fuerte; en las paredes, varios retratos de Nkrumah y en un estante, un altavoz de los que nosotros llamamos koljosianos. En él retumbaban los tam-tams, tanto que Baako acabó apagándolo.

Yo quería que me hablase de él, de su vida. Baako tiene gran predicamento entre los jóvenes. Lo quieren porque es un buen deportista. Juega al fútbol, al críquet y es campeón de Ghana en ping-pong.

–Un momento –se interrumpe–, que voy a pedir que me pongan con Kumasi. Voy allí mañana a un partido.

Ha llamado a correos para que le pongan la conferencia. No se la ponen. Le han dicho que espere.

–Ayer fui a ver dos películas –me dice, con el auricular pegado a la oreja–, quería saber qué dan en los cines. Y echan unas películas que los escolares no deberían ver. Tengo que promulgar una disposición para que a la juventud se le prohíba ver semejantes cosas. Y hoy, desde por la mañana, he visitado los puestos de libros de la ciudad. El gobierno fija precios bajos para los libros de texto, pero se dice que los suben los vendedores. He querido comprobarlo. Y sí, los venden más caros de lo que deberían.

Ha vuelto a llamar a correos.

–Oye, ¿a qué os dedicáis por ahí? ¿Cuánto tiempo tengo que esperar? ¿No sabéis quién llama?

En el auricular, una voz de mujer respondió:

–No.

–¿Y quién eres tú?

–La telefonista de guardia.

–Pues yo soy el ministro de Educación e Información, Kofi Baako.

–¡Buenos días, Kofi! Ahora mismo te pongo la conferencia.

Y ya hablaba con Kumasi.

Mientras, me dediqué a echar un vistazo a sus libros, que aparecían sobre una cómoda: Hemingway, Lincoln, Koestler, Orwell. *Historia de la música* (edición popular), *Diccionario americano* (edición de bolsillo), novelas policíacas.

–Soy un apasionado de la lectura. En Inglaterra me compré la *Encyclopaedia Britannica* y ahora la leo a trocitos. Ni siquiera puedo comer si no leo, siempre tengo que tener delante un libro abierto.

Y al cabo de un rato:

–Otra de mis aficiones, aún más grande, es la fotografía. Fotografío siempre y en todas partes. Tengo más de diez cámaras. Cuando entro en una tienda y veo un nuevo modelo, no puedo evitar comprarlo. He regalado un proyector a los niños y por las noches les paso películas.

Tiene cuatro hijos, de edades comprendidas entre los nueve y los tres años. Todos van a la escuela, incluido el más pequeño. No es nada extraño que un crío de tres años vaya a clase. Sobre todo si se dedica a hacer travesuras. Entonces, la madre, para estar tranquila, lo manda allí.

El mismo Kofi Baako fue a la escuela a la edad de tres años. Su padre, que era maestro, quería tenerlo bajo vigilancia. Cuando terminó el colegio, lo enviaron al instituto de Cape Coast. Luego trabajó como maestro, y después como oficinista. A finales de 1947 y tras cursar estudios universitarios en Estados Unidos y en Inglaterra, Nkrumah regresa a Ghana. Y Baako presta atención a lo que dice aquel hombre. Éste habla de independencia. Entonces Baako escribe el artículo «Mi odio al imperialismo». Lo echan del trabajo. Está en la lista negra: nadie quiere darle un empleo. Deambula por la ciudad. Se produce el encuentro con Nkrumah. Kwame le confía el cargo de redactor jefe del *Cape Coast Daily Mail*.

16

Kofi tiene veinte años. Escribe el artículo «Clamamos por la libertad» y da con sus huesos en la cárcel. También son detenidos Nkrumah y varios activistas más. Pasan trece meses entre rejas, hasta que los sueltan. Hoy, este grupo constituye el gobierno de Ghana.

Ahora habla de cuestiones generales:

–Sólo el treinta por ciento de la gente de Ghana sabe leer y escribir. Queremos acabar con el analfabetismo en quince años. Tenemos dificultades: faltan profesores, libros, escuelas. Las escuelas son de dos clases: las de las misiones y las del Estado. Pero todas dependen del gobierno y hay una sola política educativa. Además, en el extranjero se forman más de cinco mil estudiantes. Pero con ellos a menudo hay un problema: que una vez de vuelta ya no hablan el mismo idioma que el pueblo. Fíjate en la oposición. Sus líderes han salido de Oxford y de Cambridge.

–¿Qué quiere la oposición?

–¿Y qué sé yo? Creemos que la oposición es necesaria. Su portavoz parlamentario recibe un sueldo del gobierno. Hemos permitido que todos los partidillos, grupos y grupúsculos de la oposición se unificasen y fundiesen en un solo partido, para que tuvieran más fuerza. Nuestra postura es que en Ghana todo el mundo, el que quiera, está en su derecho de fundar un partido político, siempre y cuando éste no se base en criterios de raza, religión o tribu. Cada uno de esos partidos, en nuestro país, puede hacer uso de todos los medios constitucionales para conseguir el poder político. Pero con todo eso, te haces cargo, ¿eh?; finalmente no se sabe qué quiere la oposición. Llaman a un mitin y gritan: nosotros tenemos diplomas de Oxford y el tal Kofi Baako ni siquiera ha terminado el instituto. Él es hoy ministro y yo no soy nadie. Pero cuando yo sea ministro, el tal Baako será demasiado tonto para que le confíe el puesto de chico de los recados. La gente presta oídos sordos a esa verborrea porque aquí los Kofi Baako son mucho más numerosos que toda la oposición junta.

Le digo que me marcho, que ya es hora de comer. Me pregunta qué hago por la noche. Yo había planeado ir a Togo.

–Déjalo correr –y hace un gesto de displicencia–, ven a la fiesta. Hoy la organiza la Radio.

Yo no tenía invitación. Él buscó un trozo de papel y escribió: «Dejad entrar en vuestra fiesta al periodista polaco Ryszard Kapuściński. Kofi Baako, ministro de Educación e Información.»

–Toma, yo también iré; haremos unas cuantas fotos.

Por la noche, la guardia apostada en la entrada del edificio de la Radio me recibió con honores militares y me sentaron a una mesa reservada. La fiesta estaba en pleno apogeo cuando al borde de la pista de baile (se celebraba en un jardín) se detuvo un Peugeot de color gris, del cual bajó Kofi Baako. Vestía la misma ropa que en el ministerio, con la diferencia de que bajo el brazo llevaba un chándal rojo: aquella noche se iba a Kumasi, podía pasar frío. Todo el mundo lo conocía. Baako era ministro de escuelas, universidades, prensa, radio, editoriales, museos; de todo lo relacionado con la ciencia, la cultura, el arte y la propaganda del país.

Enseguida nos vimos envueltos por la multitud. Se sentó para tomarse una Coca-Cola, pero no tardó en levantarse.

–Ven, te enseñaré mis cámaras fotográficas.

Abrió el maletero del coche y sacó una maleta. La depositó en el suelo, se arrodilló y la abrió. Nos pusimos a sacar las cámaras y a colocarlas sobre la hierba. Eran quince.

En aquel momento se nos acercaron dos muchachos un tanto bebidos.

–Kofi –habló uno de ellos con voz llena de reproche–, hemos comprado la entrada, pero no nos dejan quedarnos aquí porque no llevamos chaquetas. Entonces, ¿por qué nos han vendido las entradas?

Baako se levantó para contestarles.

–Escuchadme, yo soy un hombre demasiado grande como para ocuparme de esta clase de asuntos. Esto está lleno de tipos pequeños; que ellos se encarguen de los asuntos pequeños. Yo llevo sobre los hombros problemas de Estado.

Los dos jóvenes se alejaron un tanto tambaleantes y nosotros nos dispusimos a hacer fotos. Bastó que Baako apareciese cubierto de cámaras para que, desde las mesas, se oyeran voces como:

–Kofi, sácanos una foto.

–¡A nosotros!

–¡Y a nosotros también!

Él empezó a circular entre las mesas, eligiendo aquellas donde se sentaban las muchachas más guapas, las colocaba en varias poses, exigía una sonrisa y disparaba el flash. Conocía sus nombres: Abena, Ekwa, Esi. Ellas lo saludaban sin levantarse, dándole la mano y encogiéndose de hombros, lo que aquí es muestra de frívola coquetería. Baako recorrió todo el lugar; en aquella ocasión sacamos muchas fotos. Consultó el reloj.

–Tengo que irme.

No quería llegar tarde al partido.

–Ven mañana, revelaremos las fotos.

Brillaron los faros y el Peugeot desapareció en la oscuridad. Mientras tanto, el torbellino que era aquella fiesta, o, mejor dicho, balanceo, tumulto y humareda, se prolongó hasta la madrugada.

CAMINO DE KUMASI

¿A qué se parece la estación de autobuses de Acra? Pues recuerda al campamento de un gran circo que se ha detenido en su camino para una breve parada y fonda. Hay mucho colorido y suena la música. Los autobuses se asemejan más a los carromatos de un circo que a los lujosos Chausson que recorren las autopistas de Europa y Norteamérica.

Los de Acra son una especie de camiones con carrocería de madera que cubre un techo apoyado sobre unos palos. Gracias a que no hay paredes, durante el trayecto nos refresca una corriente de aire salvadora. En este clima, las corrientes de aire son un valor muy buscado. Si queremos alquilar un piso, la primera pregunta que formularemos al dueño será: «¿Corre aquí el aire?» Él, en respuesta, abrirá las ventanas de par en par y nos veremos recorridos por una benévola corriente de aire en movimiento: tomamos una buena bocanada, experimentamos un gran alivio y sentimos que la vida vuelve a nosotros.

En el Sáhara, los palacios de los poderosos están construidos del modo más rebuscado: aparecen llenos de aberturas, rendijas, recodos y pasillos, pensados de manera que permitan la mayor circulación de aire posible. Al calor de justicia que hace al mediodía, el poderoso de turno permanece echado sobre una estera, colocada estratégicamente junto a uno de esos reanimantes intersticios, y se deleita respirando el aire que en este lugar resulta un poco más fresco. La corriente se traduce en términos económicos: las casas más caras se levantan allí donde el aire circula más. Cuando se mantiene inmóvil, el aire no tiene valor, pero basta que se mueva para que su precio se dispare. Los autobuses, llenos de dibujos abigarrados, están pintados de colores vivos, llamativos, hasta chillones. Las cabinas de los conductores y los laterales lucen cocodrilos blandiendo dientes afilados, serpientes arqueadas preparándose para atacar, manadas de zambos saltando de árbol en árbol, antílopes huyendo al galope por la sabana de unos leones que las persiguen... Y, por todas partes, pájaros, un montón de pájaros, y cadenas y ramos de flores... En definitiva, un gran kitsch, pero cuán lleno de vida y de fantasía. Sin embargo, lo más importante son las inscripciones. De gran tamaño y adornadas con guirnaldas de flores, se ven desde lejos, pues su misión es la de alentar o advertir. Hablan de Dios y los hombres, de deberes y prohibiciones.

El mundo espiritual del africano (soy consciente que al usar este término simplifico mucho) es rico y complejo, y su vida interior está impregnada por una profunda religiosidad. El africano cree en la existencia simultánea de tres mundos, diferentes pero ligados entre sí.

El primero es el que lo rodea, es decir, la realidad visible y tangible que se compone de seres vivos, personas, animales y plantas, y de objetos muertos, como las piedras, el agua, el aire. El segundo es el mundo de los antepasados, de aquellos que han muerto antes que nosotros, pero que no parecen haber muerto del todo, no definitiva e irremediablemente. Al contrario, en un sentido metafísico, siguen vivos e, incluso, son capaces de participar en nuestra vida real, influir en ella y moldearla. Por eso el mantener buenas relaciones con los antepasados es una condición para tener una vida feliz y, a veces, incluso para poder conservarla. Finalmente, el tercer mundo es el reino de los espíritus, extraordinariamente rico; espíritus que llevan una existencia independiente pero que al mismo tiempo viven dentro de cada ser, cada realidad, cada sustancia y objeto, en todas las cosas y en todas partes.

Está al frente de estos tres mundos el Ser Supremo, la Esencia Suprema, Dios. Por eso muchas inscripciones de los autobuses destilan principios transcendentales: «Dios está en todas partes», «Dios sabe lo que hace», «Dios es misterio». Pero también hay inscripciones más terrestres, más humanas: «Sonríe», «Dime que soy guapa», «Quien bien te quiere te hará llorar», etc.

Basta con aparecer en la plaza en que se amontonan decenas de autobuses para que nos rodee un enjambre de niños, gritando a cual más fuerte, la pregunta de adónde queremos ir: ¿a Kumasi, a Takoradi o a Tamale?

–A Kumasi.

Los que pescan a los pasajeros que van a Kumasi nos dan la mano y, saltando de alegría, nos conducen al autobús adecuado. Están contentos porque, por el hecho de haber encontrado pasajeros, recibirán del conductor una naranja o un plátano.

Nos subimos al autobús y ocupamos los asientos. En este momento puede producirse una colisión entre dos culturas, un choque, un conflicto. Esto sucederá si el pasajero es un forastero que no conoce África. Alguien así empezará a removerse en el asiento, a mirar en todas direcciones y a preguntar: «¿Cuándo arrancará el autobús?» «¿Cómo que cuándo?», le contestará, asombrado, el conductor, «cuando se reúna tanta gente que lo llene del todo.»

El europeo y el africano tienen un sentido del tiempo completamente diferente; lo perciben de maneras dispares y sus actitudes también son distintas. Los europeos están convencidos de que el tiempo funciona independientemente del hombre, de que su existencia es objetiva, en cierto modo exterior, que se halla fuera de nosotros y que sus parámetros son medibles y lineales. Según Newton, el tiempo es absoluto: «Absoluto, real y matemático, el tiempo transcurre por sí mismo y, gracias a su naturaleza, transcurre uniforme; y no en función de alguna cosa exterior.» El europeo se siente como su siervo, depende de él, es su súbdito. Para existir y funcionar, tiene que observar todas sus férreas e inexorables leyes, sus encorsetados principios y reglas. Tiene que respetar plazos, fechas, días y horas. Se mueve dentro de los engranajes del tiempo; no puede existir fuera de ellos. Y ellos le imponen su rigor, sus normas y exigencias. Entre el hombre y el tiempo se produce un conflicto insalvable, conflicto que siempre acaba con la derrota del hombre: el tiempo lo aniquila.

Los hombres del lugar, los africanos, perciben el tiempo de manera bien diferente. Para ellos, el tiempo es una categoría mucho más holgada, abierta, elástica y subjetiva. Es el hombre el que influye sobre la horma del tiempo, sobre su ritmo y su transcurso (por supuesto, sólo aquel que obra con el visto bueno de los antepasados y los dioses). El tiempo, incluso, es algo que el hombre puede crear, pues, por ejemplo, la existencia del tiempo se manifiesta a través de los acontecimientos, y el hecho de que un acontecimiento se produzca o no, no depende sino del hombre. Si dos ejércitos no libran batalla, ésta no habrá tenido lugar (es decir, el tiempo habrá dejado de manifestar su presencia, no habrá existido).

El tiempo aparece como consecuencia de nuestros actos y desaparece si lo ignoramos o dejamos de importunarlo. Es una materia que bajo nuestra influencia siempre puede resucitar, pero que se sumirá en estado de hibernación, e incluso en la nada, si no le prestamos nuestra energía. El tiempo es una realidad pasiva y, sobre todo, dependiente del hombre.

Todo lo contrario de la manera de pensar europea.

Traducido a la práctica, eso significa que si vamos a una aldea donde por la tarde debía celebrarse una reunión y allí no hay nadie, no tiene sentido la pregunta: «¿Cuándo se celebrará la reunión?» La respuesta se conoce de antemano: «Cuando acuda la gente.»

De modo que el africano que sube a un autobús nunca pregunta cuándo arrancará, sino que entra, se acomoda en un asiento libre y se sume en el estado en que pasa gran parte de su vida: en el estado de inerte espera.

—¡Esta gente tiene una capacidad extraordinaria de espera! —me dijo en una ocasión un inglés que llevaba mucho tiempo viviendo aquí—. Capacidad, aguante, ¡es un sexto o séptimo sentido!

En alguna parte del mundo fluye y circula una energía misteriosa, la cual, si viene a buscarnos, si nos llena, nos dará la fuerza para poner en marcha el tiempo: entonces algo empezará a ocurrir. Sin embargo, mientras una cosa así no se produzca, hay que esperar; cualquier otro comportamiento será una ilusión o una quijotada.

¿En qué consiste esa inerte espera? Las personas entran en este estado conscientes de lo que va a ocurrir; por lo tanto, intentan elegir el mejor lugar y aposentarse lo más cómodamente posible. A veces unas se tumban, otras se sientan en el suelo o en una piedra, o se ponen en cuclillas. Dejan de hablar. El grupo de personas en estado de inerte espera es mudo. No emite ninguna voz, permanece en silencio. Los músculos se distienden. La silueta se vuelve lacia, se desmaya y encoge. El cuello se queda rígido y la cabeza deja de moverse. La persona no mira, no intenta divisar nada, no se muestra curiosa. A veces tiene los ojos entornados, pero no siempre. Los ojos, por lo general, están abiertos pero con la mirada ausente, sin brizna de vida. Puesto que he pasado horas observando multitudes enteras en estado de inerte espera, puedo afirmar que se sumen en una especie de profundo sueño fisiológico: no comen, no beben, no orinan. No reaccionan a un sol que abrasa sin piedad ni a las moscas, voraces y pesadas, que las asedian y se posan sobre sus labios y párpados.

¿Qué debe de pasar entonces por sus cabezas?

Lo ignoro, no tengo la menor idea. ¿Piensan o no? ¿Sueñan? ¿Recuerdan cosas? ¿Hacen planes? ¿Meditan? ¿Permanecen en el más allá? Difícil de decir.

Al final, después de dos horas de espera, el autobús, repleto, sale de la estación. En el camino, lleno de baches, los pasajeros, sacudidos, despiertan a la vida. Alguien se pone a buscar un bizcocho, otro pela un plátano. Todos empiezan a mirar a su alrededor, se secan las caras empapadas y doblan cuidadosamente los pañuelos húmedos. El conductor no para de hablar; tiene una mano puesta sobre el volante y usa la otra para gesticular. A cada momento, todos estallan en carcajadas; él, en las más fuertes; otros, en risas menos sonoras. A lo mejor, ¿quién sabe?, sólo lo hacen por educación, porque así lo mandan los buenos modales. Estamos en pleno viaje a bordo de nuestro autobús. Los que van conmigo sólo pertenecen a la segunda, cuando no primera, generación de afortunados que viajan en un medio de transporte rodado. Durante miles y miles de años, África anduvo a pie. La gente de aquí no tenía noción de la rueda, ni tan siquiera conseguía hacerse a tal idea. Hombres y mujeres iban a pie, se desplazaban caminando y todo lo que tenían que llevar lo llevaban en la espalda, en los brazos y, las más de las veces, sobre las cabezas.

¿Que de dónde han salido los barcos que se ven en los lagos, en el interior del continente? Del océano: los desmontaban en los puertos marítimos, transportaban las piezas sobre las cabezas y las montaban en las orillas de los lagos. Se han transportado al interior de África, por piezas, ciudades, fábricas, maquinaria para minas, plantas eléctricas y hospitales. Toda la civilización técnica del siglo XIX fue llevada al interior de África sobre las cabezas de sus habitantes.

Los del África del Norte, incluso los del Sáhara, tuvieron mejor suerte: podían usar animales de carga, como los camellos. Pero ni el camello ni el caballo consiguieron adaptarse al África subsahariana: morían diezmados por la mosca tse-tse y también a causa de otras enfermedades mortales del trópico húmedo.

El problema de África consistía en la contradicción entre el hombre y el medio, entre la inmensidad del espacio africano (¡más de treinta millones de kilómetros cuadrados!) y el hombre, indefenso, descalzo y pobre: su habitante. Se dirigiera la vista donde se dirigiese, todo estaba lejos, todo estaba desierto, deshabitado, infinito. Era necesario caminar cientos, miles de kilómetros para encontrar a otros seres humanos (no se puede decir: «a otro ser humano», porque en aquellas condiciones un hombre solo no podría sobrevivir). La información, el conocimiento, los avances de la técnica, los bienes de consumo, la experiencia de otros, nada de esto había penetrado, nada había encontrado el camino. No existía el intercambio entendido como una forma de participación en la cultura universal. Cuando surgía, se trataba de una excepción, era todo un acontecimiento, una fiesta. Y, sin el intercambio, no hay progreso.

Lo más frecuente era que grupos, clanes o pueblos poco numerosos viviesen aislados, perdidos y diseminados por el vasto y hostil territorio, y mortalmente amenazados por la malaria, la sequía, el calor y el hambre.

Por otra parte, el vivir y desplazarse en grupos pequeños les permitía huir de los lugares expuestos a algún peligro, como por ejemplo las zonas de sequía o de epidemia, y así sobrevivir. Estos pueblos aplicaban la misma táctica que tiempo ha había empleado en los campos de batalla la caballería ligera. Sus principios básicos eran: moverse de prisa, evitar confrontaciones directas, rehuir el mal y engañarlo con astucia. Todo eso hizo del africano un hombre en constante peregrinaje. Incluso aquel que llevaba una vida sedentaria, que vivía en un poblado, también lo era, pues, de vez en cuando, también peregrinaba su poblado entero: ya porque se había acabado el agua, ya porque la tierra había dejado de dar fruto, ya porque se había declarado una epidemia; así que: en camino, en busca de la salvación y con la esperanza de un futuro mejor. Sólo la vida en las ciudades dotó a esta existencia de una mayor estabilidad.

La población de África no era sino una gigantesca y enmarañada red que, cubriendo todo el continente y hallándose en constante movimiento, fluía y se entrelazaba, se concentraba en un lugar y se dispersaba en otro. Una tela multicolor. Un tapiz abigarrado.

Esta forzada movilidad de su población ha hecho que en el interior de África no haya ciudades antiguas, tan antiguas –como las de Europa o de Oriente Medio– que se hayan conservado hasta hoy. Otra situación parecida –una vez más a diferencia de Europa y de Asia–: un gran número de comunidades (algunos dicen que todas) ocupa territorios en que no había vivido antes.

Todos han llegado de otros lares, todos son inmigrantes. África constituye su mundo común, pero dentro de sus fronteras,

26

ellos se han desplazado, la han pateado durante siglos (en muchas partes del continente este proceso dura hasta hoy). De ahí el impactante rasgo de esta civilización: su provisionalidad, su carácter de algo accidental, su falta de continuidad material. La choza levantada tan sólo ayer hoy ya no existe. El campo cultivado hace tan sólo tres meses hoy es tierra baldía.

La continuidad que sí goza aquí de buena salud y cimenta diferentes comunidades es la de las tradiciones y ritos tribales y el profundo culto a los antepasados. De ahí que, más que una comunión material o territorial, el africano se siente ligado con sus allegados por una comunión espiritual.

El autobús se adentra cada vez más en el alto y tupido bosque tropical. En las zonas de clima moderado, la biología muestra cierto respeto al orden y a la disciplina: aquí tenemos un bosquecillo de pinos, un poco más lejos crecen unos robles y, más allá todavía, unos abedules. Transparencia y compostura reinan incluso en los bosques mixtos. En el trópico, por el contrario, la biología vive en un estado de locura, en el más salvaje éxtasis de germinación y multiplicación. Nos choca aquí una abundancia soberbia y expansiva, esa permanente eclosión de la verde y jadeante frondosidad cuyas partes, todas –el árbol, el arbusto, la liana, la parra–, al expandirse, al empujar una a otra, al estimularse y acuciarse mutuamente, se han entrelazado, anudado y cerrado tanto que sólo el acero afilado –con grandes dosis de trabajo de esclavos, además– puede abrir allí pasos, senderos y túneles.

Puesto que no había medios de transporte rodado en este inmenso continente, en el pasado, tampoco había caminos. Cuando a principios del siglo XX se trajeron los primeros coches, éstos no tenían por donde circular. Una carretera de tierra afirmada o de asfalto es una cosa nueva en África: sólo tiene una edad de varias décadas. Además, en muchas partes, sigue siendo una rareza. En lugar de caminos, había senderos. Para la gente y para el ganado, por lo general, compartidos. Esta forma *sendereante* de comunicación explica por qué la gente de aquí acostumbra a caminar en fila india; incluso cuando enfila una carretera ancha, camina en fila india. Por eso, aun tratándose de nutridos grupos de personas, cuando caminan permanecen en silencio: es difícil mantener una conversación en una fila india.

La persona debe ser un gran especialista en la geografía de estos senderos. Quien no la conozca, se perderá; y si deambula durante mucho tiempo sin agua y sin comida, morirá. El asunto consiste en lo siguiente: diferentes clanes, tribus y aldeas pueden tener una serie de senderos que se entrecruzan, y el que no lo sabe puede andar por ellos haciendo círculos al tiempo que piensa que lo llevarán al lugar de destino, y ellos lo acabarán llevando al encuentro con la muerte. Los más misteriosos y peligrosos son los senderos de la selva. A cada paso, el hombre no deja de tropezar con púas y ramas; antes de alcanzar su destino está lleno de arañazos y tumefacciones. Llevar un palo resulta muy útil, pues si en medio del sendero se ha acomodado una serpiente (cosa que ocurre muy a menudo), hay que ahuyentarla, y el palo es la herramienta que mejor sirve para este propósito. Otro problema lo constituyen los talismanes. Al vivir en un aislamiento impenetrable, los hombres del bosque tropical son de natural desconfiados y supersticiosos. Por eso cuelgan en los senderos toda clase de talismanes para que ahuyenten los malos espíritus. Cuando se topa uno con una piel de lagartija colgando de un lado al otro del sendero, la cabeza de un pájaro, un manojo de hierba o un diente de cocodrilo, no sabe qué hacer: arriesgarse y seguir el camino o más bien volver sobre sus pasos, pues tras esa señal de advertencia puede ocultarse algo realmente maligno.

Cada equis tiempo nuestro autobús se detiene. Es que alguien quiere bajarse. Si la persona que se apea es una mujer joven con uno o dos niños (mujeres jóvenes sin niños son una rareza), la escena que presenciaremos estará llena de agilidad y gracia. En primer lugar, la mujer se atará a la criatura a la espalda con su mantón de percal (el niño, sumido en el sueño durante todo el tiempo, no reacciona). Luego se pondrá en cuclillas y se colocará sobre la cabeza su inseparable barreño o palangana, llena de toda clase de comida y de otros productos. Luego se erguirá, haciendo un movimiento como los que hacen los funámbulos al dar el primer paso sobre la cuerda suspendida en el vacío: balanceándose, alcanza el equilibrio. Coge con la mano izquierda la estera para dormir y con la derecha conduce al segundo niño. Y así, caminando enseguida a paso ligero y rítmico, enfila un sendero entre los matorrales, sendero que lleva a un mundo que desconozco y que tal vez jamás comprenderé.

Mi vecino de autobús. Un hombre joven. Contable en una empresa de Kumasi cuyo nombre no ha llegado a mis oídos.

–¡Ghana es independiente! –dice, conmovido y encantado–. Mañana, ¡toda África será independiente! –asegura–. ¡Somos libres!

Y me da la mano con un gesto que quiere decir: ahora el negro puede dar la mano a un blanco sin complejo alguno.

–¿Has visto a Nkrumah? –me pregunta, curioso–. ¿Sí? ¡Pues eres un hombre feliz! ¿Sabes qué vamos a hacer con los enemigos de África?

Se ríe, ji-ji, ja-ja, pero no acaba de dejar claro qué es lo que vamos a hacer.

–Ahora, lo más importante es la educación. Educación, formación, adquisición de conocimientos. Somos tan subdesarrollados, ¡tan subdesarrollados! Creo que el mundo entero acudirá en nuestra ayuda. ¡Tenemos que ser iguales a los países desarrollados! No sólo libres, ¡también iguales! De momento, respiramos la libertad. Y esto es el paraíso. ¡Es maravilloso!

Mi vecino participa de un entusiasmo generalizado. Entusiasmo y orgullo, porque Ghana se ha puesto al frente del movimiento, porque da ejemplo y lidera a toda África.

Mi segundo vecino, el que se sienta a mi izquierda (el autobús tiene tres asientos en cada fila), es diferente: cerrado en sí mismo, poco hablador y nada participativo. Enseguida llama la atención porque, por lo general, la gente de aquí se muestra abierta, pronta a entablar conversación, dispuesta a contar cosas y a expresar toda clase de opiniones. Hasta ahora tan sólo me ha dicho que no trabaja y que tiene problemas. ¿Qué tipo de problemas?, no me lo ha dicho.

Pero finalmente, cuando el inmenso bosque empieza a disminuir y a reducirse –señal de que estamos llegando a Kumasi–, se decide a confesarme algo. En efecto, tiene problemas. Está enfermo. No siempre, no sin cesar, pero de vez en cuando, periódicamente, sí lo está. Ya ha ido a ver a varios especialistas ghaneses pero no le han ayudado. El asunto consiste en que en la cabeza, dentro del cráneo, tiene animales. No es que los vea, piense en ellos o les tenga miedo. No, nada de eso. Se trata de que estos animales están dentro de su cabeza, allí viven, corren, pacen, cazan o, simplemente, duermen. Cuando se trata de animales dóciles, tales como antílopes, cebras o jirafas, lo soporta todo muy bien, incluso resultan agradables. Pero a veces viene un león hambriento. Como tiene hambre y está furioso, ruge. Entonces, el rugido de ese león hace que le estalle el cráneo.

LA ESTRUCTURA DEL CLAN

He venido a Kumasi sin objetivo alguno. Por lo general se cree que tener un objetivo marcado es algo bueno: que la persona sabe lo que quiere y que lo persigue; por otra parte, sin embargo, tal situación le impone unas anteojeras, como las de los caballos: ve única y exclusivamente su objetivo y nada más. Y ocurre, por el contrario, que lo que está más allá, lo que se sale del límite impuesto en amplitud y profundidad puede resultar mucho más interesante e importante. A fin de cuentas, entrar en un mundo diferente significa penetrar en un misterio, y ese misterio puede guardar muchos laberintos y recovecos, ¡tantos enigmas e incógnitas!

Kumasi, envuelta en hierba y flores, está situada sobre suaves colinas. Es como un gran jardín botánico donde se ha permitido que se establezcan los humanos. Aquí, todo parece bien dispuesto hacia el hombre: el clima, la naturaleza, la gente... Las madrugadas, aunque no duran más que breves minutos, son de una belleza inaudita. Estamos en medio de la noche oscura y de repente emerge el sol. ¿Emerge? Este verbo sugiere lentitud, un proceso. El sol sale como catapultado, como si alguien lanzase al aire una pelota. Enseguida vemos la esfera incandescente tan cerca de nosotros que nos embarga una sensación de temor. Por añadidura, la esfera no para de afluir hacia nosotros. Se aproxima cada vez más. Se acerca.

La aparición del sol surte el efecto del disparo de un juez de salida: ¡la ciudad se pone en movimiento! Como si durante la noche todos se hubiesen agazapado en sus plataformas de salida y ahora, al oír la señal, el disparo solar, arrancasen a correr. Nada de fases intermedias, nada de preparativos. Las calles aparecen abarrotadas de gente, las tiendas están abiertas y humean los hogares y las cocinas.

Sin embargo, el trasiego de Kumasi es distinto al de Acra. El de Kumasi es local, regional, parece encerrado en sí mismo. La ciudad es la capital del reino de Ashanti (que constituye una parte de Ghana) y guarda celosamente su «otredad»: sus vivas y variopintas tradiciones. Aquí se pueden encontrar por la calle jefes de clanes o ver ritos que se remontan a tiempos inmemoriales. También está vivo, exuberante en esta cultura, el mundo de la magia, la brujería y el conjuro.

El camino de Acra a Kumasi no se limita a los quinientos kilómetros que separan la orilla del Atlántico del interior de África, sino que constituye un viaje a aquellas zonas del continente donde las huellas y los vestigios del colonialismo no abundan tanto como en el litoral. Y es que la vasta extensión de África, la escasez de ríos navegables y la falta de carreteras, así como un clima mortífero, si bien es cierto que han sido un obstáculo en su desarrollo, al mismo tiempo han constituido una defensa natural ante la invasión; todos estos factores han hecho que los colonialistas no pudiesen adentrarse demasiado. Se mantuvieron cerca del litoral, de sus barcos y sus fortalezas armadas, de sus acopios de alimentos y de la quinina. Si alguien –como Stanley– en el siglo XIX tuvo el valor de recorrer el continente de este a oeste, tal hazaña se convertía por muchos años en tema de la prensa y de la literatura. Gracias a esos obstáculos de transporte y comunicación, muchas culturas y tradiciones africanas han podido sobrevivir hasta nuestros días en su forma ancestral.

Desde el punto de vista formal –pero tan sólo formal–, el colonialismo reina en África desde la conferencia de Berlín (1883-1885), en la cual varios países europeos (Inglaterra y Francia en primer lugar, pero también Bélgica, Alemania y Portugal) se repartieron todo el continente hasta la época en que África se independiza en la segunda mitad del siglo XX. Pero, en realidad, la penetración colonial había empezado mucho antes, ya en el siglo XV, y floreció a lo largo de los siguientes quinientos años. El comercio de esclavos africanos, que se prolongó durante trescientos años, fue la fase más brutal y abyecta de aquella conquista. Trescientos años de batidas, redadas, persecuciones y emboscadas que organizaban los blancos, a menudo con ayuda de compinches africanos y árabes. En condiciones infrahumanas, hacinados en las bodegas de los barcos, millones de africanos fueron transportados al otro lado del Atlántico para que allí, con el sudor de sus frentes, construyeran la riqueza y el poderío del Nuevo Mundo.

Perseguida e indefensa, África fue saqueada de sus gentes, arruinada y destruida. Quedaron despobladas vastas extensiones del continente y yermos de maleza cubrieron soleadas regiones de vegetación floreciente. Pero la huella más dolorosa y duradera la ha dejado aquella época en la memoria y la conciencia de los africanos: siglos de desprecio, humillación y sufrimiento han creado en ellos un complejo de inferioridad y un sentimiento de daño moral jamás reparado que anida en lo profundo de sus corazones.

El colonialismo vive su apogeo en el momento en que estalla la Segunda Guerra Mundial. Sin embargo, el curso de la misma y la elocuencia simbólica de su realidad inician el declive y anuncian la derrota de este sistema.

¿Cómo y por qué sucedieron así las cosas? Una breve incursión a la oscura región de la manera de pensar basada en categorías de raza aclarará muchos interrogantes. Pues bien: la diferencia racial, del color de la piel, constituye el tema central, la esencia y el meollo de las relaciones entre africanos y europeos; es la principal forma que estas relaciones adoptan en la época colonial. Vínculos, dependencias, conflictos, todo se traduce al lenguaje de las nociones blanco/negro, dentro del cual, evidentemente, el blanco es mejor, superior y más fuerte que el negro. El blanco, que se ha convertido en *sir, master, bwana kubwa*, es el incuestionable amo y señor, enviado por Dios para gobernar a los negros. Se ha inculcado al africano que el blanco es intocable e invencible, y que todos los blancos constituyen una fuerza compacta y maciza. Se trataba de una ideología que apoyaba el sistema de la dominación colonial, una ideología que reafirmaba la convicción de que todo intento de cuestionarlo u oponerse a él no tenía ningún sentido.

Y, de pronto, los africanos alistados a la fuerza en los ejércitos británico y francés ven cómo, en la guerra europea en la que participan, un blanco se pelea con otro blanco, cómo dispara sobre él y le destruye las ciudades. Es toda una revelación, conmoción y sorpresa. Los soldados africanos del ejército francés ven cómo Francia, su soberana colonial, es vencida y conquistada. Los soldados africanos del ejército británico ven cómo Londres, la capital del imperio, es bombardeada; ven a los blancos presa del pánico, a blancos que huyen, suplican y lloran. Ven a blancos desharrapados, hambrientos y clamando por pan. Y a medida que avanzan hacia el este de Europa —y junto a los blancos ingleses dan palizas a los blancos alemanes— se topan aquí y allá con columnas de blancos vestidos con uniformes a rayas, hombres-esqueletos, hombres-despojos.

La conmoción que sintió el africano cuando las imágenes de la guerra de los blancos se sucedían ante sus ojos era tanto más fuerte cuanto que los habitantes de África (con algunas excepciones, y en el caso del Congo belga, por ejemplo, sin ninguna) tenían prohibido no sólo viajar a Europa, sino salir del continente. Podían juzgar la vida de los blancos tan sólo a través del prisma de las lujosas condiciones que los blancos se habían procurado en las colonias.

Y un factor más: hasta mediados del siglo XX, el habitante de África no tiene más fuentes de información que lo que le dice el vecino o el jefe del poblado o el administrador colonial. De manera que todo lo que sabe del mundo se reduce a lo que él mismo ve en las proximidades de su casa o lo que oye de otros en el curso de la charla vespertina alrededor del fuego.

A los combatientes de la Segunda Guerra que han vuelto de Europa a África no tardamos en encontrarlos en las filas de los diversos movimientos y partidos políticos que luchan por la independencia de sus respectivos países. El número de estas organizaciones crece ahora de forma imparable: se multiplican como conejos. Con orientaciones diferentes, cada una persigue los fines que se ha trazado.

Las de las colonias francesas de momento lanzan demandas limitadas. Todavía no hablan de libertad. Sólo quieren convertir a todos los habitantes de la colonia en ciudadanos de Francia. París rechaza la demanda. Con matices: será ciudadano francés sólo aquel que sea educado en el marco de la cultura francesa, que se eleve hasta el nivel de la misma, el llamado *évolué*. Pero estos *évolués* serán excepciones.

Las de las colonias británicas se muestran más radicales. Para ellas, la inspiración, el impulso y el programa radican en las valientes visiones de futuro que diseñaran los intelectuales afroamericanos, descendientes de los esclavos, en la segunda mitad del siglo XIX y en la primera del XX. Estos últimos habían formulado una doctrina que llamaban panafricanismo. Sus principales creadores eran el activista Alexander Crummwell, el escritor WEB Du Bois y el periodista Marcus Garvey (este último, de Jamaica). Diferían en sus concepciones pero estaban de acuerdo en dos cosas: 1), que todos los negros del mundo —de Sudamérica y de África— pertenecían a una misma raza y cultura y que deberían estar orgullosos del color de su piel; y 2), que toda África debía ser independiente y unida. Su lema rezaba: «¡África para los africanos!» En el tercer punto del programa, igualmente importante, WEB Du Bois era de la opinión de que los negros debían quedarse en los países donde vivían, mientras que Garvey opinaba que todos los negros, estuviesen donde estuviesen, debían regresar a África. Durante un tiempo, incluso, se dedicó a vender una fotografía de Haile Selassie, sosteniendo que era un visado de vuelta. Murió en 1940 sin haber visto África.

El joven activista y teórico ghanés Kwame Nkrumah se convirtió en gran entusiasta del panafricanismo. En 1947, tras acabar la carrera universitaria en Norteamérica, regresó a su país natal. Fundó un partido al que atrajo a combatientes de la Segunda Guerra así como a la juventud, y en una de las concentraciones de Acra lanzó el combativo lema de «¡Independencia ya!» En aquel tiempo, en el África colonial, el lema sonó como el estallido de una bomba. Pero diez años más tarde Ghana se convertía en el primer país independiente del África subsahariana; y Acra, el primer centro, aún provisional e informal, de todos los movimientos, ideas y acción para todo el continente.

Reinaba allí una auténtica fiebre libertadora y se podían encontrar gentes de toda África. También acudían en masa periodistas de todo el mundo. Los atraían la curiosidad, la inseguridad y hasta el temor de las capitales europeas, el miedo a que África fuese a estallar y corriera la sangre de los blancos. El miedo incluso de que se creasen ejércitos, que, armados por los soviéticos, intentaran, siguiendo un impulso de odio y venganza, lanzarse sobre Europa.

Por la mañana compré el periódico local, *Ashanti Pioneer*, y me puse en camino en busca de la redacción. La experiencia enseña que en una de esas redacciones uno puede enterarse de más cosas en una hora que visitando durante una semana diferentes instituciones y dignatarios. En esta ocasión también fue así.

En una estancia pequeña y cutre y en la cual el olor de mango medio podrido se entremezclaba de manera extraña con el de la tinta, me recibió efusivamente –como si hubiese esperado mi visita desde hacía mucho tiempo– Kwesi Amu, un hombre corpulento y de semblante apacible («Yo también soy reportero», me dijo a modo de introducción).

El curso y la atmósfera de un encuentro tienen gran importancia para el futuro de las relaciones. Por eso las gentes de aquí prestan mucha atención a la manera de saludar al visitante. Lo más importante: desde el mismísimo principio, desde el primer segundo hay que mostrarse viva y extraordinariamente contento y cordial. De modo que primero damos la mano. Pero no de una manera formal, distante y mustia sino todo lo contrario: tomando un gran y enérgico impulso, como si en lugar de estrecharle la mano al visitante quisiésemos arrancársela. Si a pesar de ello el visitante conserva su brazo intacto y en su lugar, tal cosa quiere decir que, conociendo el rito y las reglas del saludo, él también, por su parte, ha tomado un gran y enérgico impulso y dirige su mano veloz hacia la nuestra, no menos veloz. Ambas extremidades, cargadas de una energía enorme, se encuentran a medio camino y al chocar la una contra la otra con terrible ímpetu, reducen, incluso a cero, las dos fuerzas opuestas. Al mismo tiempo, mientras nuestras manos corren raudas y veloces al mutuo encuentro, sacamos de nuestro interior la primera cascada de risa, fuerte y prolongada. Esto significa que estamos encantados de vernos y que tenemos una actitud muy positiva hacia la persona con la que acabamos de encontrarnos.

Ahora empieza la larga lista de preguntas y respuestas de rigor, tales como: «¿Qué tal? ¿Estás bien de salud? ¿Cómo están tus familiares? ¿Todos sanos? ¿Y el abuelo? ¿Y la abuela? ¿Y el tío?», etc., etc., etc., porque aquí las familias son grandes y ramificadas. La costumbre obliga a sellar cada respuesta positiva con sucesivas cascadas de risa fuerte y espontánea, que, a su vez, deben provocar otras cascadas, todavía más sonoras y homéricas, en la persona que hace las preguntas.

En la calle, a menudo vemos a dos (o más) personas desternillándose de risa. Ello no significa que se estén contando chistes. Sencillamente, se saludan. Y cuando la risa se desvanece, eso quiere decir que el acto de saludarse ha concluido y que ahora toca pasar al meollo de la conversación o que, pura y simplemente, los contertulios han parado durante un rato para dejar descansar a sus cansadas entrañas.

Cuando Kwesi y yo ya hubimos concluido el alegre y estruendoso rito del saludo, empezamos a hablar del reino de los ashanti. Los ashanti opusieron resistencia a los ingleses hasta el final del siglo XIX y, a decir verdad, jamás han acabado de sucumbir ante ellos. Incluso ahora, en las nuevas condiciones de independencia, guardan prudente distancia de Nkrumah y de la gente de la costa que lo apoya, pues no tienen una opinión muy elevada acerca de su cultura. Sienten un profundo apego a su propia y riquísima historia, a sus tradiciones, creencias y leyes.

A lo largo y ancho de África, toda comunidad un poco grande tiene una cultura que le es privativa, su original sistema de creencias y costumbres, su lengua y sus tabúes, y todo junto se nos revela como algo extraordinariamente complejo, embrollado y misterioso. Por eso los grandes antropólogos jamás han hablado de «cultura africana» o de «religión africana»; sabían que tales cosas no existen, que la esencia de África consiste en su infinita diferenciación. Contemplaban la cultura de cada pueblo como un mundo aparte, un mundo único e irrepetible. Sus escritos van en el mismo sentido: E. E Evans-Pritchard publicó una monografía sobre los nuer; M. Gluckman, sobre los zulúes; G. T. Basden, sobre los ibo, etc. La mente europea, por el contrario, que tiende a reducciones racionales y a esquematizar y encasillar, mete gustosa todo lo africano en un mismo saco y se contenta con fáciles estereotipos.

–Creemos –me dijo Kwesi– que el hombre se compone de dos elementos. La sangre, que hereda de su madre, y el espíritu, que le lega su padre. La sangre es el más fuerte de estos elementos y por eso el niño pertenece a la madre y al clan de ésta, y no al padre. Si el clan de la madre le ordena abandonar al marido y regresar a la aldea natal, ella se lleva a todos los hijos (si bien es cierto que vive en la aldea y en la casa del marido, no deja de permanecer allí como una invitada). La posibilidad de volver con su clan hace que la mujer, si el marido la abandona, tenga dónde acudir. También ella puede dejar a éste por iniciativa propia, si él resulta un déspota. Pero tales situaciones extremas son una rareza, pues la familia suele ser una célula vital y fuerte y en la cual todo el mundo tiene asignado su papel tradicional y conoce sus obligaciones.

»La familia, siempre numerosa, a veces llega a un centenar de personas. El marido, la mujer (las mujeres), los hijos, los primos... Si las circunstancias lo permiten, los miembros de una familia se reúnen lo más a menudo posible para pasar el tiempo juntos. El pasar el tiempo en compañía de los allegados constituye uno de los valores más preciados y todo el mundo intenta respetarlo. Lo importante es vivir juntos o los unos cerca de los otros: hay muchos trabajos que sólo se pueden hacer de forma colectiva; si no, las posibilidades de sobrevivir desaparecen.

»El niño se forma en el seno de su familia, pero a medida que crece ve cómo las fronteras de su mundo social se ensanchan, ve que al lado viven otras familias y que varias familias juntas constituyen un clan. Lo forman todos aquellos que creen haber tenido un antepasado común. Si creo que tú y yo compartimos un mismo antepasado, pertenecemos a un mismo clan. Consecuencias de suma importancia se derivan de tales convicciones. Por ejemplo: una mujer y un hombre miembros de un mismo clan tienen vetadas las relaciones sexuales. Pesa sobre ello el más implacable de los tabúes. En el pasado, los dos eran condenados a muerte por romperlo. Pero también hoy se trata de un delito muy grave que puede provocar la cólera de los espíritus de los antepasados y hacer caer sobre el clan un montón de desgracias.

»El clan está encabezado por un jefe. Lo elige la asamblea del clan, que, a su vez, está liderada por un consejo de mayores. Los mayores no son sino los jefes de las aldeas, los de los subclanes y los mandamases de diversas especies. Puede haber varios candidatos y un gran número de votaciones, pues la elección en cuestión tiene mucha importancia: la posición del jefe tiene un peso enorme. A partir de su elección, el jefe se convierte en persona sagrada. Desde ese mismo momento, tiene prohibido andar descalzo. Tampoco puede sentarse directamente sobre la tierra. No se le puede tocar ni decir de él una sola palabra mala. Un gran paraguas desplegado anuncia desde lejos la llegada del jefe. Un gran jefe tiene un paraguas no menos grande y con adornos, y lo lleva un criado elegido a este propósito; un jefe menor lleva un paraguas normal, comprado a algún árabe del mercado.

»Ser jefe de un clan significa desempeñar una función de excepcional magnitud. El culto a los antepasados es el meollo de la fe de los ashanti. El clan abarca un número inmenso de seres, pero sólo podemos ver una parte de ellos, aquellos que viven en la Tierra. Los otros —la mayoría— no son sino los antepasados, que nos han dejado en parte pero que, en realidad, siguen participando en nuestra vida. Nos miran, observan nuestro comportamiento. Están por todas partes y lo ven todo. Pueden ayudarnos, pero también castigarnos. Darnos felicidad o condenarnos a la extinción. Deciden sobre todas las cosas. Por eso el mantener buenas relaciones con los antepasados se vuelve la condición sine qua non para garantizar el bienestar de todo el clan y de cada uno de nosotros. Y precisamente es el jefe el responsable de la calidad y la temperatura de estas relaciones. Él es el intermediario y el enlace entre las dos inseparables partes del clan: el mundo de los antepasados y el de los vivos. Es él quien comunica a los vivos la voluntad y la decisión de los antepasados ante tal o tal asunto, también es él quien les implora perdón cuando los vivos han violado la tradición o la ley.

»El perdón se puede obtener ofreciéndoles sacrificios: ya rociando la tierra con agua o con vino de palma, ya apartando comida para ellos, ya matando una oveja. Sin embargo, todo esto puede no ser suficiente: a lo mejor los antepasados siguen enfadados y eso significa para los vivos continuos infortunios y enfermedades. La cólera más fuerte la provocan el incesto, el asesinato, el suicidio, el atraco, el insulto al jefe y la brujería.

–¿Suicidio? –me asombré–. ¿Cómo se puede castigar a alguien que se ha suicidado?

–Nuestra ley mandaba cortarle la cabeza. El suicidio constituía una violación del tabú, y el principio fundamental del código del clan consiste en que toda infracción debe ser castigada. Si se produce un delito que no va seguido por un castigo, el clan se sumirá en un estado catastrófico, quedará expuesto al exterminio.

Estábamos sentados en la terraza de uno de los muchos bares. Bebíamos Fanta: por lo visto, era la empresa que aquí tenía la exclusiva de venta de refrescos. Tras el mostrador y con la cabeza apoyada sobre los brazos, dormitaba la joven camarera. Hacía mucho calor y el sueño se apoderaba de todos.

–El jefe –siguió Kwesi– tiene un sinfín de obligaciones. Resuelve disputas y soluciona conflictos, con lo cual también es juez. Lo importante, y en las aldeas por partida doble, es el hecho de que el jefe es el que asigna las parcelas de tierra a las familias. No la puede dar ni vender, porque la tierra es propiedad de los antepasados. Ellos están en su interior, en sus entrañas. El jefe sólo la puede asignar para que sea cultivada. Si el campo se vuelve estéril, asignará a la familia otro trozo de terreno, y el primero, mientras tanto, se quedará descansando y tomando fuerzas para el futuro. La tierra es sagrada. La tierra da vida a la gente, y lo que da vida es sagrado.

»El jefe goza del máximo respeto. Rodeado por el consejo de ancianos, no puede tomar ninguna decisión sin consultarla y sin obtener su visto bueno. Es así como entendemos la democracia. Por la mañana, cada uno de los miembros del consejo visita la casa del jefe para saludar al anfitrión. De esta manera, él sabe que gobierna bien y que tiene apoyo. Si no se produjesen estas visitas matutinas, eso significaría que ha perdido la confianza y que debe marcharse. Esto ocurre cuando el jefe comete una de estas cinco infracciones: embriaguez, gula, confabulación con brujos, mala actitud hacia la gente y gobernar sin pedir opinión al consejo. También tendrá que irse si se queda ciego, se contagia de lepra o se vuelve loco.

»Varios clanes constituyen una unión que los europeos llaman tribu. Los ashanti son el resultado de la unión de ocho clanes. El rey, Ashantehene, está a su cabeza, rodeado por el consejo de ancianos. Semejante unión no sólo la cimentan los antepasados comunes. También constituye una comunidad territorial, cultural y política. A veces se trata de pueblos poderosos, de muchos millones de personas, más grandes que muchos pueblos europeos.

Estuve dudando durante un rato muy largo pero finalmente me decidí: «Dime algo sobre la brujería.» Dudé tanto porque se trata de un tema del cual aquí se habla de mala gana, cuando no se lo cubre con un manto de silencio.

–No todos creen ya en ella –respondió Kwesi–, pero aún queda mucha gente que sí. Muchos, simplemente, tienen miedo de no creer. Mi abuela opina que las brujas existen y que se encuentran por las noches en los árboles altos que crecen solitarios en el campo. «¿Pero has visto alguna en tu vida», le he preguntado varias veces. «Eso es imposible», me ha contestado invariablemente, convencida. Durante la noche, las brujas rodean toda la Tierra con telas de araña. Mantienen con la mano un extremo del hilo y el otro está pegado a todas las puertas del mundo. Si alguien intenta salir al exterior, se mueve la telaraña. Las brujas lo notan y desaparecen en la oscuridad deprisa y corriendo. Por la mañana sólo se pueden ver jirones de telarañas colgando de las ramas y de los picaportes.

YO, EL BLANCO

En Dar es Salam compré un viejo Land Rover a un inglés que ya se volvía para Europa. Corría el año 1962, varios meses antes Tanganica había conseguido la independencia y muchos ingleses del servicio colonial perdieron sus puestos de trabajo, sus cargos e incluso sus casas. En sus clubs, que se iban quedando desiertos, a cada momento se oía contar a alguien que había ido por la mañana a su ministerio y allí, de detrás de su mesa de despacho, le sonreía alguno de los lugareños: «¡Lo siento mucho!»

Este circunstancial cambio de guardia se llama africanización. Unos lo aplauden, viendo en él el símbolo de la liberación, a otros, por el contrario, este proceso los indigna. Se sabe quién se alegra y quién se muestra contrario. Londres y París, con el fin de estimular a sus funcionarios a trabajar en las colonias, creaban para los dispuestos a marcharse unas condiciones de vida fabulosas. El pequeño y modesto funcionario de correos de Manchester, al llegar a Tanganica recibía un chalet con jardín y piscina, coches, servidumbre, vacaciones en Europa, etc. La burocracia colonial llevaba una vida realmente estupenda. Y he aquí que de la noche a la mañana los habitantes de la colonia obtienen la independencia. Se hacen cargo de un Estado colonial organizado. Incluso se esfuerzan para que en él nada cambie, pues ese Estado otorga a los burócratas unos privilegios fantásticos a los que los nuevos dueños, naturalmente, no quieren renunciar. Ayer pobres y humillados, hoy ya son unos elegidos: ocupan altos puestos y tienen llena la bolsa. Este origen colonial del Estado africano –en el que el funcionario europeo recibía salarios desmesurados y más allá de todo sentido común; y los lugareños adoptaron este sistema sin modificaciones– hizo que la lucha por el poder en el África independiente cobrase enseguida un carácter extraordinariamente feroz y despiadado. De golpe, en un instante, nace allí una nueva clase gobernante, burguesía burocrática, que no produce nada, no crea ninguna riqueza sino que gobierna a la colectividad y disfruta de privilegios. La ley del siglo XX, la de la prisa vertiginosa, funcionó también en este caso: tiempo ha, habían hecho falta largas décadas, incluso siglos para que se formase una clase social; aquí, en cambio, bastaron pocos días. Los franceses, que habían observado con irónica expectativa esta lucha por un sitio en la nueva clase, llamaron a este fenómeno *la politique du ventre:* hasta tal punto un cargo político iba ligado a beneficios económicos desorbitados.

Pero esto es África, y el feliz nuevo rico no puede olvidar su vieja tradición de clan, uno de cuyos cánones reza: comparte todo lo que tienes con tus hermanos, con otros miembros de tu clan, o sea, como se dice aquí, con tu primo (en Europa, los lazos con el primo son ya bastante débiles y lejanos, pero en África, el primo por parte materna es más importante que el marido). Así que, si tienes dos camisas, dale una; si tienes un cuenco de arroz, dale la mitad. El que viola este principio se autocondena al ostracismo, se expone a ser expulsado del clan y al terrorífico estatus de individuo apartado. Es en Europa donde el individualismo constituye un valor apreciado, y aún más en Norteamérica; en África, el individualismo es sinónimo de desgracia, de maldición. La tradición africana es colectivista, pues sólo dentro de un grupo bien avenido se podía hacer frente a unas adversidades de la naturaleza que no paraban de aumentar. Y una de las condiciones de la supervivencia del grupo consiste precisamente en compartir con otros hasta la cosa más insignificante. Un día me vi rodeado por un nutrido grupo de niños. Sólo llevaba un caramelo, y lo puse sobre la palma de la mano. Los niños, inmóviles, lo miraban como pasmados. Finalmente, la niña de más edad cogió el caramelo, lo desmenuzó a fuerza de cautelosos mordiscos y, equitativamente, lo repartió entre todos.

Si alguien ha sido nombrado ministro, ocupando el otrora puesto del blanco, y ha recibido su chalet con jardín, su salario y sus coches, la noticia no tardará nada en llegar al lugar de procedencia del feliz elegido del destino. Recorrerá las aldeas próximas con la velocidad del rayo. Alegría y esperanza anidarán en el corazón de los primos. Pronto empezarán su peregrinación a la capital. Aquí, hallarán sin dificultad al dichoso familiar. Aparecerán ante la puerta de su casa, lo saludarán, rociando la tierra con ginebra cumplirán el ritual de dar las gracias a los antepasados por una voltereta del destino tan feliz y luego tomarán posesión del chalet, el patio y el jardín. No tardaremos en ver cómo la silenciosa residencia donde antes había vivido un inglés entrado en años con una esposa poca habladora, se llena de gente y de bullicio. Delante de la casa, desde la mañana arde el fuego, las mujeres machacan la *cassava* en morteros de madera y un enjambre de niños juguetea entre los parterres y macizos de flores. Por la noche, toda la numerosa familia se sienta en el césped para cenar; y es que aunque ha empezado una nueva vida, se conserva la vieja costumbre de los tiempos de la eterna pobreza: se come sólo una vez al día, por la noche.

El que tiene un oficio de más movilidad y menos respeto por la tradición intenta zafarse de ella. Una vez me topé en Dodoma con un vendedor de naranjas ambulante (tal comercio da escasos beneficios) que me había traído estas frutas a mi casa de Dar es Salam. Me alegré de verlo y le pregunté qué hacía tan lejos, a quinientos kilómetros de la capital. Tenía que huir de los primos, me explicó. Lo había compartido todo con ellos durante mucho tiempo pero finalmente se hartó y puso pies en polvorosa. «Durante un tiempo dispondré de un poco de dinero», se mostró contento, «¡hasta que den conmigo!»

Seguimos en 1962. En este tiempo no abundan todavía los mencionados casos de ascenso social producto de la independencia. Los barrios blancos siguen dominados por blancos. Es que Dar es Salam, al igual que otras ciudades de esta parte del continente, se compone de tres barrios separados entre sí (por lo general, por el agua o por un cinturón de tierra vacía).

De modo que el mejor, el barrio situado más cerca del mar, por supuesto pertenece a los blancos. Es la Oyster Bay: chalets suntuosos, jardines inundados de flores, tupidos céspedes y rectas alamedas con gravilla. Sí, aquí se lleva una vida de lujo, tanto más cuanto que no hay que hacer nada: se ocupa de todo una servidumbre silenciosa, diligente y discreta. Aquí, la persona se pasea como, seguramente, lo haría en el paraíso: libre, despreocupada, contenta de estar en aquel sitio y encantada con la belleza del mundo.

Más allá del puente, de la laguna, mucho más lejos del mar, bullicioso y rebosante de gente, se apretuja el barrio de piedra de los comerciantes. Está habitado por hindúes, paquistaníes, gentes venidas de Goa, de Bangla Desh y de Sri Lanka, y todos han recibido ahí el generalizador nombre de asiáticos. A pesar de que hay entre ellos varios hombres ricos, la mayoría vive con un estándar mediano, sin ninguna clase de lujo. Se dedican al comercio. Compran, venden, hacen de intermediarios, especulan. Cuentan, no paran de contar y recontar, menean la cabeza, se pelean. Decenas, cientos de tiendas permanecen abiertas de par en par, y sus mercancías, lanzadas a la calle, cubren las aceras. Telas, muebles, lámparas, ollas, espejos, abalorios, juguetes, arroz, jarabes, especias... todo. Delante de una tienda, se sienta el hindú de turno en su silla y, con un pie apoyado en el asiento, no para de hurgarse los dedos del mismo.

Todos los sábados, los habitantes de este barrio hacinado y sofocante van al mar. Se visten de fiesta para la ocasión: las mujeres se ponen sus saris dorados y los hombres, camisas limpias. Hacen el viaje en coche. En el interior se apiña la familia entera, unos sobre otros, sobre las rodillas, los hombros, la cabeza: diez o quince personas. Detienen el coche junto a la abrupta ladera que lleva a la orilla. A esta hora, la marea alta golpea la costa con un oleaje poderoso y ensordecedor. Abren las ventanillas. Se ventilan. Al otro lado de las grandes aguas que se despliegan ante sus ojos está su país, país que algunos ni tan siquiera conocen, la India. Permanecen aquí unos quince minutos, tal vez media hora. Después la columna de coches atestados se marcha y la orilla vuelve a quedarse desierta.

Cuanto más lejos del mar, tanto más calor, sequedad y polvo. Precisamente allí, sobre la arena, sobre la tierra desnuda y yerma se levantan las chozas de barro del barrio africano. Cada una de sus partes lleva el nombre de una de las antiguas aldeas donde habían vivido los esclavos del sultán de Zanzíbar: Kariakoo, Hala, Magomeni, Kinondoni. Los nombres son diferentes pero el estándar de las casas de barro es igual de pobre en todas partes, y la vida de sus habitantes, miserable y sin visos de mejorar.

Para las gentes de estos barrios, la libertad consiste en que ahora pueden caminar libremente por las calles de esta ciudad de cien mil habitantes, pudiendo incluso adentrarse en el barrio de los blancos. Aparentemente, esto nunca les fue prohibido, pues el africano siempre pudo aparecer por allí, pero para ello debía de esgrimir un objetivo claro y concreto: ir a trabajar o volver del trabajo a casa. El ojo del policía distinguía fácilmente la manera de caminar del que se apresuraba en acudir al trabajo del que sospechosamente vagaba sin rumbo. Dependiendo del color de la piel, todo el mundo tenía aquí asignado el papel y el lugar que le correspondía.

Los que escribían sobre el *apartheid* subrayaban que era el sistema inventado e impuesto en Sudáfrica, el país gobernado por blancos racistas. Pero ahora me acababa de convencer que el *apartheid* era un fenómeno mucho más universal y generalizado. Sus críticos decían que era un sistema introducido por los bestias de los bóers para concentrar el poder y mantener a los negros en guetos, que allí se llamaban bantustanes. Los ideólogos del *apartheid* se defendían: somos partidarios, decían, de que todo el mundo viva cada vez mejor y pueda desarrollarse, pero de que, dependiendo del color de la piel y de la procedencia étnica, cada grupo se desarrolle por separado. Era un pensamiento engañoso, pues todo aquel que conocía la realidad sabía que tras aquel estímulo a desarrollarse por igual se ocultaba un estado de cosas injusto: por un lado, los blancos poseían las mejores tierras, la industria y los barrios ricos de las ciudades; y por otro, los negros, amontonados en pedazos de tierra estéril y semidesértica, llevaban una existencia miserable.

La idea del *apartheid* era pérfida hasta tal punto que, con el tiempo, sus mayores víctimas habían empezado a ver en ella ciertas ventajas, una oportunidad de independencia, la comodidad de vivir en su casa. Y es que el africano podía decir: «No sólo yo, el negro, no puedo entrar en tu territorio; también tú, blanco, si quieres seguir entero y no sentirte amenazado, ¡más vale que no entres en mi barrio!»

A una ciudad así llegué por varios años como corresponsal de la Agencia de Prensa Polaca. Al circular por sus calles pronto me di cuenta de que estaba atrapado en las redes del *apartheid*. Sobre todo, revivió en mí el problema del color de la piel. Era blanco. En Polonia, en Europa, jamás me había parado a pensar en ello. Allí, en África, el color se convertía en un indicador muy importante, y para gentes sencillas, único. Blanco. El blanco, o sea colonialista, saqueador e invasor. He conquistado África, he conquistado Tanganica, pasé a cuchillo la tribu del que ahora está delante de mí, me cargué a todos sus antepasados. Lo convertí en huérfano. Un huérfano, además, humillado e impotente. Enfermo y eternamente hambriento. Sí, cuando ahora me está mirando debe de pensar: el blanco, el que me lo arrebató todo, el que descargó latigazos en la espalda de mi abuelo, el que violó a mi madre. Ahora lo tienes delante, ¡míralo bien!

No supe solucionar dentro de mi conciencia el problema de la culpa. A sus ojos, como blanco, yo era culpable. La esclavitud, el colonialismo, los quinientos años de sufrimiento no dejan de ser un turbio asunto de los blancos. ¿De los blancos? Así que también es asunto mío. ¿Mío? No lograba despertar dentro de mí ese sentimiento purificador y liberador que consistiría en sentirse culpable. Mostrarse arrepentido. Pedir perdón. ¡Todo lo contrario! Al principio intenté contraatacar: «¿Que vosotros fuisteis colonizados? ¡Nosotros, los polacos, también! Durante ciento treinta años fuimos colonia de tres Estados invasores. También blancos, por más señas.» Se reían, se daban golpecitos en la frente en un gesto más que elocuente y se marchaban cada uno por su lado. Yo los irritaba porque sospechaban que quería engañarlos. A pesar de mi interna convicción de inocencia, yo sabía que a sus ojos era culpable. Aquellos muchachos descalzos, hambrientos y analfabetos tenían frente a mí una superioridad ética, la que una historia maldita confiere a sus víctimas. Ellos, los negros, jamás habían conquistado, ocupado ni esclavizado a nadie. Podían mirarme con un sentimiento de superioridad. Pertenecían a una raza que, si bien negra, era pura. Entre ellos me sentía débil, sin tener nada que decir.

Me encontraba mal en todas partes. El color blanco de la piel, aunque privilegiado, a mí también me tenía encerrado en la jaula del *apartheid*. Cierto que, en mi caso, de oro, pero no por eso menos jaula, la de Oyster Bay. Un barrio hermoso. Hermoso, lleno de flores y... aburrido. Es verdad que aquí uno podía pasearse entre altos cocoteros, admirar enmarañadas buganvillas, elegantes y delicadas tuberosas y rocas tupidamente cubiertas de algas. Pero ¿qué más?, ¿qué, aparte del paisaje? Los habitantes del barrio se componían de funcionarios de la colonia que sólo pensaban en el momento en que expiraría su contrato, en comprar como recuerdo una piel de cocodrilo o un cuerno de rinoceronte y marcharse. Sus esposas hablaban de la salud de los hijos o de algún *party*, pasado o por celebrarse. ¡Y yo con la obligación de enviar todos los días una crónica! ¿Sobre qué? ¿De dónde iba a sacar el material? Salía sólo un periódico, pequeño, el *Tanganyika Standard*. Visité la redacción, pero las personas que encontré allí no eran sino ingleses de la Oyster Bay. Además, también ellos hacían las maletas.

Me encaminé al barrio hindú. Pero ¿qué podía hacer en él? ¿Adónde ir? ¿Con quién hablar? Además, cuando hace un calor tan insoportable no se puede andar durante mucho rato: no hay con qué respirar, las piernas flaquean y la camisa se empapa en sudor. Después de una hora de semejante vagabundeo uno acaba harto de todo. Sólo queda un anhelo: sentarse en algún sitio, necesariamente a la sombra y a poder ser junto a un ventilador. En momentos como éste uno se plantea si los habitantes del norte se dan cuenta de la gran bendición que supone ese cielo gris, tupido y eternamente encapotado que, a pesar de todo, tiene una virtud maravillosa e inapreciable: que en él no aparece el sol.

Mi objetivo principal lo constituían los suburbios africanos.

Tenía apuntados algunos apellidos. También tenía la dirección de la sede del partido gobernante, el TANU (Tanganyika African National Union). Pero no conseguí encontrar el lugar. Todas las calles ofrecían el mismo aspecto, la arena llegaba hasta los tobillos y los niños, acosándome con su machacona curiosidad, me impedían andar: un blanco en estos parajes tan inaccesibles para los foráneos no deja de ser un espectáculo que causa sensación. A cada paso que da, se pierde la seguridad en sí mismo. Durante largo rato le persigue a uno la mirada de los hombres que permanecen sentados delante de sus casas sin hacer nada. Las mujeres no miran, vuelven las cabezas: son musulmanas y llevan un amplio vestido negro, el *bui-bui*, que cubre herméticamente todo el cuerpo y parte de la cara. La paradoja de esta situación consistía en que, aun si hubiese conocido a alguno de los africanos del lugar y hubiese querido charlar con él durante un buen rato, no habríamos tenido adónde ir. Los buenos restaurantes eran para los europeos y los tugurios, para los africanos. Los unos no visitaban los lugares de los otros, no había costumbre. Nadie las tenía todas consigo si se encontraba en un lugar que no se ajustaba a las reglas del *apartheid*.

Al haberme hecho con un potente todoterreno ya pude ponerme en camino. Había un motivo: a principios de octubre Uganda, país limítrofe con Tanganica, recuperaba la independencia. La ola libertadora recorría todo el continente: en un solo año, el de 1960, diecisiete países de África habían dejado de ser colonias. Y este proceso seguía, aunque ya a una escala menor.

Partiendo de Dar es Salam, se necesitan tres días —conduciendo a la máxima velocidad posible y desde la mañana hasta la noche— para llegar a la ciudad principal de Uganda, Kampala, que era donde se iba a celebrar el acontecimiento. La mitad de la ruta la cubre una carretera de asfalto pero la otra mitad no son sino caminos de tierra de laterita, que se conocen por el sobrenombre de ralladores africanos porque por su superficie ondulada sólo se puede conducir a máxima velocidad —apenas tocando las puntas de las crestas—, como se ve en la película *El salario del miedo*.

Me acompañaba Leo, un griego que a ratos hacía de corredor de bolsa y a ratos de corresponsal de varios periódicos de Atenas. Cogimos cuatro ruedas de repuesto, dos barriles de gasolina, uno de agua y comida. Salimos a primera hora de la madrugada y nos dirigimos hacia el norte: a mano derecha teníamos el océano Índico, invisible desde la carretera, y a la izquierda, primero el macizo de Nguru y luego, y durante todo el tiempo, la estepa de los masai. La verde naturaleza se desplegaba a ambos lados a lo largo de todo el camino. Hierba alta, arbustos tupidos y enmarañados, sombrillas desplegadas de los árboles... Y así hasta la montaña de Kilimanjaro y las dos pequeñas ciudades situadas en sus inmediaciones, Moshi y Arusha. En Arusha doblamos al oeste, hacia el lago Victoria. Después de doscientos kilómetros empezaron los problemas. Habíamos entrado en la inmensa llanura de Serengeti, la más grande concentración de animales salvajes. Mirásemos por donde mirásemos, por todas partes aparecían nutridas manadas de cebras, antílopes, búfalos, jirafas... Y todas estas bestias se pasan la vida paciendo, correteando, brincando y galopando. Unos cuantos leones permanecían inmóviles al borde de la carretera, algo más lejos se veía una manada de elefantes y mucho más alejado, casi en la línea del horizonte, un leopardo corriendo a grandes saltos elásticos. Todo aquello parecía increíble, inverosímil. Como si uno asistiera al nacimiento del mundo, a ese momento particular en que ya existen el cielo y la tierra, cuando ya hay agua, vegetación y animales salvajes pero aún no han aparecido Adán y Eva. Y precisamente aquí se contempla ese mundo recién nacido, un mundo sin el hombre, y por lo tanto sin el pecado; y es aquí, en este lugar, donde mejor se ve, y tal cosa es una experiencia inolvidable.

EL CORAZÓN DE UNA COBRA

La realidad y los enigmas de nuestro viaje no tardaron en sacarnos de aquel estado de sublime éxtasis. La primera pregunta, y la más importante: ¿Por dónde hay que ir? Pues cuando nos encontramos en la enorme llanura, nuestra ruta, amplia y clara hasta entonces, de repente empezó a bifurcarse, a ramificarse en varios caminos de tierra que parecían idénticos pero que llevaban en las más diversas direcciones. Y ni un solo indicador, ni una sola inscripción, ni una flecha. Nos encontrábamos en medio de una llanura lisa como una mesa y cubierta de hierba, sin montes ni ríos, sin signos ni puntos de referencia naturales, sólo con aquella red de caminos de tierra, infinita y cada vez más confusa, embrollada y enmarañada.

Ni siquiera había cruces de caminos, sino tan sólo, a cada equis kilómetros, a veces incluso a cada par de centenares de metros, aparecían nuevos nudos y ramificaciones radiadas cuyos ramales, tan parecidos unos a otros, se dispersaban caóticamente en todas las direcciones.

Le pregunté al griego qué hacer pero él, paseando una vista indecisa por nuestro derredor, me contestó con la misma pregunta. Durante un rato muy largo condujimos al buen tuntún eligiendo aquellos caminos que parecían llevar al oeste (o sea, hacia el lago Victoria), pero bastaba con recorrer varios kilómetros para convencernos de que el camino elegido, de repente y sin razón alguna, se desviaba en una dirección desconocida. Totalmente perdido, varias veces detuve el coche para reflexionar: «Y ahora, ¿por dónde?», tanto más cuanto que no teníamos un mapa detallado, ni siquiera una brújula.

Una nueva dificultad no tardó en aparecer: el mediodía, la hora del calor más implacable, cuando el mundo se petrifica y se sume en el silencio. A esta hora los animales se refugian en la sombra de los árboles. Aunque es cierto que las manadas de búfalos no tienen donde esconderse. Son demasiado grandes y numerosas. Cada una de ellas puede contar mil cabezas. A la hora del peor calor, una manada de estas características simplemente se queda inmóvil, inerte. Y, por ejemplo, se queda inerte en medio del camino que queremos enfilar. Nos acercamos: delante de nosotros aparecen mil monumentos de granito oscuro, pétreos y firmemente plantados en la tierra.

Una fuerza poderosa dormita en esta manada, poderosa y –si explota cerca de nosotros– mortífera. Es la fuerza de un alud, sólo que quemada, embravecida y accionada por una sangre hecha espuma. Bernhard Grzimek cuenta cómo, viajando a bordo de un pequeño avión, había observado durante meses el comportamiento de los búfalos de Serengeti. El búfalo solitario ni siquiera reaccionaba al estruendo del avión bajando en picado: seguía paciendo tan tranquilo. La situación cambiaba cuando Grzimek sobrevolaba una manada de tamaño considerable. Bastaba que en ella se encontrase un histérico hipersensible, un hiperestésico que al oír el ruido del motor empezaba a dar brincos para huir, para que toda la manada fuese presa del pánico y se lanzase a una estampida incontrolada.

Y ahora tengo delante de mí a una manada de tales características. ¿Qué hacer? ¿Detenernos y quedarnos quietos? ¿Quedarnos quietos durante cuánto tiempo? ¿Dar media vuelta? Es demasiado tarde, tengo miedo de dar media vuelta: a lo mejor se lanzan en nuestra persecución. Se trata de animales diabólicamente veloces, obstinados y resistentes. Hago la señal de la cruz y despacio, muy despacio, en primera marcha y medio embrague entro en la manada. Ésta es inmensa: se extiende casi hasta el horizonte. Observo los búfalos que están al frente. Indolentes y parsimoniosos, los que obstruyen el paso al todoterreno empiezan a apartarse, sólo lo suficiente para que el coche pueda pasar. Y no se apartan ni un centímetro más de lo estrictamente necesario, con lo cual el Land Rover roza sus cuerpos durante todo el trayecto. Estoy empapado. Tengo la impresión de recorrer un camino minado. Miro a Leo con el rabillo del ojo. Mantiene cerrados los suyos. Un metro tras otro. La manada permanece en silencio. Inmóvil. Con cientos de pares de ojos saltones y tenebrosos firmemente empotrados en unas cabezas macizas. Ojos húmedos, entumecidos, sin expresión. El recorrido dura mucho tiempo, un tiempo que parece interminable, pero por fin volvemos a encontrarnos en un lugar seguro: la manada ha quedado atrás y su mancha, fuerte y oscura en medio de la verde superficie de Serengeti, se vuelve cada vez más pequeña.

A medida que pasaba el tiempo y que avanzábamos, perdidos y dando vueltas, me sentía cada vez más inquieto. Desde la mañana no habíamos encontrado ni una sola persona. Tampoco dimos con una carretera ni vimos un solo indicador. El calor era terrorífico y a cada minuto apretaba aún con más fuerza, como si nuestra ruta, o tal vez todas las rutas posibles, llevase directamente al sol y como si nos acercásemos inexorablemente a ese momento en que arderíamos en el altar de su sacrificio. El aire, incandescente, empezó a vibrar y a temblar. Todo se volvía líquido, toda imagen aparecía movida y desdibujada como en una película falta de nitidez. El horizonte se había alejado y emborronado, como si se sometiese a la oceánica ley de las mareas. Las grises y polvorientas sombrillas de las acacias se movían rítmicamente y cambiaban de lugar: parecía que las llevasen algunos locos que deambulaban por allí al no saber dónde meterse.

Pero lo peor era que también tembló y empezó a moverse aquella enmarañada red de caminos que desde hacía varias horas nos tenía aprisionados en su traicionera y asfixiante trampa. Vi cómo esta red, toda esta complicada geometría, que, aunque no la lograse descifrar, no dejaba de ser el único elemento fijo de la superficie de la sabana, ahora se había estremecido y se ponía a viajar a la deriva. ¿Adónde iba? ¿Adónde nos arrastraba a nosotros, atrapados en su inextricable nudo? Leo, el coche y yo, nuestros caminos y la sabana, los búfalos y el sol nos dirigíamos hacia un espacio desconocido, luminoso e incandescente.

De repente se paró el motor y el coche se detuvo en seco. Era Leo, que al ver que me pasaba algo hizo girar la llave de contacto. «Déjame», dijo, «te cambio al volante.» Condujo hasta que amainó el calor, y entonces vimos a lo lejos dos chozas africanas. Nos aproximamos. Eran unas casas vacías, sin puertas ni ventanas. En su interior había unos camastros de madera. A todas luces, aquellas casas no tenían dueño; sencillamente debían de servir a los viajeros perdidos.

No sé cómo, acabé tumbado en un camastro. Apenas me sentía vivo. El sol zumbaba en mi cabeza. Encendí un cigarrillo para vencer el sueño. No me gustó su sabor. Quería apagarlo y cuando mecánicamente seguí con la vista mi mano dirigiéndose hacia el suelo, vi que estaba a punto de apagarlo en la cabeza de una serpiente que se había aposentado debajo del camastro.

Me quedé helado. Petrificado hasta tal punto que, en lugar de retirar a toda prisa la mano con el cigarrillo humeante, la seguía sosteniendo encima de la cabeza del bicho. Al final, sin embargo, me di cuenta de la situación: un mortífero reptil me había hecho su prisionero. Tenía presente una cosa: ni un solo movimiento, ni el más leve. Podría saltar y pegarme un mordisco. Era una cobra egipcia, de color gris y amarillo, y aparecía perfectamente enroscada sobre el suelo de arcilla. Su veneno no tarda en causar la muerte, y en nuestra situación –sin medicinas y en un lugar que podía hallarse a un día de camino del hospital más próximo– esa muerte habría sido inevitable. A lo mejor en aquel momento la cobra se encontraba en un estado cataléptico (dicen que el estado de insensibilidad y letargo es típico de estos reptiles), pues no se movía ni un ápice. «¡Dios santo!, ¿qué hacer», pensé febrilmente, ya del todo consciente.

–Leo –susurré lo más alto posible–, Leo, ¡una serpiente!

Leo estaba en el coche, en aquel momento sacaba el equipaje. Nos quedamos mudos, sin saber qué hacer, y no había tiempo que perder: no ignorábamos que la cobra, cuando se despierta de su catalepsia, enseguida se lanza al ataque. Puesto que no llevábamos ningún arma, ni siquiera un machete, nada, decidimos que Leo bajaría del coche un bidón con gasolina y que con él intentaríamos aplastar la cobra. Era una idea arriesgada pero, sorprendidos por una situación tan inesperada, no se nos ocurrió nada mejor. Algo teníamos que hacer. El no actuar por nuestra parte habría dado la iniciativa a la cobra.

Nuestros bidones, procedentes del desmantelamiento inglés, eran grandes y estaban provistos de unos bordes poderosos y afilados. Leo, que era un hombre muy fuerte, cogió uno de ellos y, en silencio, empezó a caminar hacia la casa. La cobra no reaccionó; seguía inmóvil. Leo, sosteniendo el bidón por las asas, lo levantó y pareció quedarse a la expectativa. Mientras permanecía en aquella actitud de espera, hacía cálculos, tomaba medidas y fijaba el objetivo. Yo, tenso y preparado, seguía en el camastro sin mover un solo músculo. De repente, en una fracción de segundo, Leo se lanzó con todo su peso, y el del bidón, sobre la serpiente. Yo, a mi vez, en ese mismo instante me tiré sobre el cuerpo de mi compañero. Eran unos segundos en que se decidía nuestra vida; lo sabíamos. Aunque en realidad pensamos en ello más tarde, pues en el momento en que el bidón, Leo y yo nos abalanzamos sobre la serpiente, el interior de la choza se convirtió en un infierno.

Nunca hubiera pensado que un animal pudiera poseer tanta fuerza. Una fuerza terrible, monstruosa y cósmica. Había creído que el borde del bidón cortaría el cuerpo del reptil sin ninguna dificultad, pero ¡qué va! No tardé en darme cuenta de que teníamos debajo de nosotros no una serpiente sino un muelle de acero que temblaba y vibraba, y que no había manera de doblar ni de romper. Enfurecida, la cobra pegaba unos golpes tan violentos contra el suelo que, al llenarse de polvo, la choza se volvió oscura. Agitaba la cola con tanta energía y fuerza que el suelo de barro se desmigajaba y los añicos, que volaban por los aires en todas direcciones, nos cegaban con densas nubes de polvo. En un momento pensé, aterrorizado, que no podríamos con ella, que se nos escabulliría y que, adolorida, herida y furiosa, empezaría a mordernos. Aplasté con más fuerza a mi compañero. Éste, con el pecho pegado al bidón y sin poder respirar, sólo emitía suaves gemidos.

Finalmente –aunque la cosa duró un rato muy largo: toda una eternidad–, los golpes de la cobra empezaron a perder su ímpetu, vigor y frecuencia. «Mira», dijo Leo, «sangre.» En efecto, por una grieta del suelo, que ahora recordaba un recipiente de barro roto, se deslizaba despacio un reguero de sangre. La cobra estaba cada vez más débil, como también más débiles se habían vuelto las sacudidas del bidón que no dejamos de percibir ni por un momento y con los que ella nos hacía saber de su dolor y odio, unas sacudidas que nos tenían sumidos en constante estado de pavor y pánico. Pero entonces, cuando todo hubo terminado, cuando Leo y yo nos pusimos de pie y el polvo de la choza había empezado a bajar y se volvía cada vez más ralo, cuando miré hacia aquel reguero de sangre que desaparecía de prisa absorbido por el barro, en lugar de satisfacción y alegría sentí que me invadía una sensación de vacío, más aún, de tristeza, por aquel corazón que yacía en el mismo fondo del infierno, ese infierno que por una extraña serie de casualidades habíamos compartido todos hacía tan sólo unos instantes, porque aquel corazón había dejado de latir.

Al día siguiente dimos con un ancho y rojizo camino de laterita que, dibujando una línea arqueada, rodeaba el lago Victoria. Después de seguirlo durante varios cientos de kilómetros en medio de un África verde, frondosa y bella llegamos a la frontera con Uganda. En realidad no había frontera. Junto al camino se levantaba una sencilla caseta encima de cuya puerta se veía un tablón de madera con la palabra «Uganda» grabada al fuego. Estaba vacía y cerrada. Las fronteras por las cuales se derrama la sangre se crearían más tarde.

Seguimos viaje. Era noche cerrada. Lo que en Europa recibe el nombre de atardecer o crepúsculo aquí apenas si dura unos minutos; a decir verdad, no existe. Se acaba el día y enseguida cae la noche, como si alguien, con un repentino movimiento de interruptor, desconectase el generador del sol. Sí, la noche inmediatamente se vuelve negra. En unos segundos nos hallamos en el interior de su núcleo más oscuro. Si nos pilla mientras recorremos la selva, tenemos que detenernos enseguida: no se ve nada, como si nos metiesen la cabeza dentro de un saco. Perdemos el sentido de la orientación, no sabemos dónde nos encontramos. En medio de semejante oscuridad, las personas se hablan sin verse en absoluto. Lanzan sonoras llamadas sin saber que están una junto a otra. La oscuridad divide y por eso mismo hace más fuerte el deseo del hombre de estar junto a otro, dentro de un grupo, de una comunidad.

Las primeras horas de la noche en África se convierten en el tiempo más propicio para la vida social. Nadie quiere estar solo. ¿Sólo? Es una desgracia, ¡una condena! Los niños tampoco se acuestan más temprano que los mayores. Se entra en la región del sueño juntos: toda la familia, todo el clan, toda la aldea.

Atravesábamos una Uganda dormida e invisible tras el manto de la noche. En algún lugar cercano debía de estar el lago Victoria, los reinos de Ankole y de Toro, los pastos de Mubende y las cataratas de Murchinson. Todo ello se encontraba en el fondo de una noche negra como la pez. Una noche llena de silencio. Los faros del coche penetraban profundamente la oscuridad y en el haz de su luz se arremolinaba un enjambre enloquecido de moscas, tábanos y mosquitos que emergían no se sabía de dónde, que durante una fracción de segundo desempeñaban ante nuestros ojos el papel de su vida –el baile enloquecido del insecto– y morían, aplastados por el despiadado morro del coche en plena marcha.

En esta masa uniforme de oscuridad, sólo muy de cuando en cuando aparece un oasis de luz, una caseta de abigarrados colores de feria que brilla desde lejos: se trata de una *duka*, una pequeña tienda hindú. Por encima de bizcochos, paquetes de té, cigarrillos y cerillas, por encima de latas de sardinas y pastillas de jabón emerge, iluminada por el resplandor de unas lámparas de neón, la cabeza del dueño, un hindú sentado en actitud inmóvil que, paciente y confiado, espera a unos clientes rezagados. El brillo de aquellas tiendas, que daba la impresión de aparecer y apagarse obedeciendo una orden nuestra, nos iluminaron, como faroles solitarios de una calle desierta, todo el camino hasta Kampala.

Kampala se preparaba para la fiesta. Al cabo de varios días, el 9 de octubre, Uganda iba a recuperar su independencia. Los complicados juegos y regateos se prolongaron hasta el último momento. En la política interna de África y de cada uno de sus países, todo siempre resulta sumamente complejo. La razón de ello radica en que los colonialistas europeos liderados por Bismarck en la conferencia de Berlín, al repartirse África entre ellos, metieron a unos diez mil reinos, federaciones y comunidades tribales que existían en el continente a mediados del siglo XIX –cierto que sin Estado, pero que funcionaban como organismos independientes– en las fronteras de apenas cuarenta colonias. Siendo así que muchos de aquellos reinos y comunidades tribales llevaban a sus espaldas largas historias de conflictos y guerras. Y de repente, y sin que nadie les pidiera su opinión, se encontraron dentro de los límites de una misma colonia y debían someterse a un mismo poder (extranjero, además), a una misma ley.

Y ahora había empezado la época de la descolonización. Las antiguas rencillas interétnicas, que el poder extranjero tan sólo había congelado o sencillamente ignorado, de pronto resucitaron y volvieron a convertirse en actuales. Se había presentado la oportunidad de recuperar la independencia, cierto, pero una independencia condicionada: los adversarios y enemigos de antaño debían crear un mismo Estado y, unánimes, convertirse en sus gobernantes, patriotas y defensores. Las antiguas metrópolis y los líderes de los movimientos de liberación nacional africanos adoptaron el principio según el cual si en alguna colonia estallaban sangrientos conflictos internos, tal territorio no obtendría la independencia.

El proceso de descolonización debía desarrollarse –así se lo definió– por la vía constitucional, en la mesa de negociaciones, sin grandes dramas políticos y salvaguardando lo más importante: que la circulación de riquezas y mercancías entre África y Europa no sufriese trabas excesivas.

La situación en que debía producirse el salto al reino de la libertad colocaba a muchos africanos ante una elección difícil, pues dentro de ellos chocaban dos memorias y dos lealtades que libraban una lucha dolorosa y de difícil solución. Por un lado, se trataba de la memoria, profundamente arraigada, de la historia del clan y del pueblo propios, de quiénes eran los aliados, siempre prestos a ayudar en momentos de necesitarlos, y quiénes los enemigos, a los que había que profesar un sentimiento de odio; y por otro lado, se trataba de entrar en la familia de las sociedades libres y modernas, pero bajo la condición de despojarse de todo egoísmo y ceguera étnicos.

Un problema de estas características se planteaba en Uganda. Dentro de las fronteras de lo que entonces era un país joven, de apenas medio siglo de existencia. Pero en su territorio se encontraron nada menos que cuatro reinos antiguos: Ankole, Buganda, Bunyoro y Toro. La historia de sus mutuos conflictos y disputas era tan rica y variopinta como la de las luchas entre celtas y sajones o entre güelfos y gibelinos.

El más poderoso era el reino de Buganda, y su capital, Mengo, era uno de los barrios de Kampala. Mengo, al mismo tiempo, es el nombre de la colina en que se levanta el palacio real. Y es que Kampala, ciudad de una belleza extraordinaria, llena de flores, palmeras, mangos y euforbias, está situada sobre siete colinas suaves y verdes, parte de las cuales baja directamente al lago.

Tiempo ha, sobre cada una de estas colinas se construyeron, uno tras otro, sendos palacios reales: cuando se moría un rey, se dejaba abandonado el palacio y se levantaba uno nuevo en la siguiente colina. Se trataba de no molestar al muerto en su tarea de ejercer el poder, cosa que seguía haciendo, si bien es cierto que desde ultratumba. De esta manera el poder era compartido por toda la dinastía, y el rey de turno no era más que su provisional representante del momento.

En 1960, dos años antes de la independencia, la gente que no se consideraba súbdita del rey de Buganda creó el partido UPC (Uganda People's Congress), que ganó las primeras elecciones. Lo lideraba un joven funcionario, Milton Obote, a quien yo había conocido mucho antes, todavía en Dar es Salam.

Los periodistas cuya llegada se esperaba en Kampala iban a alojarse en los barracones del viejo hospital, que estaba situado en las afueras de la ciudad (el nuevo —donación de la reina Isabel— esperaba el momento de ser inaugurado). Llegamos los primeros. Los barracones, blancos y limpios, todavía estaban vacíos. En el edificio principal me dieron la llave de una habitación. Leo se había ido al norte a ver las cataratas de Murchison. Le tenía envidia, pero tuve que quedarme para recoger material para el reportaje.

Encontré mi barracón, que se levantaba lejos, en la pendiente de la colina y entre frondosos canelos y tamarindos. La entrada a mi habitación se hallaba al final de un largo pasillo. Entré, dejé en el suelo la maleta y la bolsa y cerré la puerta. Y en aquel momento vi cómo la cama, la mesa y un pequeño armario que constituían el mobiliario del cuarto se elevaban hacia lo más alto y cómo, una vez alcanzado el techo, empezaban a dar vueltas, cada vez más rápidas.

Perdí el conocimiento.

EN EL INTERIOR DE UNA MONTAÑA DE HIELO

Cuando abrí los ojos vi una gran pantalla blanca y sobre su fondo claro, el rostro de una muchacha negra. Durante unos momentos, sus ojos habían fijado en mí su mirada para desaparecer más tarde, junto con el rostro. Al cabo de unos instantes en la pantalla apareció la cabeza de un hindú. Debió de inclinarse sobre mí porque de repente la vi muy cerca, como a través de una potente lente de aumento.

–Gracias a Dios, estás vivo –oí–. Pero enfermo. Tienes malaria. Malaria cerebral.

Recobré el conocimiento en un instante, incluso quise incorporarme pero sentí que las fuerzas me habían abandonado, que no podía sino seguir tumbado e inmóvil. La malaria cerebral es el temible azote del África tropical. En tiempos, siempre acababa con un desenlace fatal. Ahora tampoco ha dejado de ser temible, siendo a veces mortal. Al viajar hacia aquí, cerca de Arusha pasamos junto al cementerio de sus víctimas, la huella de la epidemia que había estallado allí hacía varios años.

Intenté echar un vistazo a mi alrededor. La pantalla blanca resultó ser el techo de la habitación que me habían asignado. Me encontraba en el recién inaugurado Mulago Hospital, como uno de sus primeros pacientes. La muchacha era una enfermera que atendía al nombre de Dora y el hindú era el doctor Patel, el médico. Me dijeron que el día anterior me había traído una ambulancia que había llamado Leo. Leo, tras ver las cataratas de Murchison en el norte, al cabo de tres días regresó a Kampala. Entró en

61

mi habitación y me vio echado en la cama y sin sentido. Corrió hacia la portería para pedir ayuda, pero precisamente aquel día se había declarado la independencia de Uganda y toda la ciudad bailaba, cantaba, se bañaba en cerveza y vino de palma, y el pobre Leo no sabía muy bien qué hacer. Finalmente, él mismo fue al hospital en busca de una ambulancia. De esta manera acabé encontrándome aquí, en una habitación aislada que aún olía a limpio, fresca y tranquila.

La primera señal de un inminente ataque de malaria es una inquietud interior que empezamos a experimentar de repente y sin ningún motivo claro. Algo nos pasa, algo malo. Si creemos en los espíritus, sabemos qué es: ha entrado en nosotros un espíritu maligno y nos ha embrujado. Nos ha paralizado y clavado. Por eso no tardamos en sentirnos entumecidos, pesados y sumidos en el marasmo. Todo nos irrita. Sobre todo la luz, detestamos la luz. Nos irrita la gente: sus voces estridentes, su repugnante olor y su tacto áspero.

Pero tampoco tenemos demasiado tiempo para experimentar semejantes ascos y repugnancias, pues al cabo de poco rato, a veces de repente y sin haber dado ninguna señal de aviso, se produce el ataque. Es un súbito y violento ataque de frío. Un frío polar, ártico. Como si alguien nos cogiese desnudos, abrasados por el infierno del Sahel y del Sáhara, y nos lanzase directamente al altiplano helado de Groenlandia y las Spitzberg, entre nieves, vientos y tormentas polares. ¡Qué conmoción! ¡Qué choque! En un segundo empezamos a sentir frío, un frío terrible, espantoso, espectral. Empezamos a tiritar, a temblar, a agitarnos. Sin embargo, no tardamos en darnos cuenta de que no se trata del mismo temblor que conocemos de experiencias anteriores –de cuando, por ejemplo, pasamos mucho frío en la intemperie de un invierno–, sino que nos atenazan unas vibraciones y convulsiones que al cabo de poco tiempo nos desgarrarán en jirones. Y para intentar salvarnos, empezamos a suplicar ayuda.

¿Qué trae el mayor alivio en momentos así? En realidad, lo único que nos puede sacar del mal trance momentáneo es que alguien nos tape. Pero no que nos tape de manera corriente: con una manta, un cubrecama o un edredón. La cosa consiste en que la prenda de abrigo debe aplastarnos con su peso, aprisionarnos en una forma cerrada, apisonarnos. En un momento así, no hacemos sino, precisamente, soñar con que nos aplasten. ¡Nos gustaría tanto que nos pasase por encima una apisonadora! En una ocasión, tuve un ataque de malaria en una humilde aldea donde no había prendas de abrigo de ningún tipo. Los campesinos me pusieron encima la tapa de un baúl y se quedaron pacientemente sentados sobre ella, esperando a que se me pasara la fase peor de la tiritona. Los más infortunados son aquellos que, al sufrir un ataque de malaria, no tienen con qué taparse. Se les ve a menudo junto a los caminos, en la selva o en las casuchas de barro, se les ve tumbados en el suelo y semiinconscientes, aturdidos y empapados en sudor, y cómo sus cuerpos son sacudidos por rítmicas oleadas de convulsiones. Pero, incluso protegidos por una docena de mantas, cazadoras y abrigos, los dientes nos castañetean y gemimos de dolor porque notamos que este frío no viene desde el exterior –¡fuera hace una temperatura de cuarenta grados!–, sino que lo tenemos metido dentro, que esas Spitzbergs y Groenlandias se han instalado dentro, que todos esos carámbanos, témpanos y montañas de hielo circulan a través de nuestro cuerpo, de nuestras venas, músculos y huesos. Este pensamiento podría llenarnos de pavor si fuésemos capaces de hacer el esfuerzo de sentir algo. Pero el pensamiento en cuestión no aparece sino en el momento en que, tras varias horas de febril agitación, el punto álgido del ataque se aleja poco a poco, e, inertes, empezamos a sumergirnos en un estado de agotamiento e impotencia absolutos.

El ataque de malaria no sólo se limita al dolor, sino que, como cualquier otro dolor, es una vivencia mística. Entramos en un mundo del cual tan sólo hace unos momentos no sabíamos nada y, mientras tanto, ese mundo resulta que existe a nuestro lado y que finalmente se ha apoderado de nosotros, nos ha convertido en parte de él: encontramos en nuestro interior simas, despeñaderos y abismos desconocidos cuya presencia nos llena de pavor y sufrimiento. Pero el momento de los descubrimientos pasa, los espíritus nos abandonan, se marchan y desaparecen, y lo que se queda bajo la montaña de los hallazgos más estrafalarios es algo verdaderamente lamentable.

Tras un fuerte ataque de malaria, la persona se convierte en una piltrafa humana. Yace postrado en medio de un charco de sudor; la fiebre no lo abandona y no puede mover manos ni piernas. Todo le duele, la cabeza le da vueltas y tiene mareos. Está exhausto, débil, inerte. Llevado por alguien en brazos, da la impresión de no tener huesos ni músculos. Y pasan muchos días antes de que vuelva a ponerse en pie.

En África, cada año la malaria se ceba en millones de gente; y allí donde se mueve más libremente –en territorios húmedos, pantanosos, situados en zonas bajas– mata a uno de cada tres niños. Hay diferentes tipos de malaria; algunos, los más benignos, se pasan como una gripe. Pero incluso éstos hacen mella en todas y cada una de sus víctimas. En primer lugar, porque en un clima tan infernal se soporta muy mal hasta la indisposición más leve, y en segundo lugar, porque generalmente, los africanos sufren de malnutrición, agotamiento y hambre. Es muy frecuente encontrar aquí a personas adormecidas, apáticas y con los sentidos embotados. Permanecen sentadas o tumbadas en las calles o junto a los caminos durante horas y sin hacer nada. Les hablamos pero no nos oyen, las miramos y tenemos la impresión de que no nos ven. No se sabe si nos ignoran, si se trata de perezosos y haraganes incurables o si las mortifica un despiadado ataque de malaria. No sabemos cómo reaccionar, qué pensar de su comportamiento.

Pasé dos semanas en el hospital de Mulago. Los ataques se habían repetido, pero su intensidad y virulencia habían ido amainando. Me practicaron varias punciones y me cosieron a pinchazos. El doctor Patel venía a verme todos los días, me examinaba y me decía que cuando me pusiera bueno me presentaría a su familia. Tenía una familia rica; sus parientes eran propietarios de varias tiendas importantes de Kampala y de otras en provincias. Se habían podido permitir el lujo de mandar a Patel a estudiar en Inglaterra: había hecho la carrera de medicina en Londres. ¿De qué manera sus antepasados habían ido a parar a Uganda? Su abuelo y miles de jóvenes hindúes habían sido traídos a finales del siglo XIX al África oriental por los ingleses para que construyesen la línea de ferrocarril entre Mombasa y Kampala.

Se trataba de una nueva etapa en la expansión colonialista: de penetrar el continente hasta lo más hondo, de conquistar y extender su dominio sobre el interior. Si alguien observa mapas de África antiguos, enseguida se dará cuenta de una cosa: que en ellos se ven señalados decenas, cientos de nombres de puertos, ciudades y poblaciones que aparecen situados a lo largo de la línea de la costa, y el resto, ese resto enorme e inconmensurable, es decir, el noventa y nueve por ciento de esta parte del mundo, se le ofrece casi como una gran mancha blanca, con alguna que otra señal dispersa aquí y allá.

Los europeos no se alejaban de la costa: de sus puertos, mesones y barcos; y sólo muy de cuando en cuando y a desgana se aventuraban a penetrar en el interior. Cierto que no había caminos, pero además tenían miedo a unos pueblos hostiles y a las enfermedades tropicales, tales como la malaria, la enfermedad del sueño, la fiebre amarilla o la lepra. Y a pesar de que no se habían movido de la costa durante cuatro siglos, en todo ese tiempo había dominado en ellos el espíritu de la provisionalidad, la estrechez de miras, y una manera de pensar de cara tan sólo al beneficio rápido y la conquista fácil. Como consecuencia de ello, sus puertos no fueron más que ventosas aplicadas al organismo africano, lugares de donde se exportaban esclavos, oro y marfil. Venga, a expoliarlo todo y a llevárselo con el coste más bajo posible. Por eso muchos de aquellos enclaves europeos recordaban los barrios más pobres del viejo Liverpool o de Lisboa. En Luanda, que perteneció a Portugal, a lo largo de cuatrocientos años los portugueses no excavaron un solo pozo de agua potable ni iluminaron las calles con farola alguna.

La construcción del ferrocarril de Kampala constituyó el símbolo de una nueva —más pragmática y sensata— manera de pensar de las metrópolis. Sobre todo de Londres y París. Entonces, cuando África ya estuvo repartida entre países europeos, éstos tranquilamente pudieron invertir en aquellas zonas de sus colonias cuyas tierras ricas y fértiles prometían enormes beneficios, ya obtenidos de las plantaciones de café, té, algodón o piña, ya –en otros lugares– de las minas de diamante, oro o cobre. Sin embargo, seguían faltando medios de transporte. El viejo sistema de que los porteadores lo llevasen todo sobre sus cabezas dejó de ser suficiente. Se impuso la necesidad de construir caminos, vías férreas y puentes. Sí, pero ¿quién iba a hacerlo? No se traía obreros blancos: el blanco era el señor; no podía dedicarse al trabajo físico. Al principio, el obrero africano tampoco entraba en los cálculos: pura y simplemente, porque no existía. No había con qué animar a trabajar por un sueldo a la población autóctona, porque ésta todavía ignoraba la noción de dinero (el comercio, que sí floreció allí durante siglos, no había pasado del intercambio; por ejemplo, los esclavos se pagaban con armas de fuego, bloques de sal o telas de percal).

Con el tiempo, los ingleses introdujeron el sistema del trabajo forzado: el jefe de la tribu tenía la obligación de proporcionar un número determinado de obreros para trabajos no remunerados. Los metían en campos de barracones. Las zonas que en el mapa de África presentaban una densidad considerable de aquellos gulags indicaban que el colonialismo se había instalado y asentado allí con todas las de la ley. Sin embargo, antes de que esto se produjera, se habían buscado soluciones de urgencia, una de las cuales consistía en importar al África oriental, de otra colonia británica, la India, mano de obra barata. De esta manera había aterrizado el abuelo del doctor Patel, primero en Kenia y luego en Uganda, donde más tarde se instalaría para siempre.

En el curso de una de sus visitas, el doctor me contó que a medida que avanzaban los trabajos y la vía férrea se alejaba de las costas del océano Índico, introduciéndose en terrenos cubiertos de tupida selva, los obreros hindúes fueron presa de terror: habían empezado a atacarlos los leones.

El león que está en la plenitud de su edad no se muestra muy aficionado a la caza del hombre. Tiene sus propias costumbres cazadoras, sus sabores favoritos y preferencias culinarias. Le enloquece la carne de antílope y de cebra. También le gusta la jirafa, aunque ésta resulta difícil de cazar, dados su tamaño y altura. Tampoco desprecia la ternera, por lo que los pastores encierran por la noche sus vacas en unos corrales que construyen en la selva con ramas espinosas. Semejantes cercas –que llaman *goma*– no siempre son un obstáculo eficaz, pues el león es un consumado saltarín y puede brincar por encima de la *goma* o hábilmente pasar por debajo de ella.

El león caza durante la noche y por lo general en manada, ingeniándoselas con sigilosos acechos y trampas. Justo antes de la caza, en la manada se lleva a cabo un reparto de papeles. La parte destinada a la batida empuja a las acosadas víctimas hacia las fauces de los cazadores. Las leonas son las más activas: son las que suelen atacar. Los machos son los primeros a la hora de disfrutar del festín: se atragantan con la sangre más fresca, engullen los trozos más suculentos y chupan la grasa de las médulas óseas.

Los leones se pasan el día entregados a dos actividades: digerir y dormitar. Apáticos e indolentes, durante horas permanecen tumbados a la sombra de las acacias. Ni siquiera provocados se lanzan al ataque. Si nos acercamos a ellos, se levantarán y se alejarán de nosotros. Aunque es una maniobra arriesgada, pues el salto de este depredador no dura más que una fracción de segundo. En una ocasión, mientras atravesábamos el Serengeti nos estalló un neumático. Automáticamente, salté del coche para cambiarlo. Y de pronto me di cuenta de que a mi alrededor, en la hierba alta y entre los despojos de unos antílopes, descansaban varias leonas. Nos miraron de arriba abajo pero no se movieron. Leo y yo nos encerramos en el coche a la espera de qué harían. Al cabo de un cuarto de hora se levantaron y se dirigieron tranquilamente hacia la selva, rubias, esbeltas y hermosas.

Cuando los leones salen de caza, lo anuncian con rugidos muy poderosos, que retumban por toda la sabana. Esta voz esparce un terror pánico entre los demás animales. Sólo los elefantes, que no temen a nadie, permanecen indiferentes ante semejantes trompetas de guerra. Los demás huyen despavoridos adonde pueden o se quedan allí donde estaban, paralizados por el miedo, y esperan hasta que el depredador salga de la oscuridad y les aseste el golpe mortal.

El león es un cazador hábil y temible durante unos veinte años. Luego empieza a envejecer. Sus músculos se debilitan, su velocidad se reduce y sus saltos se vuelven cada vez más cortos. Le resulta difícil alcanzar al asustadizo antílope y a la veloz y siempre alerta cebra. Hambriento, se convierte en una carga para la manada. Es un momento difícil para él: la manada no tolera a los débiles y enfermos, por lo cual puede llegar a ser su víctima. Cada vez más a menudo tiene miedo de que los más jóvenes lo maten a mordiscos. Poco a poco, se va separando de la manada, camina tras ella rezagado hasta que, finalmente, se queda solo. Lo mortifica el hambre, pero ya no es capaz de alcanzar la presa. Y entonces sólo le queda una salida: cazar al hombre. Un león de estas características recibe aquí el coloquial apodo de devorador del hombre *(man eater)* y se convierte en el terror de la población local. Agazapado, se pone al acecho cerca de los torrentes donde las mujeres lavan la ropa y junto a los senderos por los que los niños van a la escuela (es que, hambriento, caza también de día). La gente tiene miedo a salir de sus chozas de barro, pero incluso allí la ataca. Intrépido y despiadado, sigue siendo fuerte.

Leones así, siguió contando el doctor Patel, empezaron a atacar a los hindúes que construían la vía férrea de Kampala. Como éstos vivían en tiendas de lona, los depredadores la desgarraban con facilidad y cada dos por tres sacaban una nueva víctima de la tienda llena de hombres durmiendo. Hombres a los que no protegía nadie y que tampoco tenían una sola arma de fuego. De todos modos, la lucha contra un león en la oscuridad africana tampoco brinda oportunidades de supervivencia. El abuelo del doctor y sus compañeros oían durante las noches los gritos de las víctimas cuyos cuerpos estaban siendo despedazados, pues los leones disfrutaban de sus banquetes en las proximidades de las tiendas y luego, saciados, desaparecían en la oscuridad.

El doctor siempre hallaba tiempo para mí y de buena gana charlaba conmigo, cosa que yo le agradecía mucho porque, incluso pasados varios días desde el ataque, no podía leer, las palabras impresas se desdibujaban y las letras navegaban y se balanceaban, como si se mantuviesen flotando sobre unas olas invisibles. Un día me preguntó:

—¿Has visto ya muchos elefantes?

—Ya lo creo —contesté—, ¡centenares!

—¿Sabes? —siguió—, cuando hace mucho tiempo aparecieron aquí los portugueses y empezaron a comprar marfil, les llamó la atención el hecho de que los africanos no lo tuviesen en grandes cantidades. ¿Por qué? A fin de cuentas los colmillos de elefante son un material duro y muy resistente, así que, si les resultaba difícil cazar un elefante vivo —por lo general lo hacían atrayendo al animal hacia un hoyo que previamente habían cavado—, no tenían más que quitarles los colmillos a los elefantes muertos desde hacía más o menos tiempo. Sugirieron esta idea a sus intermediarios africanos. Pero en respuesta oyeron algo asombroso: que no hay elefantes muertos, que sus cementerios no existen. Era un misterio que empezó a corroer a los portugueses. ¿Cómo morían los elefantes? ¿Dónde yacían sus restos? ¿Dónde estaban sus cementerios? Se trataba, nada menos, que de colmillos de elefante, del marfil, de las enormes cantidades de dinero que por él se pagaba.

El cómo morían los elefantes era un secreto que los africanos habían guardado frente a los blancos durante mucho tiempo. El elefante es un animal sagrado y también lo es su muerte. Y todo lo sagrado está protegido por el más impenetrable de los misterios. La admiración más grande siempre la había despertado el hecho de que el elefante no tenía enemigos en el mundo animal. Nadie era capaz de vencerlo. Sólo podía morir (tiempo ha) de muerte natural. Ésta solía producirse al ponerse el sol, cuando los elefantes acudían a sus abrevaderos. Se detenían en la orilla de un lago o de un río, alargaban las trompas, las sumergían en el agua y bebían. Pero llegaba el momento en que un elefante viejo y cansado ya no podía levantar la trompa y para saciar la sed tenía que adentrarse en el lago cada vez más. Y también cada vez más, sus patas se hundían en el légamo. El lago lo succionaba, lo atraía a sus insondables profundidades. Él, durante un tiempo, se defendía agitándose, intentando liberar las patas de la tenaza del légamo para poder regresar a la orilla, pero su propia masa resultaba demasiado grande y la fuerza del fondo era tan paralizante que el animal, finalmente, perdía el equilibrio, se caía y desaparecía bajo las aguas para siempre.

–Y es ahí –concluyó el doctor Patel–, en el fondo de nuestros lagos, donde se encuentran los eternos cementerios de los elefantes.

EL DOCTOR DOYLE

Mi piso de Dar es Salam se compone de dos habitaciones, una cocina y un cuarto de baño, situados en la primera planta de una casa que se alza en medio de cocoteros y de frondosos y emplumados plátanos, cerca de la Ocean Road. En una habitación hay una mesa y varias sillas, y en la otra, una cama, encima de la cual se extiende una mosquitera; su presencia solemne –pues recuerda el blanco y largo velo de una novia– más bien persigue el fin de producir una sensación de bienestar en el inquilino antes que protegerlo de los mosquitos: éstos siempre acabarán saliéndose con la suya. Estos agresores, pequeños pero molestos, todas las tardes deben de fijarse un plan de acción para mortificar a su víctima, pues si, pongamos por caso, son diez, no atacan todos juntos –lo que nos permitiría eliminarlos a todos de golpe y tener una noche tranquila–, sino que embisten uno a uno: primero parece salir el explorador en misión de reconocimiento mientras que el resto, a todas luces, observa el desarrollo de los acontecimientos. El explorador, descansado después de un día dedicado a dormir, ahora nos mortifica con su zumbido enloquecido hasta que, finalmente, medio dormidos y furiosos, organizamos la caza, matamos al agresor y volvemos a acostarnos tranquilos y pensando que ya podemos volver a entregarnos al sueño cuando, apenas hemos apagado la luz, el siguiente empieza sus rizos, espirales y circunvoluciones.

Después de observar a los mosquitos durante muchos años (o más bien, durante muchas noches), he llegado a la conclusión de

71

que estos seres deben de tener muy arraigado el instinto suicida, una necesidad incontrolada de autodestrucción que hace que al ver la muerte de su predecesor (en realidad de su predecesora, pues son las hembras del mosquito las que nos atacan y transmiten la malaria), en vez de renunciar, de perder las ganas de guerrear, todo lo contrario, claramente excitados –o sea excitadas– y desesperadamente decididos –o sea decididas–, se lanzan uno tras otro –una tras otra– a una muerte inmediata e inevitable.

Cada vez que vuelvo a mi piso de un largo viaje, introduzco una gran confusión y discordia en la vida que en él encuentro. Es que durante mi ausencia, el piso no ha permanecido vacío, en absoluto. Apenas cerrada la puerta por dentro, tomaba posesión de mí el numeroso, activo y entrometido mundo de los insectos. De las rendijas del suelo y las paredes, de los marcos de las ventanas y los rincones, de los zócalos y los alféizares salían a la luz del día ejércitos enteros de hormigas y ciempiés, arañas y escarabajos, enjambres de moscas y polillas volando; las estancias se llenaban de las criaturas diminutas más diversas a las que no soy capaz ni de describir ni de nombrar, y todas ellas agitaban las alitas, movían las mandíbulas y hacían correr las patitas. Las que siempre me causaron la mayor de las admiraciones eran unas hormigas rojas que aparecían de repente no se sabía de dónde, marchaban en fila perfectamente alineada y acompasada, entraban por un momento en algunos de los armarios, se comían lo que allí hubiese de dulce, tras lo cual abandonaban su cebadero y, en la misma perfecta formación de antes, desaparecían sin dejar rastro y sin que se supiese adónde.

La situación se repetía ahora, cuando volví de Kampala. Al verme, parte de la compañía se marchó de prisa y sin pensárselo dos veces, pero la otra se tomó su tiempo y se retiró no sin mostrarse molesta. Me tomé un vaso de zumo, eché una ojeada a las cartas y a los periódicos y me fui a dormir. A la mañana siguiente, apenas si conseguí levantarme: las fuerzas me habían abandonado. Por añadidura, estábamos ya en la estación seca, es decir, en la época de un calor tremendo e insoportable que empezaba a apretar desde el mismísimo amanecer. Venciendo la debilidad, escribí varios telegramas sobre la situación de Uganda en las primeras semanas de su independencia y los llevé a correos. Siempre los llevaba a correos. El funcionario que los recogía me los escribía en un cuaderno, con la fecha y la hora. A continuación eran enviados por télex a nuestra oficina de Londres y, desde allí, a Varsovia: así salía más barato. Me dejaba estupefacto la habilidad de los mecanógrafos locales: copiaban en la cinta de sus télex los textos polacos sin cometer un solo error. Un día les pregunté cómo era posible. Porque, me contestaron, nos enseñaron a copiar no palabras o frases sino letra tras letra. De ahí que nos dé igual en qué lengua esté escrito el telegrama; en cuanto a nosotros, transmitimos signos y no sentido.

A pesar de que me había marchado de Kampala hacía ya bastante tiempo, en lugar de mejorar me sentía cada vez peor. Son secuelas de la malaria, me decía a mí mismo, y, por añadidura, de las insoportables temperaturas de la estación seca. Y a pesar de que en mi interior había empezado a percibir la presencia de un calor intenso y desconocido, creía que era el calor exterior lo que se había instalado dentro de mí y que desde allí irradiaba sobre mi organismo. El sudor me empapaba, pero también empapaba a los demás: el sudor salvaba a la gente de arder en la flameante pira del verano.

Había pasado un mes de aquella existencia miserable y lacia cuando me desperté una noche porque sentí la almohada excesivamente húmeda. Encendí la luz y me quedé de una pieza: la almohada estaba empapada de sangre. Corrí al cuarto de baño y me miré al espejo: tenía toda la cara manchada de sangre. En la boca notaba la presencia de una sustancia pegajosa que tenía un sabor salado. Me lavé pero no conseguí volver a conciliar el sueño.

Recordaba que sobre una de las casas de la calle principal, la Independence Avenue, se veía un rótulo con el nombre de un médico: John Laird. Fui hasta allá. El doctor, un inglés alto y delgado, daba incesantes vueltas por una habitación llena de baúles y cajas. Al cabo de dos días volvía a Europa, pero me dio el nombre

73

y las señas de un colega suyo a quien yo debía acudir. Muy cerca, junto a la estación de ferrocarril, estaba el dispensario municipal y allí podría encontrarlo. El colega se llama Ian Doyle, añadió, y es irlandés (como si en la medicina, al menos en este país, no contase la especialidad sino la nacionalidad).

El dispensario ocupaba un viejo barracón en el que los alemanes habían tenido un cuartel en los tiempos en que Tanganica era su colonia. Ante el edificio acampaba una multitud de africanos apáticos que, probablemente, sufrían de todas las enfermedades posibles. Conseguí llegar al interior y logré localizar al doctor Doyle. Me recibió un hombre de mediana edad pero cansado y demacrado y que desde el primer momento se mostró muy cálido y cordial. Su mera presencia, su sonrisa y su bondad actuaron sobre mí como un bálsamo. Me dijo que por la tarde fuera al Ocean Road Hospital porque sólo allí había un aparato de rayos X.

Yo sabía que lo mío no era ninguna insignificancia pero culpaba de todo a la malaria. Tenía un gran deseo de que el doctor confirmase mi diagnóstico. Cuando salimos de la sección de rayos X –Doyle mismo me hizo la radiografía– me puso la mano en el hombro y empezamos a pasearnos por la suave colina donde crecían altas palmeras. El paseo era muy agradable porque las palmeras proyectaban sombra y una suave brisa soplaba desde el océano.

–Sí –dijo finalmente Doyle, apretándome el hombro con suavidad–, definitivamente se trata de tuberculosis.

Y se sumió en silencio.

Las piernas se me doblaron y se volvieron tan pesadas que no conseguía levantar ni una ni otra. Nos detuvimos.

–Te ingresaremos en el hospital –dijo.

–No puedo ir al hospital –contesté–. No tengo dinero.

(Un mes de estancia en el hospital costaba más que mi sueldo de tres meses.)

–Entonces tienes que regresar a tu país –dijo.

–No puedo regresar a mi país –contesté. Notaba cómo la fiebre me corroía; tenía sed y me sentía muy débil.

En un instante decidí decirle toda la verdad. Aquel hombre me había inspirado confianza desde el primer momento y sabía que me comprendería. Le dije que la estancia en África era la oportunidad de mi vida. Que una cosa así había ocurrido en mi país por primera vez: nunca antes habíamos tenido un corresponsal fijo en el África negra. Que había ocurrido gracias a las difíciles y diligentes gestiones de la redacción de un periódico que era pobre, porque se trataba de un país donde cada dólar costaba a precio de oro, que si informaba a Varsovia de mi enfermedad, no dispondrían de medios para pagarme el hospital sino que me mandarían regresar y nunca más podría volver a África. Y que lo que era el sueño de mi vida –trabajar en África– se esfumaría para siempre.

El doctor lo escuchó todo en silencio. Reemprendimos nuestro paseo entre palmeras, arbustos y flores, entre toda aquella belleza tropical que en aquel momento era para mí una belleza envenenada por la derrota y la desesperación.

El silencio se prolongó durante un buen rato. Doyle pensaba en algo, reflexionaba ensimismado, y al final dijo:

–En realidad sólo hay una salida. Esta mañana has estado en el dispensario municipal. A él acuden a tratarse africanos pobres porque es gratuito. Pero desgraciadamente, las condiciones en que se encuentra son deplorables. Aunque no muy a menudo, yo sí que voy allí a veces porque soy el único especialista en tisis en este país tan grande y en el que la tuberculosis es una enfermedad muy común. Tu caso es bastante típico: una malaria fuerte debilita tanto el organismo que la persona fácilmente cae enferma de otra cosa, y muy a menudo precisamente de tuberculosis. Mañana te inscribiré en la lista de los pacientes del dispensario. Eso puedo hacerlo. Te presentaré al personal. Todos los días irás a que te pongan una inyección. Lo intentaremos. Ya veremos qué pasa.

El personal del doctor Doyle se componía de dos personas que prácticamente lo hacían todo: limpiaban, ponían las inyecciones y, sobre todo, dirigían el tráfago de los enfermos, dejando entrar a unos y echando a otros en la misma puerta del barracón, sin que supiese por qué (una sospecha de corrupción estaba totalmente fuera de lugar: aquí nadie tenía dinero).

El mayor, y más grueso, se llamaba Edu y el más joven, bajito y musculoso, Abdullahi. En muchas comunidades africanas al niño se le pone un nombre que hace referencia a un acontecimiento que ha ocurrido en el día en que nació. Edu era la abreviatura de *education*, porque el día en que Edu vino al mundo en su pueblo se abrió la primera escuela.

De ahí que en los lugares donde el cristianismo y el islam no se había implantado con fuerza, la riqueza de nombres que se ponía a la gente era infinita. En ello también se expresaba la poesía de los adultos, que dotaban a sus hijos de nombres como Mañana Fresca (si el crío nació al amanecer) o Sombra de Acacia (si vino al mundo bajo este árbol). En las sociedades que desconocían la escritura, con ayuda de los nombres se registraban los acontecimientos más importantes de la historia antigua y contemporánea. Si el niño nacía el día en que Tanganica había obtenido la independencia, recibía el nombre de Independencia (en swahili, Uhuru). Si los padres eran incondicionales partidarios del presidente Nyerere, podían llamar a su hijo precisamente así: Nyerere.

De esta manera, desde hace siglos se ha ido creando una historia, no tanto escrita como hablada, con fuerte –por personal– grado de identificación: mi identificación con mi comunidad la expreso con el hecho de que el nombre que poseo glorifica algún acontecimiento inscrito en la memoria de un pueblo del que soy parte.

La introducción del cristianismo y del islam redujo este rico mundo de poesía e historia al centenar escaso de nombres sacados de la Biblia y del Corán. Desde entonces, ya no había más que James y Patrick o Ahmed e Ibrahim.

Edu y Abdullahi eran unos hombres con un corazón de oro. Enseguida nos hicimos amigos. Yo intentaba causar la impresión de que mi vida estaba en sus manos (y en realidad así era) y ellos se mostraban sumamente preocupados y emocionados por este hecho. Lo abandonaban todo cada vez que yo necesitaba ayuda. Iba a verlos a diario después de las cuatro de la tarde, cuando amainaba el calor del mediodía; el dispensario ya estaba cerrado y ellos dos barrían los viejos suelos de madera, levantando increíbles nubarrones de polvo. Luego todo transcurría siguiendo las disposiciones del doctor Doyle. En la vitrina del armario acristalado de su consulta se veía una enorme lata de metal (donación de la Cruz Roja danesa) en la cual había unas pastillas grandes y grises que se llamaban PAS. Yo tomaba veinticuatro al día. Mientras me dedicaba a contarlas y meterlas en una papeleta, Edu sacaba del agua hirviendo una maciza jeringuilla de metal, colocaba la aguja y de una botella extraía dos centímetros de estreptomicina. A continuación, tomaba un amplio impulso, como si quisiera lanzar la jabalina, y me clavaba la aguja. Yo hacía algo que con el tiempo se convirtió en todo un rito: pegaba un salto y emitía un penetrante silbido serpentino ante el cual Edu y Abdullahi, que siempre lo habían observado todo, estallaban en una carcajada homérica.

Nada une más a la gente en África que el reírse juntos de algo realmente gracioso, como por ejemplo, del hecho de que un blanco pegue un salto por una cosa tan insignificante como una inyección. Por eso acabé compartiendo con ellos aquel entretenimiento, y aunque me retorcía del dolor que me causaba la aguja clavada por Edu con un ímpetu tremendo, junto con ellos me desternillaba de risa.

En este patológico y paranoico mundo de desigualdad racial en que todo lo decide el color de la piel (incluso sus matices), mi enfermedad, a pesar de que físicamente lo pasaba fatal, me proporcionaba una inesperada ventaja: al convertirme en un ser débil y lisiado rebajaba mi prestigioso estatus de blanco como alguien que está por encima de todo y de todos, y creaba entre los negros una mayor oportunidad de igualdad. Ahora me podían tratar como a uno más; aunque seguía siendo un blanco, ya no era el de antes: ahora era un blanco empequeñecido, defectuoso y tarado. En mis relaciones con Edu y Abdullahi surgió esa clase de cordialidad que sólo es posible entre iguales. Habría sido impensable si me hubiesen conocido como un europeo fuerte, sano y poderoso.

Para empezar, me invitaron a sus casas. Poco a poco me fui haciendo un visitante asiduo de los barrios africanos de la ciudad y los acabé conociendo como nunca antes. Según la tradición africana, el huésped es tratado con todos los honores. El dicho polaco «invitado en casa, Dios en casa» aquí cobra un sentido auténticamente literal. Los anfitriones pasan largo tiempo preparándose para la ocasión. Lo limpian todo, preparan los mejores platos. Hablo de una casa como la de Edu, un simple sirviente de un dispensario municipal. Cuando lo conocí, su estatus social era relativamente bueno. Bueno, porque Edu tenía trabajo fijo y personas como él no abundaban. La mayoría de la gente de las ciudades africanas tiene un empleo temporal de vez en cuando y la mayor parte del tiempo no trabaja en absoluto. En realidad, el enigma más grande de la ciudad africana es éste: ¿de qué viven todas esas multitudes? ¿De qué y cómo? Es que estos hombres no se encontraron aquí porque se los necesitase sino porque la miseria los había expulsado de sus aldeas. La miseria, el hambre y la desesperanza de una vida semejante. Así que se trata de fugitivos en busca de salvación, de supervivencia; de refugiados maldecidos por el destino. Cuando nos topamos con un grupo de personas que, por fin, han llegado a los límites de la ciudad tras abandonar unas tierras fustigadas por la sequía y el hambre, vemos en sus ojos una expresión de terror y de pánico. Y aquí, entre las chabolas y casuchas de barro, empezarán a buscar su Dorado. ¿Qué harán ahora? ¿Cómo actuarán?

Les presento a Edu y a unos primos de su clan. Pertenecen al pueblo sangu, que vive en el interior del país. Antes trabajaban en el campo pero su tierra dejó de dar fruto y entonces, hace varios años, caminaron hasta Dar es Salam. Su primer paso consistió en encontrar a otros sangu. O a hombres de otras comunidades ligados con los sangu con lazos de amistad. El africano conoce muy bien toda esa geografía de amistades y odios interétnicos, tan vivos como los que ahora se manifiestan en los Balcanes.

Por el hilo hasta el ovillo, acabarán descubriendo la casa de su paisano. El barrio se llama Kariakoo y su disposición resulta bastante geométrica: calles cubiertas de arena pero trazadas en línea recta. La edificación resulta esquemática y monótona: predominan las llamadas *swahili house* —una especie de *komunalkas* soviéticas—; en un edificio de una sola planta hay entre ocho y doce habitaciones y en cada una de ellas vive una familia. Se comparte la cocina, el retrete y el lavadero. La estrechez alcanza grados inimaginables, pues aquí las familias son muy numerosas; cada casa es una guardería. Todos los miembros de la familia duermen juntos sobre el suelo de barro, sólo cubierto por finas esteras de rafia. Ante una casa así, se sitúan a cierta distancia Edu y sus paisanos, y Edu grita: *Hodi!* Como en esta clase de barrios no existen las puertas y cuando las hay siempre están abiertas, y como no se puede entrar sin pedir permiso, ya desde lejos se grita precisamente eso, *Hodi!*, lo que equivale a la pregunta: ¿Puedo pasar? Si dentro hay alguien, contesta: *Karibu!* Significa: Adelante, bienvenidos. Y Edu entra.

Ahora empezará la infinita letanía de saludos rituales. Al mismo tiempo es el momento del reconocimiento, pues ambas partes intentan averiguar qué parentesco las une. Serios y concentrados, se internan ahora por el espesísimo bosque de los árboles genealógicos de que se compone cada comunidad, clan y tribu. Para alguien de fuera, resulta imposible situarlo todo, pero para Edu y sus compañeros, se trata de un momento del encuentro muy importante: un primo cercano significa una dosis de ayuda grande y uno lejano, mucho más pequeña. Aunque tampoco en el segundo caso se irán sin nada. Seguro que aquí encontrarán un techo donde guarecerse. Siempre se encontrará un poco de sitio en el suelo; y es que, a pesar de que no hace frío, resulta difícil dormir en el patio: allí hay mosquitos que mortifican y arañas que pican, y cárabos, y todos los demás insectos del trópico.

A la mañana siguiente, empezará para Edu su primer día en la ciudad. Y aunque para él todo esto es un medio nuevo, un mundo nuevo, el caminar por las calles de Kariakoo no despierta asombro, no causa sensación. Todo lo contrario que a mí. Si alguna vez me meto por unos callejones alejados del centro del barrio y menos frecuentados, los niños pequeños huyen despavoridos y se esconden en los rincones más inaccesibles. Es porque, cuando hacen alguna diablura, sus madres les dicen: Sed buenos, que si no ¡se os comerá el *mzungu!* (En swahili, *mzungu* significa blanco, europeo.)

En una ocasión, en Varsovia, conté a unos niños cosas de África. Durante aquel encuentro, se levantó un niño pequeño y preguntó:

–¿Ha visto usted a muchos caníbales? No sabía que, cuando algún africano regresase de Europa a un Kariakoo y se pusiese a contar cosas de Londres, de París o de otras ciudades habitadas por *mzungu,* un niño africano de la misma edad que el de Varsovia bien podría levantarse y preguntar:

–¿Has visto allí a muchos caníbales?

ZANZÍBAR

Viajaba hacia el oeste, de Nairobi a Kampala. Había empezado una mañana de domingo; el camino, desierto, atravesaba una tierra ondulada, salpicada de suaves colinas. Ante mí, los rayos del sol creaban en la carretera auténticos lagos de luces, brillantes y vibrantes. Cuando me aproximaba la luz desaparecía, por un momento el asfalto se volvía gris, luego se sumía en negrura, pero al cabo de unos instantes se encendía otro lago y más tarde, el siguiente. El viaje se convertía en un crucero por un país de aguas rutilantes que tan pronto se encendían como se apagaban, como los destellos de las luces de una discoteca enloquecida. A ambos lados de la carretera aparecía una frondosidad verde, bosques de eucaliptos y las extensas plantaciones de la Tea Bond and Co. Aquí y allá, entre cipreses y cedros, asomaban las blancas mansiones de los granjeros ingleses. De repente, lejos, al final de la carretera vi una bola de luz que, creciendo a toda prisa, se iba acercando a mí. Apenas si me dio tiempo de apartarme al arcén cuando, a mucha velocidad, pasó a mi lado una columna de motos y coches en medio de la cual iba un Mercedes negro, y en él pude ver a Jomo Kenyatta. Kenyatta no visitaba demasiado a menudo su nairobiano despacho de primer ministro; pasaba la mayor parte del tiempo en Gatundu, su residencia particular, que distaba 160 kilómetros de la capital. Allí, su entretenimiento favorito consistía en ver y escuchar a los conjuntos de danza de los más diversos pueblos de Kenia que acudían a Gatundu para amenizar la estancia de su líder. A pesar del ruido que hacían los tambores, los flau-

tines y los gritos de los bailarines, Kenyatta, sentado en una butaca y apoyado en un bastón, se sumergía en un duermevela. Se ani-
maba sólo cuando, terminada la función, los bailarines se marchaban de puntillas y se hacía silencio.

¿Pero verlo aquí y ahora? ¿Un domingo por la mañana? ¿Y sus
coches corriendo a una velocidad tan desmesurada? ¡Algo extraordinario había debido de ocurrir!

Sin pensarlo dos veces, di media vuelta y seguí la columna. Al
cabo de un cuarto de hora estábamos en la ciudad. Los coches llegaron hasta el edificio que albergaba la sede del primer ministro,
un moderno rascacielos de doce plantas situado en el City Square,
en el centro de Nairobi; pero a mí la policía me cerró el paso y
tuve que detenerme. Me quedé solo en una calle desierta; no había nadie a quien preguntar. En cualquier caso, no parecía que hubiese ocurrido nada en el propio Nairobi: la ciudad, vacía, no se
había despertado aún de su perezoso sueño de domingo.

Pensé que no habría estado nada mal ir a ver a Félix: él podía saber algo. Félix Naggar era el jefe de la oficina de la Agence
France Press para África oriental. Vivía en un chalet de Ridge-
ways, el barrio elegante y lujoso de Nairobi. Félix era toda una
institución. Lo sabía todo: su red de informadores se extendía
desde Mozambique hasta el Sudán y desde el Congo hasta Madagascar. Él personalmente no tenía costumbre de salir de casa.
Una de dos: supervisaba el trabajo de sus cocineros –la suya era
la mejor cocina de África– o permanecía sentado junto a la chimenea del vestíbulo leyendo novelas policíacas. El cigarro puro
jamás abandonaba su boca. Nunca lo apartaba de ella, tal vez a
excepción del instante en que engullía un bocado de langosta
asada o degustaba una cucharadita de sorbete de pistacho. De
vez en cuando sonaba el teléfono. Naggar levantaba el auricular,
apuntaba algo en un trozo de papel y se iba al fondo de la casa,
donde, frente a los télex, trabajaban sus ayudantes (eran los hindúes jóvenes más guapos que podía encontrar en África). Les
dictaba el texto del telegrama de turno con fluidez, sin pausas y
sin introducir corrección alguna, y regresaba o bien a la cocina,

para hurgar en las cacerolas, o bien junto a la chimenea, a leer novelas policíacas.

Lo encontré sentado en la butaca y, como siempre, con su puro y una novela negra.

–¡Félix! –grité desde el umbral–, algo pasa, porque Kenyatta acaba de volver a Nairobi. –Y le conté lo de la columna gubernamental con que me había topado yendo a Uganda.

Naggar se fue corriendo al teléfono y empezó a hacer mil llamadas. Mientras, yo puse la radio. Era una Zenith, un fenomenal receptor de telecomunicación con el que yo soñaba desde hacía años. Captaba cientos de emisoras, incluso las de los barcos. Al principio, no sintonicé más que retransmisiones de misas, sermones de domingo y música de órgano. También anuncios, programas en lenguas desconocidas y la llamada a oración de los almuédanos. Y de repente, entre mil chasquidos penetró una voz apenas audible: ...la tiranía del sultán de Zanzíbar se ha acabado para siempre... el gobierno de las sanguijuelas que... firmado, el Estado Mayor de la Revolución, mariscal de campo...

Nuevos ruidos y chasquidos, palabras sueltas que se alejaban y ritmos del popular conjunto Mount Kenya era todo lo que oíamos. Pero sabíamos lo más importante: en Zanzíbar se había producido un golpe de Estado. Había tenido que ocurrir aquella misma noche. Ahora estaba claro por qué Kenyatta había vuelto a Nairobi tan de prisa. La revuelta podía extenderse por Kenia y por toda el África oriental. Podía convertirse en una nueva Argelia, en un nuevo Congo. Pero para nosotros –Félix y yo– en aquel momento sólo contaba una cosa: llegar a Zanzíbar como fuese.

Empezamos por una llamada a las East African Airways. Nos dijeron que el primer avión para Zanzíbar salía el lunes. Reservamos plaza. Sin embargo, al cabo de una hora nos llamaron para decirnos que el aeropuerto de Zanzíbar estaba cerrado y que se habían suspendido los vuelos. ¿Qué hacer? ¿Cómo llegar allá? Había un avión que volaba por la noche a Dar es Salam. De allí a la isla la distancia ya no era tanta: cuarenta kilómetros a través del océano. No teníamos elección: tomamos la decisión de volar hasta Dar y desde aquel punto intentar pasar a la isla. Mientras tanto, la casa de Félix se había llenado del resto de los corresponsales destacados en Nairobi. Éramos cuarenta. Norteamericanos, ingleses, alemanes, rusos, italianos. Todos decidieron coger el mismo avión.

En Dar es Salam ocupamos el Imperial. Era un viejo hotel que tenía una terraza acristalada desde la cual se veía toda la bahía en cuyas aguas se mecía el yate blanco del sultán de Zanzíbar. El joven sultán, Seyyid Jamshid bin Abdulla bin Khalifa bin Harub bin Thwain bin Said, huyó a bordo de este yate, dejando tras él el palacio, el tesoro y un Rolls-Royce rojo. Los hombres de su tripulación nos hablaron de la gran masacre que se había producido en la isla. Dijeron que había muertos por todas partes. Que por las calles corría la sangre a borbotones. Que reinaba la barbarie, que se saqueaba, se violaba a las mujeres y se incendiaban las casas. Que no había salvación para nadie.

De momento, Zanzíbar estaba aislada del mundo. Su radio anunciaba cada hora que todo avión que intentase aterrizar en la isla sería abatido. Y que hundirían todo barco o barca que se acercase a sus costas. Lanzaban estas advertencias porque debían de temer una intervención. Nosotros oíamos aquellos comunicados condenados a un no hacer, a una interminable espera. Aquella misma mañana habíamos recibido una información según la cual buques de guerra británicos navegaban rumbo a la isla. Tom, de Reuters, se frotaba las manos: esperaba que un helicóptero lo llevase hasta un buque y entrar en ella con el primer destacamento de infantería de marina. Todos pensábamos en una misma cosa: cómo llegar hasta allí. Yo contaba con la mayor de las desventajas, porque no tenía dinero. En situaciones tales como revoluciones, golpes de Estado y guerras, las grandes agencias no reparan en gastos. Pagan lo que haya que pagar con tal de recibir información de primera mano. El corresponsal de una AP, una AFP o una BBC puede alquilar un avión o un barco, o comprar un coche que sólo necesitará durante unas horas; todo, con tal de llegar al lugar del acontecimiento. Ante semejantes competidores mis posibilidades se reducían a cero: sólo podía contar con una ocasión que me fuese propicia, con un golpe de suerte.

Al mediodía se acercó al hotel una embarcación de pesca. Traía a bordo a unos periodistas norteamericanos, cuyos rostros, quemados por el sol, se veían rojos como tomates. Habían intentado por la mañana llegar a la isla, incluso se habían aproximado mucho, pero habían abierto sobre ellos un fuego tan intenso que tuvieron que renunciar y dar media vuelta: la ruta marítima estaba cerrada.

Después de comer fui al aeropuerto a ver qué pasaba por allí. El vestíbulo aparecía repleto de periodistas, de montañas de cámaras y maletas. La mayor parte de los reporteros dormitaba en las butacas; otros, empapados en sudor, exhaustos a causa del calor y tropicalmente derrengados, se tomaban una cerveza en el bar. Acababa de despegar un avión con destino a El Cairo, y alrededor se hizo silencio. Una manada de vacas atravesaba la pista de aterrizaje. Aparte de ella, no quedaban señales de vida en aquel espacio muerto e incandescente, en aquel erial desolado y desierto del fin del mundo.

Ya había decidido regresar a la ciudad cuando de repente apareció Naggar, me detuvo y me condujo a un lado. Miró a su alrededor a ver si no lo oía nadie, y aunque en aquel lugar no había nadie más, me dijo, en un susurro y con mucho misterio en la voz, que él y Arnold (un cámara de la NBC) habían alquilado una avioneta y pagado a un piloto que había accedido a volar a Zanzíbar, pero que no podían despegar porque el aeropuerto de la isla seguía cerrado. Acababan de estar en la torre de control y habían hablado con la de Zanzíbar, pidiendo permiso para aterrizar, pero los del otro lado les habían dicho que no y que abrirían fuego.

Al decir todo esto, Naggar estaba muy nervioso: vi cómo tiraba un puro que acababa de encender y cuán de prisa sacaba uno nuevo.

–¿Qué opinas? –dijo–. ¿Qué se puede hacer?

–¿Qué avioneta es? –pregunté.

–Una Cessna –contestó– de cuatro plazas.

–Félix –le dije–, si me las arreglo para conseguir permiso de aterrizar, ¿me llevarás gratis?

–¡Por supuesto! –convino en el acto.

–Muy bien. Dame una hora.

Mientras decía todo aquello era consciente de que mis palabras no eran más que un farol, pero más tarde resultó que no lo había sido tanto. Me metí en el coche y salí corriendo para la ciudad.

En su mismo centro, en mitad de la Independence Avenue, se levanta un edificio de vigas de madera de cuatro plantas al que adornan unos balcones calados y umbrosos. Es el New Africa Hotel. Bajo su techumbre alberga una terraza enorme. Hay allí una barra y varias mesas. He ahí el lugar donde conspira el África de hoy. Aquí se encuentran refugiados, fugitivos y emigrados de distintas partes del continente. A una de las mesas por lo general se sientan Mondlane, de Mozambique; Kaunda, de Zambia, y Mugabe, de Zimbabwe. A otra, Karume, de Zanzíbar; Chisiza, de Malawi; Nujoma, de Namibia, etc. En esta parte de África, Tanganica es el primer país independiente, así que aquí acuden gentes de todas las colonias. Por la noche, cuando el calor amaina y en las alturas sopla una suave y refrescante brisa marina, la terraza se llena de personas que discuten, trazan planes de actuación y calculan fuerzas y posibilidades. La terraza se convierte en un centro de operaciones, en un provisional puente de mando. Nosotros, los corresponsales, nos dejamos caer aquí bastante a menudo para enterarnos de cosas. Conocemos ya a todos los líderes y sabemos a la mesa de cuál merece la pena sentarse. Sabemos que Mondlane, sereno y extrovertido, acepta gustoso una charla y que Chisiza, misterioso y cerrado, no abre la boca.

En la terraza siempre se oye música, que llega desde los pisos inferiores. Dos plantas más abajo, el señor Henryk Subotnik, de Tódź, regenta el Paradise, un salón de baile. Cuando estalló la guerra, Subotnik fue a parar a la Unión Soviética, y más tarde, a través de Irán, llegó en barco a Mombasa. Aquí cayó enfermo de malaria y, en lugar de alistarse en el ejército del general Anders para volver a Europa a luchar, acabó estableciéndose en Tanganica.

Su local, siempre abarrotado de gente, genera mucho ruido. Los clientes son atraídos aquí por la belleza de Miriam, una hermosa mujer de color chocolate procedente de las lejanas Seychelles, que hace striptease. El número más célebre de su actuación consiste en pelar y comerse un plátano de una manera muy especial.

—¿Sabe usted, Henryk —pregunté a Subotnik, al que por suerte encontré en el bar— que en Zanzíbar se ha organizado un zafarrancho de órdago?

—¿Que si lo sé? —se sorprendió—. ¡Lo sé todo!

—Oiga, Henryk —volví a preguntar—, ¿cree usted que Karume está allí?

Abeid Karume era el líder del Afro-Shirazi Party de Zanzíbar. A pesar de que su partido, que aglutinaba a la población negra de la isla, había conseguido mayoría en las últimas elecciones, el gobierno lo había formado el Zanzíbar Nationalist Party, el partido de la minoría árabe, apoyado por Londres. Indignados por este hecho, los africanos organizaron una revuelta y depusieron el gobierno de los árabes. Era lo que había pasado en la isla hacía dos días.

—¿Que si Karume está allí? —Y Subotnik rió de tal manera que supe una cosa: seguro que estaba allí.

Era lo único que necesitaba.

Regresé al aeropuerto. Deambulando por él con Félix de modo que nadie viese adónde nos dirigíamos, llegamos hasta la torre de control. Félix pidió a uno de los controladores de guardia que nos pusiese una conferencia telefónica con la torre del aeropuerto de Zanzíbar. Cuando al otro lado sonó una voz, cogí el auricular y pregunté si podía hablar con Karume. En aquel momento no andaba por allí, pero iba a dejarse caer de un momento a otro. Colgué y decidimos esperar. Al cabo de un cuarto de hora sonó el teléfono. Reconocí la grave y ronca voz de Karume. Durante veinte años, el líder africano había navegado por el mundo como un simple marinero y ahora, incluso al decir algo en la oreja de su interlocutor, tronaba de tal modo como si se sobrepusiese con sus palabras al rugido del océano en plena tempestad.

—Abeid —le dije—, tenemos aquí un pequeño avión, y somos tres: un norteamericano, un francés y yo. Quisiéramos volar donde vosotros. ¿Es posible? No escribiremos canalladas, te lo prometo. Te lo juro: ni una sola mentira. ¿Podrías hacer que no nos disparen cuando empecemos el descenso para tomar tierra?

Se produjo un largo silencio antes de que volviese a oír su voz. Me dijo que contábamos con su permiso y que nos esperarían en el aeropuerto. Corrimos hasta el avión y al cabo de unos instantes sobrevolábamos el mar. Yo me sentaba junto al piloto y Félix y Arnold ocupaban los asientos de atrás. En la cabina reinaba el silencio. Seguro que estábamos contentos por haber conseguido franquear el bloqueo y que seríamos los primeros en llegar a la isla, pero, por otro lado, no las teníamos todas consigo, pues no sabíamos a ciencia cierta qué nos depararía el futuro inmediato.

Por una parte, la experiencia me había enseñado que las situaciones de crisis a distancia se percibían con tintes mucho más negros y lúgubres que contempladas desde cerca. Es que nuestra imaginación, siempre insaciable, engulle ávidamente toda brizna de emoción o cualquier señal de amenaza o el olor a pólvora, por más leves que sean, para, inmediatamente, multiplicarlos y aumentarlos hasta medidas monstruosas y paralizantes. Por otra parte, sin embargo, también sabía que todo estallido social, todos aquellos momentos en que las aguas otrora quietas y apacibles empezaban a agitarse y a hervir no eran sino tiempos de caos generalizado, anarquía y confusión extrema. En momentos así, resulta fácil morir a causa del desorden, de un error, porque alguien no acababa de oír bien lo que se le había dicho o porque de algo no se había percatado a tiempo. En días tales la casualidad vive sus momentos más gloriosos: se convierte en la auténtica reina y señora de la historia.

Una hora escasa de vuelo, y nos aproximamos al aeropuerto. Zanzíbar: un blanco broche de piedra artísticamente tallada de una vieja ciudad árabe, y más lejos, bosques de cocoteros, inmensos claveros que extienden unas ramas desmesuradas y campos de maíz y de *cassava*, y todo esto enmarcado por las arenas brillantes de unas playas en las que irrumpen suaves bahías de color verde mar y en cuyas aguas se balancean pequeñas flotillas de embarcaciones de pesca.

Cuando nos acercamos a tierra divisamos medio centenar de hombres armados apostados a ambos lados de la pista. Una sensación de alivio nos invade cuando vemos que no nos apuntan, que no disparan sobre nosotros. Se ve enseguida que van miserablemente vestidos, casi desnudos. El piloto conduce la avioneta hacia el edificio principal. Karume no está allí, pero hay unos hombres que se presentan como sus ayudantes. Dicen que nos llevarán al hotel y piden que el avión despegue inmediatamente.

Vamos a la ciudad en dos coches de la policía. El camino está desierto, se ve muy poca gente, pasamos junto a unas casas destruidas y una pequeña tienda, destrozada y despanzurrada. Se entra en la ciudad por una puerta grande y maciza tras la cual empiezan unas callejuelas estrechas, tan estrechas que apenas si cabe en ellas un coche. Si alguien se cruza con nosotros, tiene que meterse en algún portal para dejarnos pasar.

Pero en estos momentos la ciudad permanece desierta y muda, las puertas de las casas aparecen o cerradas o arrancadas de sus marcos y las contraventanas, atrancadas. Inerte, cuelga el rótulo que anunciaba: Maganlal Yejchand Shah; está hecha añicos la vitrina de la tienda de Noorbhai Aladin and Sons; igual de abierto y vacío se ve el negocio vecino: M. M. Bhagat and Sons, Agents for Favre Leuba-Genève.

Vemos a varios muchachos descalzos, uno de ellos lleva una metralleta.

–Éste es nuestro problema –dice uno de los guías. Se llama Ali y trabajaba en una plantación de clavo–. No tenemos más que medio centenar de fusiles viejos, arrebatados a la policía. Muy pocas armas automáticas. Nuestro principal armamento se limita a machetes, cuchillos, alzaprimas, porras, palos, hachas y martillos. Lo veréis con vuestros propios ojos.

Nos asignaron unas habitaciones del Zanzíbar Hotel, en el desierto barrio árabe. La casa estaba construida de tal manera que siempre daba frescor y disponía de sombra. Nos sentamos en el bar para descansar un rato. Personas que no conocíamos de nada venían para vernos y saludarnos. En un momento dado entró una anciana menuda y ágil. Empezó a acribillarnos a preguntas: que a qué, que para qué, que de dónde. Cuando me tocó el turno y le dije de dónde era, la mujer se aferró a mi mano, se quedó inmóvil y se puso a recitar con fluidez en polaco:

Con el sol de la mañana centellea el prado
y las hojas susurran melodías soberbias,
el silencio acaricia la esbeltez de cada árbol,
suaves soplos de aire mecen briznas de hierba.

Naggar, Arnold, nuestros guardaespaldas y todos aquellos lu-
chadores descalzos que ya llenaban el vestíbulo del hotel estaban
estupefactos.

Y todo es tan dulce, silencioso, desvaído,
y hoy es tan extraño el mundo circundante,
como si pasases por aquí hace un instante,
rozando la hierba con el borde de tu vestido.

–¿Staff? –pregunté vacilando.
–¡Pues claro que Staff! ¡Leopold Staff! –dijo triunfalmente–.
Me llamo Helena Trembecka y soy de Podole. Tengo un hotel por
aquí cerca. Se llama Pigalle. Déjese caer por allí. Encontrará a Karume y a toda su gente: ¡les sirvo cerveza gratis!

¿Qué ha sucedido en Zanzíbar? ¿Por qué estamos aquí, en este
hotel, vigilados por cuatro muchachos entusiastas y descalzos, armados con machetes? (cierto es que su jefe tiene un fusil, pero no
estoy nada seguro de que aloje una sola bala en el cargador).
   Pues bien: si alguien mira con atención un mapa detallado de
África, verá que el continente aparece rodeado de numerosas islas.
Algunas son tan pequeñas que sólo las reflejan detallados mapas
de navegación, pero otras son lo suficientemente grandes como
para encontrarlas en cualquier atlas. Al oeste del continente están
Djalita y Kerkenna, Canarias y Cabo Verde, Gorée y Fernando Po,
isla de la Luna y Santo Tomé, Tristán da Cunha y Annobón; y al
este, Lampione y Lampedusa, Shadwan y Gifatún, Suakin y Dah-
lak, Socotra, Pemba y Zanzíbar, Mafia y Amirantes, Comores,
Madagascar y Mascareñas. En realidad son muchas, muchas más;
pueden contarse por decenas si no por cientos, pues muchas de
ellas se desgranan en archipiélagos enteros, otras están rodeadas

por un sorprendente mundo de arrecifes de coral y bancos de arena, un mundo que nos enseña toda su deslumbrante riqueza de colores y formas sólo en la hora de la marea baja. Hay tal cantidad de islas, islotes y cabos que uno se puede imaginar que en el caso de África la obra de la creación quedó interrumpida, inacabada, y lo que hoy es un continente visible y palpable no es más que una parte del África geológica, la que ha salido del océano, pero que el resto se ha quedado en el fondo y que estas islas no son sino las cimas que sobresalen de la superficie del agua.

Este fenómeno geológico ha tenido sus consecuencias históricas: desde hace mucho tiempo, África ha tentado tanto como infundido miedo. Por un lado, entre los extranjeros despertaba temor porque existía inexplorada y sin conquistar. Durante siglos, eficazmente defendieron su interior el difícil clima tropical, las enfermedades mortales, antes incurables (malaria, viruela, enfermedad del sueño, lepra, etc.), la falta de caminos y de medios de transporte, y también –cuán a menudo– la feroz resistencia de sus habitantes. Esta inaccesibilidad de África hizo nacer el mito de su misterio: el conradiano corazón de las tinieblas empezaba en la misma costa soleada, nada más bajar del barco y pisar tierra firme.

Pero al mismo tiempo tentadora, África atraía con el espejismo de grandes conquistas y suculentos botines.

El que se disponía a alcanzar sus costas entraba en un juego definitivo, de sumo riesgo, de vida o muerte. En la primera mitad del siglo XIX la mitad de los europeos que llegaban hasta aquí moría de malaria, pero al mismo tiempo, muchos de los supervivientes regresaban convertidos en propietarios de grandes y fulminantes fortunas: cargamentos de oro, de marfil y, sobre todo, de esclavos negros.

Y precisamente en este punto, la internacional de marineros, comerciantes y saqueadores se ve amparada por esas docenas de islas que se han diseminado junto a las costas del continente. Para ellos, se convierten en puntos de apoyo, en atracaderos, refugios y factorías. Sobre todo, son seguras: están lo suficientemente alejados de África para que los nativos no las alcancen a bordo de sus frágiles canoas, construidas a fuerza de vaciar troncos de árboles, y lo suficientemente cerca de la tierra firme como para entrar en contacto con ella y mantenerlo.

El papel de estas islas aumenta especialmente en la época del comercio de esclavos: fueron muchas las entonces convertidas en campos de concentración en donde se encerraba a los esclavos a la espera de los barcos que debían llevarlos a América, a Europa y a Asia.

El comercio de esclavos: dura cuatrocientos años, empieza en el siglo XV y... ¿termina? Oficialmente, en la segunda mitad del XIX, aunque en algunas ocasiones dura más: por ejemplo, hasta 1936 en Nigeria del Norte. Dicho comercio ocupa un lugar central en la historia de África. Millones (entre 15 y 30: existen diversos cálculos) de personas fueron secuestradas y transportadas más allá del Atlántico en condiciones terribles. Se estima que durante un viaje así (de dos o tres meses de duración) moría de hambre, asfixia y sed casi la mitad de los esclavos; hubo casos en que murieron todos. Los supervivientes trabajaban más tarde en las plantaciones de caña de azúcar y de algodón en el Brasil, en el Caribe y en los Estados Unidos, construyendo la riqueza de aquel hemisferio. Los traficantes de esclavos (principalmente portugueses, holandeses, ingleses, franceses, norteamericanos, árabes y sus socios africanos) despoblaron el continente y lo condenaron a una existencia vegetativa y apática: incluso ya en nuestros tiempos, grandes superficies de aquella tierra seguían despobladas y se habían convertido en desiertos. Hasta hoy día África no se ha desprendido de esta pesadilla, no ha levantado cabeza tras semejante desgracia.

El comercio de esclavos también ha tenido consecuencias desastrosas en el terreno psicológico. Envenenó las relaciones personales entre los habitantes de África, les inyectó odio y multiplicó las guerras. Los más fuertes intentaban inmovilizar a los más débiles para venderlos en el mercado, los reyes comerciaban con sus súbditos; los vencedores, con los vencidos; y los tribunales, con los condenados.

Semejante comercio marcó la psique del africano con el estigma tal vez más profundo, doloroso y duradero: el complejo de inferioridad. Yo, el negro, no soy sino aquel que el comerciante blanco, invasor y verdugo, puede raptarme en mi casa o terruño, encadenarme, meterme en la bodega de un barco, exponerme como mercancía y más tarde obligarme a latigazos a hacer los trabajos más duros día y noche. La ideología de los comerciantes de esclavos se basaba en el principio de que el negro era un no-hombre; que la humanidad se dividía entre hombres y subhombres y que con estos últimos se podía hacer lo que a uno le viniese en gana, y lo mejor: aprovecharse de su trabajo y luego eliminarlos. En las notas y los apuntes de estos comerciantes está expuesta (si bien de forma muy primitiva) toda la ideología ulterior del racismo y totalitarismo con toda su tesis vertebradora: que el Otro es el enemigo, más aún, es un no-hombre. Toda esta filosofía de desprecio y odio obsesivos, de vileza y salvajismo, antes de inspirar la construcción de Kolymá y Auschwitz, hacía siglos que había sido formulada y escrita por los capitanes del Martha y el Progresso, el Mary Ann o el Rainbow, cuando al mirar desde sus cabinas por el ojo de buey hacia los palmerales y las playas incandescentes, aguardaban a bordo de sus barcos, atracados en las islas de Sherbro, Kwale o Zanzíbar, el cargamento de turno de esclavos negros.

En este comercio –planetario a decir verdad, pues participaron en él Europa, las dos Américas y muchos países de Oriente Medio y Asia–, Zanzíbar se revela como una estrella negra y triste, una dirección nefasta, una isla maldita. Durante años, más aún, durante siglos enteros, se dirigen hacia ella caravanas de esclavos recién atrapados en el interior del continente, en el Congo y Malawi, en Zambia, Uganda y Sudán. A menudo atados con cuerdas para que no se escapen, sirven al mismo tiempo como porteadores: llevan al puerto, a los barcos, mercancías muy preciadas; a saber, toneladas de marfil, de aceite de palmera, pieles de animales salvajes, piedras preciosas, ébano...

Trasladados de tierra firme a la isla a bordo de barcazas, son expuestos en el mercado como un producto cualquiera. El mercado se llama Mkunazini y es una plaza, situada cerca de mi hotel, en la que hoy se levanta la catedral anglicana. El abanico de precios es muy amplio: desde el dólar por un niño hasta los doce por una muchacha joven y hermosa. Bastante caro, habida cuenta de que en Senegambia los portugueses obtienen doce esclavos por un caballo. Luego, los más sanos y fuertes son obligados a latigazos a correr de Mkunazini al puerto: no está lejos, unos cientos de metros. Desde aquí saldrán con rumbo a América u Oriente Medio a bordo de barcos destinados al transporte de esclavos. Cuando cesa la actividad del mercado, a los muy enfermos, por los que nadie ha querido ofrecer ni tan sólo cuatro céntimos, los arrojan a la pedregosa orilla: allí los devoran furiosas manadas de perros salvajes. En cambio, los que con el tiempo consiguen sanar y recuperar las fuerzas se quedarán en Zanzíbar y, como esclavos, trabajarán para los árabes, dueños de grandes plantaciones de claveros y cocoteros. Muchos nietos de estos esclavos participarán en la revolución.

A primera hora de la mañana, cuando la brisa marina todavía no ha perdido su vigor y es relativamente fresca, salí para adentrarme en la ciudad. Dos jóvenes con sendos machetes me siguieron los pasos. ¿Guardaespaldas? ¿Vigilantes? ¿Policías? No intenté entablar conversación con ellos. Saltaba a la vista que sus sencillos y pobres machetes les causaban un problema: ¿cómo llevarlos? ¿Con orgullo y aire amenazador o con timidez y ocultándolos? Hasta ahora, el machete era la herramienta del jornalero, del paria, era señal de pertenecer a la clase baja, y desde hace varios días se ha convertido en símbolo de prestigio y poder. El que lo portaba pertenecía sin duda a la clase de los vencedores, pues los vencidos, indefensos, tenían las manos vacías.

Al salir del hotel uno se adentra enseguida por las angostas callejuelas típicas de las ciudades árabes antiguas. Resulta difícil saber por qué aquella gente construía de un modo tan estrecho y acumulado, por qué tenía que apretarse tanto que uno se le subía a la cabeza al otro. ¿Para no tener que ir lejos? ¿Para defender mejor a la ciudad? Lo ignoro. Pero, por otra parte, esta masa de piedra amontonada en un solo lugar, esta acumulación de paredes, este apilamiento de pórticos, nichos, aleros y techos ha permitido conservar y preservar —como en una caja de hielo— un poco de sombra, frescura y hasta suaves corrientes de aire en las horas de mediodía, del calor más agobiante. Con previsión e imaginación parecidas también se planificaban las calles. Están ideadas y trazadas de tal suerte que vayas por la que vayas, elijas la dirección que elijas, siempre acabarás saliendo a la orilla del mar, a la ancha avenida donde se respira mucho más hondo y se pasea más agradable que por el abarrotado centro.

Ahora la ciudad aparece vacía y muerta. ¡Qué contraste con el aspecto que ofrecía hace tan sólo unos días! Es que Zanzíbar era un lugar donde se encontraba medio mundo. Siglos atrás, en la isla habitada por pueblos autóctonos, se instalaron refugiados musulmanes iraníes procedentes de Shiraz, los cuales, con el tiempo, se mezclaron con la población local y formaron parte de ella, aunque conservando cierta sensación de ser diferentes: no procedían de África sino de Asia. Más tarde empezaron a llegar árabes del Golfo Pérsico. Vencieron a los portugueses que gobernaban la isla y conquistaron el poder, que ejercieron durante doscientos sesenta años. Ocuparon los puestos más privilegiados en la actividad más lucrativa: el comercio de esclavos y del marfil. Se adueñaron de las mejores tierras y poseían las plantaciones más grandes. Tenían una flota muy considerable. Con el tiempo, también hindúes y paquistaníes se hicieron con una posición dominante en aquel comercio, no sin compartirla con los europeos, principalmente ingleses y alemanes.

Desde el punto de vista formal, la isla era gobernada por el sultán, descendiente de árabes omaníes; de hecho, era una colonia inglesa (oficialmente, un protectorado).

Las frondosas y fértiles plantaciones de Zanzíbar atraen a los hombres del continente. Aquí encuentran trabajo en la recolección del clavo y del coco. Cada vez más a menudo se quedan aquí, empiezan a instalarse. En este clima y en medio de tamaña pobreza, el trasladarse de un lugar a otro no resulta difícil: en pocas horas se puede levantar una cabaña y meter en ella todas las pertenencias: la camisa, la olla, una botella para el agua, un trozo de jabón y la estera. De este modo, la persona ya tiene un techo bajo el que cobijarse y, sobre todo, un lugar bajo el sol; y ahora empieza a escudriñar el terreno en busca de algo que llevarse a la boca. Esto ya no se presenta tan fácil. A la hora de la verdad, sólo se puede encontrar trabajo en las plantaciones de los árabes, que lo han acaparado todo. El inmigrado del continente considera durante años este estado de cosas como algo natural, hasta que aparezca por allí algún líder o agitador que le diga que el árabe es un ser diferente y que la noción de diferente tiene unas consecuencias malignas y satánicas, pues el diferente es un intruso, una sanguijuela y un enemigo. El mundo que el inmigrante ha contemplado como algo establecido por los dioses y los antepasados de una vez para siempre, ahora lo ve como una realidad dañina y humillante, realidad que hay que cambiar para seguir viviendo.

En esto consiste lo atractivo de la agitación étnica, en lo fácil y accesible que resulta: el diferente salta a la vista, todo el mundo puede verlo y grabar su semblante en la memoria. No hace falta leer libros, reflexionar ni discutir: basta con mirar.

En Zanzíbar, esta dicotomía étnica, cada vez más tensa, la forman, por un lado, los árabes, dominantes (veinte por ciento de la población), y por otro, sus súbditos, africanos negros de la isla y del continente, es decir, campesinos y pescadores de pocos posibles, una masa flotante de jornaleros, servicio doméstico, burreros, porteadores...

Lo que describo se produce en un momento en que el mundo árabe y el África negra, a un mismo tiempo, se hallan en el camino de la independencia. Pero ¿qué significa esto en Zanzíbar? Aquí los árabes dicen: Queremos independencia (bajo lo cual entienden: Queremos conservar el poder). Los africanos dicen lo mismo: Queremos independencia, pero cargan este lema de otro sentido, a saber: Ya que somos mayoría, el poder debe pasar a nuestras manos.

He ahí la manzana de la discordia y el meollo del conflicto. Además, los ingleses no hacen sino añadir leña al fuego. Como están en buenas relaciones con los sultanes del Golfo Pérsico (de los cuales procede el sultán de Zanzíbar) y temen una África revuelta, declaran que Zanzíbar forma parte del mundo árabe y no africano, y al concederle independencia reafirman el poder de los árabes. Protesta en contra de ello el partido africano, el Afro-Shirazi

Party, liderado por Abeid Karume, y lo hace dentro de la legalidad, respetando la ley, pues aunque opositor, no deja de ejercer una oposición parlamentaria.

Mientras tanto, aparece en Zanzíbar un joven de Uganda, John Okello. Acaba de cumplir los veinticinco años. Como es habitual en África, tiene, o presume de tener, varias profesiones: picapedrero, albañil, pintor de brocha gorda... Es un semianalfabeto, pero con carisma; un líder innato convencido de tener una misión que llevar a cabo. Lo guían cuatro ideas sencillas que le vienen a la cabeza cuando pica la piedra o coloca ladrillos:

–Dios dio Zanzíbar a los africanos y a mí me ha prometido que ahora la isla volverá a nuestras manos;

–Tenemos que vencer y echar a los árabes, pues si no, ellos no cederán y seguirán oprimiéndonos;

–Hay que saber por qué lado está untada con mantequilla la rebanada de pan: no se puede contar con el apoyo de aquellos que tienen trabajo, sólo los hambrientos pueden apoyar la causa;

–No arrastraremos a la lucha a políticos como Karume y otros como él. Son grandes hombres y si perdemos, sería una pena que los matasen;

–Esperaremos a que se vayan los ingleses. No podremos con ellos. Cuando no queden más que árabes, atacaremos al día siguiente.

Estas ideas le absorben tanto y lo tienen tan meditabundo que a menudo se ve obligado a pasar temporadas solitarias en el bosque, pues sólo allí puede entregarse a ellas tranquilamente. Sin embargo, al mismo tiempo –un año antes de la independencia de Zanzíbar–, Okello empieza a organizar por su cuenta y riesgo su particular ejército secreto. Recorre aldeas y pequeñas ciudades, donde crea unos destacamentos que, al final, contarán con más de tres mil hombres. La instrucción empieza enseguida. Consiste en entrenarse en el uso de arcos, cuchillos, palos y lanzas. Otros destacamentos se ejercitan en la lucha con hachas, machetes, cadenas y martillos. Además, se dan clases de lucha libre, boxeo y lanzamiento de piedras.

La víspera de la sublevación Okello se nombra mariscal de campo y otorga a sus colaboradores más próximos, por lo general jornaleros de plantaciones y antiguos policías, el grado de generales del ejército.

Tres semanas después de que el príncipe Felipe, en nombre de la reina Isabel, traspase la isla a un gobierno árabe, el mariscal de campo John Okello se hace con el poder en Zanzíbar en el transcurso de una noche.

Antes del mediodía, Félix, Arnold y yo nos dirigimos en coche, y junto con nuestros guardianes, al cuartel del mariscal de campo. El patio de una casa árabe (no sé de qué casa se trata) aparece abarrotado de gente. Las mujeres cocinan a fuego vivo *cassava* y verduras, asan pollos y pinchos de carnero. Nuestros guías nos empujan hacia el interior a través de toda esta muchedumbre. La muchedumbre se aparta de mala gana, nos lanza miradas llenas de sospecha, pero al mismo tiempo de curiosidad: en momentos como éste los blancos se esconden por los rincones más inaccesibles. En el centro de un gran vestíbulo oriental, sentado en un sillón de ébano aparece Okello, fumando un pitillo. Tiene la tez muy oscura y el rostro macizo, de rasgos muy marcados. Lleva un gorro de policía en la cabeza porque acaban de tomar los almacenes de la policía y con ellos, algunos fusiles y uniformes. El gorro, sin embargo, tiene el ribete tapado con un trozo de tela azul (no sé por qué precisamente azul). Okello parece ausente, como si estuviese en un estado de shock, da la impresión de que no nos ve. Muchas personas se apiñan a su alrededor, empujan y se abren camino a codazos, todas gesticulan, dicen algo, el desorden es cósmico y nadie intenta dominarlo. Desde luego no se puede ni pensar en hablar con él. En este momento nuestra única pretensión es que nos dé permiso para seguir permaneciendo en la isla. Nuestros guías se lo dicen. Okello asiente con la cabeza. Al cabo de un instante algo debe de haber penetrado en su cabeza, porque tira violentamente el pitillo y decide acompañarnos a la puerta. Se echa al hombro un fusil y coge otro en la mano. Con la mano libre se ajusta la pistola que lleva en el cinto y después coge otra. Y así, armado hasta los dientes, nos empuja hacia el patio, como si nos llevase al lugar de fusilamiento.

98

Uno de los síntomas de la enfermedad que me consume es la fiebre, constante y agotadora. Sube mucho por la noche, y entonces se tiene la impresión de que son nuestros huesos los que la irradian. Como si alguien nos colocase en la médula espirales metálicas y las conectase a la corriente eléctrica. Las espirales se calientan hasta volverse blancas y todo nuestro esqueleto, abrasado por un invisible incendio interior, arde en llamas.

Uno no puede conciliar el sueño. En noches así, permanezco tumbado en mi habitación de Dar es Salam y miro cómo cazan las lagartijas. Las que habitualmente deambulan por el piso son pequeñas, tienen la piel de un color gris claro o de ladrillo y se mueven mucho. Ágiles y vivarachas, corren con facilidad por las paredes y el techo. Nunca se mueven a un paso normal, tranquilo. Primero permanecen inmóviles, como paralizadas, y de repente se lanzan en una carrera enloquecida persiguiendo un objetivo que sólo ellas conocen y vuelven a quedarse quietas. Sólo por su tronco palpitante vemos que ese sprint, este lanzarse sobre una cinta de meta invisible, las ha agotado tanto que ahora realmente tienen que descansar, recuperar el resuello y las fuerzas antes de la siguiente acometida veloz.

La caza empieza por la noche, cuando en la habitación arde la luz eléctrica. Su interés se centra en toda clase de insectos: moscas, escarabajos, polillas, mariposas nocturnas, libélulas y, sobre todo, mosquitos. Las lagartijas aparecen de repente, como si alguien las hubiese catapultado, pegándolas a las paredes. Miran a su alrededor sin mover la cabeza: tienen los ojos colocados en unos cojinetes independientes, como telescopios astronómicos, gracias a lo cual ven todo lo que está delante y detrás de ellas. Y de pronto la lagartija divisa a un mosquito y se lanza en su persecución. El mosquito, dándose cuenta del peligro, empieza a huir. Lo curioso es que nunca huye hacia abajo, hacia el abismo cuyo fondo está forrado con tablas de madera del suelo, sino que levanta el vuelo hacia arriba, allí, nervioso y furioso, da vueltas y más vueltas hasta que, a fuerza de seguir subiendo, acaba aterrizando en el techo. Todavía no sabe, ni siquiera presiente, que tal decisión tendrá para él consecuencias mortales. Una vez enganchado al techo, con la cabeza hacia abajo, pierde la orientación, el sentido de las direcciones y se le confunden los puntos cardinales. Como resultado, en vez de salir pitando del lugar del peligro, que es para él ahora el techo, se comporta de tal manera como si se resignase a haber caído en una trampa sin salida.

A partir de este momento, la lagartija, que ya tiene al mosquito en el techo, puede mostrarse contenta y relamerse el hociquito: la victoria está cerca. Sin embargo, no se duerme en los laureles: sigue concentrada, alerta y llena de determinación. Se lanza al techo y, sin dejar de correr, empieza a dibujar alrededor del mosquito círculos cada vez más pequeños. Debe de producirse en este momento algún fenómeno mágico, un hechizo o hipnosis, puesto que el mosquito, a pesar de poder salvarse con una huida hacia el espacio donde ningún agresor conseguiría alcanzarlo, permite que la lagartija, que sigue haciendo sus rítmicos movimientos −salto, reposo, salto, reposo−, lo cerque y acose cada vez más. En un momento dado el mosquito se da cuenta con horror de que ya no le queda ningún espacio para maniobrar, que la lagartija está al lado mismo y esta idea lo aturde y paraliza tanto que, vencido y resignado, se deja engullir sin oponer resistencia alguna.

Todo intento de hacerse amigo de una lagartija invariablemente termina en fracaso. Se trata de unos seres muy desconfiados y asustadizos que andan (o más bien corren) por sus propios caminos. Este fracaso nuestro también tiene un sentido metafórico: confirma que se puede vivir bajo el mismo techo y, sin embargo, no conseguir comprenderse, no lograr encontrar una lengua común.

En Zanzíbar no puedo contemplar el jugueteo de las lagartijas porque por la noche desconectan la luz y tengo que esperar pacientemente en medio de la oscuridad a que se haga de día. Resultan harto difíciles estas horas vacías, pasadas en inerte duermevela a la espera de la aurora.

Ayer al amanecer (que aquí nunca es pálido, sino que enseguida cobra un color púrpura de fuego) se oyó en la calle el sonido de una campanilla. Lejano y amortiguado al principio, se fue acercando cada vez más hasta que se volvió diáfano, alto y fuerte. Me asomé a la ventana. En la perspectiva del estrecho callejón, vi a un árabe, vendedor ambulante de café recién hecho. Llevaba en la cabeza un gorrito musulmán bordado y de los hombros le colgaba, ancha, una *galabiya* blanca. En una mano sostenía un recipiente de metal en forma de cono con un pico y en la otra, un cesto lleno de tazas de porcelana.

El tomarse un café por la mañana es aquí un rito ancestral a partir del cual –junto con la oración– los árabes comienzan el día. La campanilla del vendedor de café que al amanecer recorre el barrio calle tras calle ha sido su tradicional despertador. Al oír este toque de diana, se levantan de un salto y salen de sus casas a esperar la aparición del hombre que distribuye el café recién hecho, aromático y fuerte. El tomarse un café por la mañana es el momento de intercambio de saludos y parabienes. Momento en que unos informan a otros de que la noche ha transcurrido con normalidad y expresan su confianza en lo bueno que será –si Alá lo permite– el día que empieza.

Cuando llegamos aquí no había ningún vendedor de café. Pero ahora, apenas transcurridos cinco días, ha aparecido de nuevo: la vida ha vuelto a circular por sus cauces, la norma y la cotidianeidad han regresado. Es hermosa y reconfortante esa aspiración tenaz y heroica que el hombre tiene a la normalidad, esa instintiva búsqueda de ella contra viento y marea. Es que aquí, la gente corriente trata los cataclismos políticos –golpes de Estado, alzamientos militares, revoluciones y guerras– como fenómenos pertenecientes al mundo natural. De ahí que muestren ante ellos los mismos sentimientos de resignación apática y fatalismo. Como si se tratase de una inundación o una tormenta. No se puede hacer nada, hay que esperar a que pasen, guarecerse bajo techado y de vez en cuando levantar la vista hacia el cielo, a ver si ya han desaparecido los rayos y se han alejado las nubes. Si es así, ya se puede salir al exterior y volver a hacer lo que momentáneamente se ha interrumpido: el trabajo, el viaje, el sol.

En África, la vuelta a la normalidad resulta un tanto más fácil y puede producirse un tanto más de prisa; como que aquí todo es provisional en grado sumo, inestable, liviano y precario; de modo que, a pesar de que se pueda destruir una aldea, un campo o un camino en un tiempo récord, también se los puede reconstruir a la misma velocidad.

Por la mañana solíamos ir a correos para enviar las crónicas. Éramos ya diez porque mientras tanto habían dejado entrar al país a siete periodistas extranjeros más. El pequeño edificio de correos, adornado con abigarrados arabescos, tenía su propia historia: de aquí enviaban sus cablegramas los grandes viajeros: Livingstone y Stanley, Burton y Speke, Cameron y Thomson. Los teletipos que aparecían en el fondo aún recordaban aquellos tiempos remotos. Sus entrañas, ahora al descubierto, parecían mecanismos de los grandes y viejos relojes de las torres de los ayuntamientos medievales, de tantos piñones y arandelas, engranajes y palancas como tenían.

John, de la UPI, un rubio alto y siempre atareado, después de leer el telegrama que acababa de recibir se llevó las manos a la cabeza y cuando salimos de correos, me llamó a un lado y me enseñó el papel con el texto, alarmante. Su redacción le informaba de que en Kenia, Tanganica y Uganda habían estallado aquella noche sublevaciones militares y le instaba a desplazarse enseguida a aquellos países. «¡Enseguida!», exclamó John, «enseguida, vale, pero ¿cómo?»

La noticia nos cogió por sorpresa. ¡Rebelión en el ejército! La cosa parecía seria aunque no conocíamos ningún detalle. Apenas hacía una semana: Zanzíbar. Hoy, toda el África Oriental. Saltaba a la vista que el continente había entrado en una época turbulenta de disturbios, revueltas y alzamientos. Pero nosotros, los habitantes del Zanzíbar Hotel teníamos en esos momentos otro problema: ¿cómo salir? Además, seguir permaneciendo allí ya no tenía sentido: los hombres de Okello, mariscal de campo, nos mantenían dentro de la ciudad, no querían dejarnos marchar a provincias, a los lugares donde se habían librado batallas y donde, se decía, se habían hecho muchos prisioneros. ¿Y qué pasaba en la ciudad? Nada. Tranquilidad absoluta; los días, soñolientos, transcurrían sin acontecimiento alguno. Al volver al hotel celebramos una reunión en la cual John informó de su telegrama. Todos querían regresar al continente pero nadie sabía cómo. La isla seguía incomunicada, no existía ningún medio de transporte. Y, lo que era peor, parecía que la gente del lugar, al no disiparse todavía su temor a una intervención externa, nos retenía como rehenes. Karume, la única persona que podía ayudarnos, estaba ilocalizable: el aeropuerto era el lugar adonde iba más a menudo, pero ahora tampoco se le veía por allí.

En realidad, la única solución consistía en intentar salir por vía marítima. Alguien leyó en una guía que Dar es Salam se encontraba a 75 kilómetros. Seguro que viajando a bordo de un barco se trataría de una travesía agradable, pero ¿de dónde sacaríamos uno? Una barca tampoco se podía tomar en consideración: no era prudente poner al tanto de nuestros planes a los propietarios locales de embarcaciones, porque o bien estaban encarcelados (si es que habían conservado la vida), o bien tendrían miedo y podrían delatarnos. Sobre todo, existía el peligro de que los inexpertos hombres del mariscal de campo, diseminados a lo largo de toda la orilla, si veían una barca abriesen fuego sobre ella: a fin de cuentas nadie los controlaba.

Durante el curso de nuestra reunión, el chico de los recados trajo de correos un nuevo telegrama. La redacción apuraba a John: el ejército ya había ocupado los aeropuertos y edificios gubernamentales, y los primeros ministros de los tres países habían desaparecido en alguna parte; a lo mejor permanecían ocultos pero no se sabía a ciencia cierta que estuviesen con vida. Escuchábamos estas noticias tan sensacionales y, atrapados en la isla, apretábamos los dientes de rabia e impotencia. A decir verdad, la reunión acabó en nada. Sólo se podía hacer una cosa: esperar. Dos ingleses, Peter de la Reuters y Aidan de Radio Tanganica, se marcharon a la ciudad en busca de compatriotas con cuya ayuda poder encontrar una solución. Desesperados, nos aferrábamos a cualquier posibilidad.

Peter y Aidan volvieron entrada la tarde y convocaron una nueva reunión. Habían encontrado a un viejo inglés que había decidido largarse de allí en cuanto se presentase la primera ocasión y quería vender una lancha motora en buen estado. La lancha estaba anclada muy cerca, en el puerto, en un atracadero lateral, apartado. El hombre nos llevaría hasta allí por senderos solitarios en cuanto cayese la noche y nos protegiese la oscuridad. Ocultos en la lancha, deberíamos esperar el avance de las horas, hasta que se durmieran los guardias. El inglés, viejo colonialista, había dicho: «Un negro nunca dejará de ser eso: un negro. No hará otras cosas, pero lo que es dormir, dormirá como una marmota.»

–Después de la medianoche pondremos el motor en marcha y emprenderemos la huida. Las noches son ahora tan oscuras que aun si intentan disparar, es dudoso que nos alcancen.

Cuando acabaron de hablar se hizo un silencio. Al cabo de un rato se oyeron las primeras voces. Como suele suceder, hubo partidarios y detractores de la idea. Se plantearon preguntas y empezó una discusión. Con toda seguridad, si hubieran existido otras posibilidades, aquella huida a bordo de una lancha nos habría parecido demasiado loca y arriesgada, pero en la situación en que nos hallábamos, contra las cuerdas, estábamos desesperadamente convencidos de que teníamos que salir de aquel atolladero a cualquier precio, así como suena: ¡a cualquiera! El terreno se nos hundía bajo los pies y el tiempo apremiaba. ¿Zanzíbar? Con la misma determinación que habíamos mostrado antes de venir aquí, ahora queríamos marcharnos. Sólo Félix y Arnold estaban en contra. Félix creía que era un disparate y que él ya estaba demasiado viejo para tales aventuras, mientras que Arnold, pura y simplemente, tenía un equipo de fotografía demasiado caro como para arriesgarse a perderlo. Sin embargo, para no levantar sospechas, convinieron en pagar nuestras habitaciones en el hotel cuando ya estuviésemos en el mar.

Al declinar la tarde, llegó un señor menudo y de pelo blanco vestido con el traje típico de los funcionarios coloniales británicos: una camisa blanca, pantalones cortos blancos y holgados y calcetines blancos. Lo seguimos. La oscuridad era tan tupida que apenas si se divisaba delante de nosotros su desdibujada silueta: aparecía y desaparecía como un fantasma. Finalmente, notamos tablones de madera bajo los pies: habíamos llegado al muelle. El viejo nos dijo en un susurro que bajásemos a la lancha por unos escalones. ¿Qué escalones? ¿Qué lancha? No se veía nada. Pero el colonialista insistió, su voz había cobrado tonos imperativos y, además, por allí cerca podían estar agazapados los hombres del mariscal de campo. El australiano Marc, un hombretón de cuerpo grande y macizo y rostro ancho y bondadoso, fue el primero en bajar, puesto que ya durante la reunión había sostenido que sabía navegar y podía conducir la embarcación. También era él quien tenía la llave del candado de la cadena con que la lancha estaba amarrada al muelle, y sabía cómo arrancar el motor. Cuando Marc acertó con el pie en la cubierta, se oyó un chapoteo y todo el mundo susurró: ¡chist! ¡Chist! Bajábamos ahora por el siguiente orden: los ingleses Peter y Aidan, el alemán Thomas, el norteamericano John, el italiano Carlo, el checo Jarek y yo. Todos intentábamos a tientas adivinar la forma de la lancha, sentir bajo la mano el canto de la borda, saber cómo estaban colocados los mamparos y después sentarnos sobre algún banco o tendernos cómodamente sobre el fondo.

El viejo inglés desapareció enseguida y nos quedamos solos. No se veía ninguna luz. Reinaba un silencio total, cada vez más angustioso. Sólo de cuando en cuando se oía el chapoteo de las olas rompiendo contra el muelle y lejos, muy lejos, el susurro del océano invisible. Para no delatarnos, guardábamos el silencio más riguroso: ni una palabra. John, que tenía un reloj fluorescente, de vez en cuando lo hacía circular; el punto de luz en miniatura pasaba de mano en mano: 22.30; 23.00; 23.30. Medio aletargados, embotados e inquietos, permanecimos inmóviles en aquel fondo de la oscuridad hasta que el reloj de John marcó las dos de la madrugada. Entonces Marc tiró del cable que arrancaba el motor. Éste rugió y aulló, como un animal golpeado por sorpresa. La lancha se balanceó, se levantó de proa y se puso en marcha.

El puerto de Zanzíbar está situado en la orilla occidental de la isla, o sea, la que está más cerca del continente. Por lo tanto, para alcanzar tierra firme, lo lógico era dirigirnos hacia el oeste, y en el caso de querer llegar a Dar es Salam, al sudoeste. Pero de momento no queríamos más que una cosa: alejarnos del puerto lo más posible. Marc puso el motor a toda potencia y la lancha, temblando ligeramente, surcó veloz la lisa y apacible superficie del agua. La oscuridad seguía reinando y desde el lado de la isla no se oía ningún disparo. La huida había sido un éxito; estábamos fuera de peligro. El sabernos seguros nos sacó de nuestro marasmo y los ánimos mejoraron. Sumidos en ese estado beatífico, llevábamos navegando más de una hora cuando de pronto las cosas empezaron a cambiar. La hasta entonces lisa superficie del agua se movió inquieta y violentamente. Se levantaron olas que se estrellaban contra la borda con una violencia inaudita. Daba la impresión de que un potentísimo puño golpease la lancha. Había en su actuación una gran determinación, una furia indomable y una rabia ciega, y, al mismo tiempo, una frialdad metódica y calculada. Al instante se levantó un vendaval y empezó a llover de la manera como sólo llueve en el trópico: era una lluvia-catarata, una pared de agua. Como todo seguía sumido en la oscuridad, perdimos la orientación por completo: no sabíamos dónde estábamos ni adónde nos dirigíamos. Pero incluso esto pronto dejó de tener importancia, porque a la lancha la embestían unas olas tan grandes y fuertes, tan enfurecidas y terribles, que no sabíamos lo que nos iba a pasar de un momento a otro. Primero la lancha se levantaba con estrépito hacia arriba, quedando inmóvil por unos instantes en la invisible cresta de la ola, y luego caía violentamente por un precipicio, en un abismo lleno de estruendo, en unas rugientes tinieblas.

Anegado, en un momento dado se paró el motor. Empezó el infierno. La embarcación salía despedida hacia todos los lados, inerte e indefensa giraba sobre su eje, y nosotros, aterrorizados, sólo esperábamos cuándo la volcaría la ola de turno. Todos nos aferrábamos a la borda. Alguien lanzó un grito histérico, otro clamó a Dios en su ayuda, un tercero, tumbado en la cubierta, gemía y vomitaba bilis. Las ráfagas de agua nos bañaron varias veces, repetidos ataques de mareos ya nos habían sacado las entrañas y si algo vivo aún permanecía dentro de nosotros, ese algo era un miedo atroz, animal. No teníamos ninguna clase de salvavidas; cada una de las olas que se acercaban podía ser portadora de muerte. El motor, muerto, no quería arrancar. De pronto, Peter gritó a través del vendaval: «¡El aceite!» Recordó que esta clase de motor no necesita sólo de gasolina sino también de aceite, para hacer la mezcla. Él y Marc se pusieron a rebuscar en una caja. Encontraron una lata y añadieron aceite al tanque. Marc tiró del cable varias veces y el motor arrancó. Todos gritamos de alegría, aunque la tormenta seguía campando por sus respetos. Pero por lo menos había saltado una chispa de esperanza.

Al principio, el alba, con nubarrones bajos, ofrecía un aspecto lúgubre, pero la lluvia amainaba y por fin se hizo de día. Empezamos a mirar a todos lados: ¿dónde estábamos? A nuestro alrededor no había más que agua, inmensa, oscura y aún agitada. Y a lo lejos, un horizonte que subía y bajaba, que ondeaba a un ritmo regular, cósmico. Más tarde, cuando el sol estaba ya muy alto, divisamos en aquel horizonte una línea oscura. ¡Tierra! Nos dirigimos hacia allá. Delante de nosotros aparecieron una orilla llana, palmeras, un grupo de gente y al fondo, unas casuchas. Resultó que volvíamos a encontrarnos en Zanzíbar, sólo que mucho más arriba de la ciudad. Al no conocer el mar, no sabíamos que nos había secuestrado el monzón que soplaba en aquella estación del año y que, por suerte, nos devolvió aquí, pues habría podido lanzarnos al Golfo Pérsico, a Pakistán o a la India. Pero a un viaje así no habría sobrevivido nadie: nos habríamos muerto de sed o el hambre habría hecho que nos comiésemos los unos a los otros.

Todos salimos de la lancha y, medio muertos, nos tumbamos en la arena. Yo no conseguía tranquilizarme y empecé a preguntar a las personas que se habían congregado allí cómo llegar hasta la ciudad. Un hombre tenía una moto y se avino a llevarme. Nos lanzamos en una carrera por túneles verdes y aromáticos, entre plátanos, mangos y claveros. La corriente del aire caliente me secaba la camisa y los pantalones, que estaban blancos y salados a causa del agua del mar. Al cabo de una hora habíamos alcanzado el aeropuerto, donde yo esperaba encontrar a Karume y que él me ayudase a llegar a Dar. De repente vi un avión pequeño en la pista de despegue y que Arnold metía en él su equipo. A la sombra de un ala divisé a Félix. Cuando corrí hacia él, me miró, me saludó y dijo:

    −Tu asiento está libre. Te espera. Puedes subir.

ANATOMÍA DE UN GOLPE DE ESTADO

De mi bloc de notas, tal como lo apunté en Lagos en 1966:
El sábado 15 de enero, el ejército dio en Nigeria un golpe de Estado. A la 1.00 de la madrugada, sonó la alarma en todas las unidades militares del país. Destacamentos asignados se pusieron a cumplir sus cometidos. La dificultad de dar un golpe eficaz radicaba en la necesidad de llevarlo a cabo simultáneamente en cinco ciudades: en Lagos, la capital de la federación, y en las capitales de las cuatro regiones nigerianas: Ibadán (Nigeria Occidental), Kadún (Nigeria del Norte), Benin (Nigeria Central y del Oeste) y Enugu (Nigeria del Este). En un país con una superficie tres veces más grande que la de Polonia y una población de cincuenta y seis millones de habitantes, el golpe de Estado había sido perpetrado por un ejército que apenas si cuenta con ocho mil soldados.

Sábado, las dos en punto de la madrugada
Lagos: patrullas del ejército (soldados con cascos, uniformes de campaña y ametralladoras) ocupan el aeropuerto, la emisora de radio, la central telefónica y correos. Siguiendo órdenes militares, la central eléctrica corta la corriente en los barrios africanos. La ciudad duerme, las calles están desiertas. La noche del sábado es muy oscura, calurosa y sofocante. Varios *jeeps* se detienen junto a la King George V Street. Es una calle pequeña al final de la isla de Lagos (de cuyo nombre toma el suyo toda la ciudad). A un lado, hay un estadio, y al otro, dos chalets. El

primero alberga la residencia del primer ministro de la Federación, sir Abubakar Tafawa Balewa. En el segundo vive el *chief* Festus Okotie-Eboh, ministro de Finanzas. El ejército rodea los dos chalets. Un grupo de oficiales entra en la residencia del primer ministro, lo despierta y lo conduce afuera. Otro grupo detiene al ministro de Finanzas. Los coches se marchan. Varias horas más tarde, el gobierno dirá en un comunicado oficial que los dos dignatarios «han sido secuestrados y llevados en dirección desconocida». Lo que a partir de allí le pasó a Balewa hasta hoy sigue siendo una incógnita. Se dice que lo han encerrado en un cuartel. Muchos afirman que ha sido asesinado. La gente cree que Okotie-Eboh también lo ha sido. Repite que no lo han fusilado sino «despachado a palo limpio». Esta versión corresponde no tanto a los hechos como a la actitud de la opinión pública hacia este hombre. Era un sujeto extremadamente antipático, brutal y glotón. Monstruosamente enorme, cebado, gordo y torpe. Con la corrupción, había hecho una fortuna inmensa. Mantenía una actitud de sumo desprecio hacia la gente. Balewa, todo lo contrario, era simpático, modesto y pacífico. Alto, delgado y casi ascético. Un musulmán.

El ejército ocupa el puerto y rodea el Parlamento. La ciudad, dormida, se llena de patrullas recorriéndola.

Son las tres en punto de la madrugada
Kaduna: en las afueras de la capital de Nigeria del Norte se levanta la residencia, de dos plantas y rodeada por una tapia, de Ahmadu Bello, primer ministro de esta región. En Nigeria, el jefe de Estado titular es el doctor Nnamdi Azikiwe. Tafawa Balewa lo es del gobierno. Pero es, precisamente, Ahmadu Bello el auténtico soberano del país. Durante todo el día del sábado Bello recibe visitas. La última, a las 19.00 horas, se la hace un grupo de fuls. Seis horas más tarde, un grupo de oficiales coloca dos morteros enfrente de la residencia, entre unos arbustos. Lo lidera el comandante Chukuma Nzeogwu. A las tres, un mortero lanza el primer disparo. El proyectil estalla en el tejado de la residencia. Se declara un incendio. Es la señal para atacar. Los oficiales asedian primero el

puesto de guardia del palacio. Dos de ellos mueren en la refriega con los guardaespaldas del primer ministro pero los restantes consiguen entrar en el palacio en llamas. Encuentran en el pasillo a Ahmadu Bello, que ha salido corriendo del dormitorio. Bello cae bajo el impacto de una bala que le ha atravesado la sien. La ciudad duerme, las calles están desiertas.

Son las tres en punto de la madrugada
Ibadán: el palacio del primer ministro de Nigeria del Oeste, el *chief* Samuel Akintola, se alza sobre una de las suaves colinas en cuyas laderas está situada esta ciudad-aldea de casas bajas, «la aldea más grande del mundo», que cuenta con millón y medio de habitantes. Desde hace tres meses, esta región es escenario de sangrientos combates, en la ciudad rige el toque de queda y el palacio de Akintola aparece fuertemente vigilado. El ejército empieza el ataque, hay un intercambio de disparos y luego, luchas cuerpo a cuerpo. Un grupo de oficiales irrumpe en el palacio. Akintola, abatido por trece balazos, muere en el pórtico.

Son las tres en punto de la madrugada
Benin: el ejército ocupa la emisora de radio, correos y otros objetivos importantes. Está apostado en las salidas de la ciudad. Un grupo de oficiales desarma a los policías que vigilan la residencia del primer ministro de la región, el *chief* Denis Osadebaya. No se produce ningún disparo. De vez en cuando se ve un *jeep* verde con soldados recorriendo alguna calle.

Son las tres en punto de la madrugada
Enugu: la residencia del primer ministro de Nigeria del Este, el doctor Michael Okpara, es rodeada en silencio y de manera muy discreta. Aparte del primer ministro, en el interior duerme su invitado, el presidente de Chipre, el arzobispo Makarios. El comandante de los golpistas garantiza a ambos dignatarios libertad de movimiento. En Enugu, la revolución es amable. Otros grupos

111

del ejército ocupan la emisora de radio y correos y cierran las salidas de la ciudad, que duerme.

El golpe ha sido perpetrado en cinco ciudades de Nigeria, simultánea y eficazmente. En pocas horas, un ejército pequeño se ha adueñado de este país tan enorme, del imperio de África. En una sola noche, la muerte, la detención o la huida a la selva ha acabado con cientos de carreras políticas.

Sábado: mañana, tarde y noche
Lagos se despierta sin saber nada. Empieza un día normal de la ciudad: abren las tiendas y la gente va al trabajo. No se ven militares en el centro. Pero en correos nos dicen que ha sido cortada la comunicación con el resto del mundo. No se pueden poner telegramas. Empiezan a circular por la ciudad los primeros rumores. El más frecuente, que Balewa ha sido detenido. Que el ejército ha dado un golpe de Estado. Me voy al cuartel de Ikoyi (un barrio de Lagos). Por la puerta de entrada salen *jeeps* con patrullas armadas con metralletas. Frente a la puerta ya se ha congregado una multitud, inmóvil y silenciosa. Las mujeres que se ganan la vida cocinando y vendiendo platos sencillos en la calle, despliegan aquí su humeante campamento.

En otro extremo de la ciudad se reúne el Parlamento. Hay muchos soldados ante el edificio. Nos registran en la entrada. De los trescientos doce miembros del Parlamento, han venido apenas treinta y tres. Aparece un solo ministro, R. Okafor. Propone aplazar la sesión. Los diputados presentes exigen explicaciones: ¿Qué ha pasado? ¿Qué ocurre? En esto entra en la sala una patrulla de ocho soldados, que pone a los reunidos de patitas en la calle.

La radio emite música. Ni un solo comunicado. Voy a ver al corresponsal de la AFP, David Laurell. Los dos estamos a punto de echarnos a llorar. Se trata de momentos amargos para un periodista: tener una información de importancia mundial y no poder transmitirla. Los dos nos encaminamos al aeropuerto. Lo vigila un destacamento de la marina de guerra. Está desierto: no hay pasajeros ni aviones. En el camino de vuelta nos detienen en un puesto militar: no quieren dejarnos entrar en la ciudad. Comienza una larga discusión. Los soldados se muestran amables, bien educados y tranquilos; acude el oficial y nos deja pasar. Regresamos a través de barrios sumidos en profunda oscuridad: sigue sin haber luz. Sólo las vendedoras encienden en sus tenderetes unas velas o lámparas de aceite, gracias a lo cual, vistas desde lejos, las calles ofrecen el aspecto de las veredas de los cementerios en día de Difuntos. Incluso en plena noche, hace tanto bochorno y el ambiente es tan sofocante que no hay con qué respirar.

Domingo: el nuevo poder
Unos helicópteros sobrevuelan la ciudad, pero aparte de esto el día transcurre muy tranquilo. El plan de dar un golpe semejante (los golpes militares se producen cada vez más a menudo), por lo general, es obra de un pequeño grupo de oficiales que viven en un lugar inaccesible para los civiles, los cuarteles. Actúan con sumo sigilo. La sociedad se enterará de todo una vez consumados los hechos y, además, en la mayoría de los casos, por medio de rumores y conjeturas.

En esta ocasión, la situación no tarda en aclararse. Justo antes de la medianoche, a través de la radio pronuncia su discurso el nuevo jefe del Estado, el general en jefe John Thomas Aguiyi-Ironsi, un comandante militar de cuarenta y un años. Dice que el ejército «se ha avenido a tomar el poder» y que la constitución y el gobierno han quedado suspendidos. Ahora el poder lo encarnará el Supremo Consejo Militar. La ley y el orden volverán a instalarse en el país.

Lunes: las causas del golpe
La alegría desborda las calles. Mis conocidos nigerianos al toparse conmigo me dan palmaditas en el hombro, se ríen y muestran un excelente estado de ánimo. Atravieso la plaza del mercado: las multitudes bailan al son del ritmo que un muchacho marca golpeando un barril de metal. Hace un mes fui testigo de un *coup d'état* muy parecido, en Dahomey: allí también la calle gritaba hu-

113

rras en honor del ejército. La reciente serie de golpes militares es muy popular en África; despierta entusiasmo.

Llegan a Lagos las primeras resoluciones de apoyo y lealtad al nuevo poder: «El día de 15 de enero –reza la resolución de uno de los partidos locales, el UPGA (United Progressive Grand Alliance)– pasará a la historia de nuestra gran república como el día en que por primera vez hemos conseguido la libertad auténtica, aunque desde hace cinco años Nigeria es un país independiente. La vertiginosa carrera de nuestros políticos hacia el enriquecimiento deshonraba el nombre de Nigeria en el extranjero... Se formó en nuestro país una casta gobernante que basaba su poder en sembrar el odio, empujar a un hermano contra otro hermano, acabar con todos los que tenían opiniones distintas a las suyas... Damos la bienvenida al nuevo poder como si nos lo enviase Dios para que liberara al pueblo de los imperialistas negros, de la tiranía y la intolerancia, de las estafas y las ambiciones perniciosas de aquellos que se creían representantes de Nigeria... Nuestra Patria no puede albergar a unos lobos políticos que han saqueado el país.»

«La anarquía generalizada y la decepción de las masas –sostiene la resolución de la organización juvenil Zikist Movement– han hecho imprescindible este golpe. En los años de independencia, los derechos humanos básicos han sido brutalmente violados por el gobierno. Se negaba a la gente el derecho de vivir con libertad y respeto mutuo. No se le permitía tener opiniones propias. El gangsterismo político organizado y la política de fraudes habían convertido todas las elecciones en una farsa. En lugar de servir a la nación, los políticos se han dedicado a robar dinero. Mientras aumentaban el paro y la explotación, un puñado de fascistas feudales que ostentaban el poder no conocía límites en su ensañamiento con la población.»

En su breve historia, muchos países africanos viven de esta manera su segunda etapa. La primera ha consistido en una descolonización rápida, en conseguir la independencia. Optimismo, entusiasmo y euforia se adueñaron de todo el mundo. La gente estaba convencida de que la libertad significaba un techo mejor encima de su cabeza, un cuenco de arroz más grande y unos zapatos, los primeros en la vida. Que se produciría un milagro: la multiplicación del pan, de los peces y del vino. No se produjo nada de esto. Todo lo contrario: aumentó vertiginosamente la población, para la cual faltó comida, escuelas y trabajo. Decepción y pesimismo no tardaron en reemplazar al optimismo. Toda la amargura, rabia y odio se dirigieron hacia las propias élites, que, voraces, se dedicaban a llenarse los bolsillos lo más deprisa posible. En un país que no tiene una gran industria privada, donde las plantaciones pertenecen a extranjeros y los bancos también son propiedad de capital extranjero, una carrera política es la única posibilidad de amasar una fortuna.

En resumen: la pobreza y la decepción de los de abajo y la codicia y la voracidad de los de arriba crean un ambiente emponzoñado y minado que el ejército olfatea; presentándose como defensor de los humillados y ofendidos, abandona los cuarteles y alarga la mano para tomar el poder.

Martes: los tam-tams llaman a la guerra
Una crónica de Nigeria del Este publicada hoy en *The Daily Telegraph*, un diario de Lagos:
«Enugu. Cuando la noticia de la detención del primer ministro de Nigeria del Este, el doctor Michael Okpara, llegó a Bende, su región natal, en todas las aldeas –Ohuku, Ibeke, Igbere, Akyi, Ohafia, Abiriba, Abam y Nkporo– empezaron a sonar los tamtams de guerra, llamando a la contienda a los combatientes de la tribu. Se ha dicho a los guerreros que unos individuos habían secuestrado a su compatriota, el doctor Okpara. Al principio, los guerreros creían que se trataba de una maniobra de agentes de la coalición gobernante y han decidido empezar la guerra. Todos los propietarios han puesto sus vehículos a disposición de los guerreros. En el curso de varias horas, Enugu, la capital de Nigeria del Este, ha sido ocupada por un ejército de guerreros de la tribu, armados hasta los dientes con espadas, lanzas, arcos y escudos. Los guerreros cantaban himnos de guerra. Toda la ciudad retumbaba al son de los tam-tams. En este estado de cosas, se explicó a los

jefes de las columnas guerreras que había sido el ejército quien había tomado el poder y que el doctor Okpara estaba vivo y que permanecía bajo arresto domiciliario. Cuando los guerreros comprendieron lo que se les había dicho, expresaron su alegría y emprendieron el viaje de vuelta a sus aldeas.»

Jueves, 20 de enero: viaje a Ibadán
Voy a Nigeria del Oeste para enterarme de lo que dice la gente sobre el golpe. En las salidas de Lagos, soldados y policías controlan coches y equipajes. Entre Lagos e Ibadán hay 150 kilómetros de un camino verde que atraviesa un paisaje de suaves colinas. En los últimos meses, meses de guerra civil, muchas personas han muerto en este camino. Nunca sabe uno a quién se encontrará a la vuelta del primer recodo. En las cunetas se ven coches quemados; grandes limusinas con matrículas oficiales las más de las veces. Me he detenido junto a una de ellas: en su interior siguen viéndose todavía huesos carbonizados. Todos los pueblos y pequeñas ciudades junto al camino conservan huellas de las pasadas batallas. Muñones de casas quemadas o vestigios de otras, arrasadas; fauces vacías de tiendas destripadas, muebles rotos, camiones volcados ruedas arriba, un montón de escombros. Y todo está desierto: la gente ha huido, se ha dispersado.

He conseguido llegar a la residencia de Akintola. Está situada en las afueras de Ibadán, en un barrio ministerial lleno de chalets en medio de florestas, ahora totalmente desierto. Las imponentes mansiones de los ministros, lujosas y kitsch, aparecen vacías y destrozadas. Incluso el servicio se ha marchado. Parte de los ministros ha muerto, otros han huido a Dahomey. Delante de la residencia de Akintola hay varios policías. Uno de ellos coge el fusil y me acompaña para enseñarme la residencia. Se trata de un chalet grande y nuevo. En la entrada misma, sobre el suelo de mármol del porche, se ve un charco de sangre ya seca. Junto a él aparece una *galabiya* ensangrentada y un montón de cartas hechas añicos y dispersadas aquí y allá, así como dos metralletas de juguete de plástico, también destrozadas, a lo mejor propiedad de los nietos de Akintola. Las paredes están cosidas a balazos; el patio, lleno de cristales rotos; y las telas metálicas de las ventanas, recortadas por los soldados en el curso de la toma de la residencia.

Akintola tenía cincuenta y un años, era un hombre corpulento y tenía un rostro ancho y barrocamente tatuado. En los últimos meses ya no abandonaba su residencia, vigilada por la policía: tenía miedo. Hace cinco años, era un abogado medianamente acomodado. Tras un año de ejercer de primer ministro, poseía millones. Simplemente, transfería dinero de la cuenta gubernamental a la suya privada. Vaya uno adonde vaya, por todas partes encontrará sus casas: en Lagos, en Ibadán, en Abeokuta... Tenía doce limusinas; cierto que paradas, pero le gustaba contemplarlas desde el balcón de su casa. Sus ministros también se hicieron ricos en poco tiempo. Nos movemos en un mundo de fortunas fabulosas, amasadas a base de hacer política o, más concretamente, de practicar gangsterismo político: desarticular partidos, falsificar elecciones, matar a los adversarios y disparar sobre las multitudes hambrientas. Hay que ver todo esto sobre el telón de fondo de la sobrecogedora miseria que impera en el país que ha gobernado Akintola, un país quemado, desierto y ahogado en sangre.

Por la tarde vuelvo a Lagos.

Sábado, 22 de enero: el entierro de Balewa

Comunicado del Gobierno Federal Militar sobre la muerte del antiguo primer ministro de Nigeria, sir Abubakar Tawafa Balewa:

«El viernes por la mañana, unos campesinos de los alrededores de Otta, cerca de Lagos, informaron de que habían encontrado en la selva un cuerpo que se parecía a Tafawa Balewa. El cuerpo se hallaba en posición sentada, apoyado con la espalda contra un árbol. Estaba cubierto con una amplia *galabiya* blanca y había un gorro redondo a los pies. El mismo día, un avión especial lo trasladó a Bauchi, la ciudad natal del primer ministro (Nigeria del Centro). A bordo del avión, aparte del piloto y el oficial de radiocomunicaciones, sólo viajaban soldados. El cuerpo de Tafawa Balewa fue enterrado en el cementerio musulmán en presencia de un nutrido grupo de personas.»

El diario *New Nigerian* escribe que la gente de Nigeria del Norte no cree que su líder, Ahmadu Bello, haya muerto. Está segura de que ha huido a La Meca, a refugiarse bajo el manto de Alá.

Hoy, mi amigo el estudiante nigeriano Nizi Onyebuchi me ha dicho:

–Nuestro nuevo líder, el general Ironsi, es un hombre sobrenatural. Alguien le ha disparado, pero la bala ha cambiado la trayectoria y ni siquiera le ha rozado.

MI CALLEJÓN 1967

El piso que tengo alquilado en Lagos es escenario de continuos robos. Y no sólo cuando me marcho por una temporada más o menos larga –al Chad, a Gabón o a Guinea–, sino que aun si hago un viaje breve a alguna ciudad cercana –Abeokuta o Oshogbo–, sé que cuando vuelva encontraré la ventana arrancada de su marco, los muebles revueltos y los armarios vaciados.

El piso está situado en el centro de la ciudad, sobre la isla de Lagos. Dicha isla había sido en tiempos punto de operaciones de los traficantes de esclavos, y este oscuro e indigno origen de la ciudad ha dejado en su atmósfera un elemento de agresividad y violencia que sale a relucir a cada momento. Por ejemplo, voy en un taxi hablando con el conductor y él de repente enmudece y, nervioso, mira a su alrededor. «¿Qué pasa?», pregunto, curioso. *«Very bad place!»*, contesta en voz baja. Seguimos viaje, él se relaja y vuelve a hablar tan tranquilo. Pero he aquí que por el borde de la calle (la ciudad carece de aceras) pasa un grupo de personas y al verlas el conductor vuelve a sumirse en el silencio, mira a su alrededor y acelera. «¿Qué pasa?», pregunto. *«Very bad people!»*, contesta y sólo tras recorrer un kilómetro vuelve a la conversación interrumpida.

El cerebro de un taxista como él debe de contener impreso un plano de la ciudad parecido a los que se ven colgados en las comisarías de policía. A cada instante se encienden en él, brillan y vibran unas lucecitas de colores que señalan los lugares de amenazas, atracos y crímenes. Estas señales de advertencia abundan sobremanera en el plano del centro, es decir, precisamente allí donde vivo. Es cierto que para instalarme habría podido elegir el Ikoyi, un barrio seguro y lujoso, habitado por nigerianos ricos, por europeos y diplomáticos, pero es un lugar demasiado artificial, selecto, cerrado y vigilado celosamente, y yo quiero vivir en una ciudad africana, en una calle africana y en una casa africana. ¿Cómo, si no, podría conocer esta ciudad? ¿Este continente? Pero a un blanco no le resulta fácil vivir en un barrio africano. Los primeros en indignarse y protestar son los europeos. El que alberga unas intenciones como las mías tiene que ser un loco, no estar en su sano juicio. Así que intentan disuadirle, le advierten: te expones a una muerte segura en que sólo puede variar la manera de morir: o te matarán, o te morirás tú solo de lo terribles que allí son las condiciones de vida.

Tampoco la parte africana contempla con entusiasmo mi idea. En primer lugar, porque hay dificultades técnicas: ¿dónde vivir? Un barrio como éste significa miseria y hacinamiento, edificaciones pequeñas, endebles y pobres, casuchas de barro y chabolas, falta de aire y de luz, polvo, olores apestosos e insectos. ¿Dónde meterse? ¿Dónde encontrar un rincón recóndito? ¿Cómo ir de un lado a otro? La cuestión del agua, sin ir más lejos: hay que acarrearla desde la bomba, que está al otro extremo de la calle. Es trabajo de los niños. Las mujeres lo hacen a veces, pero los hombres, jamás. Y de repente, ante el pozo, se planta un señor blanco haciendo cola junto con los niños. ¡Ja, ja, ja! ¡Imposible! O, pongamos por caso, ya tienes una habitación y quieres encerrarte en ella para trabajar. ¿Encerrarte? Esto es impensable. Nosotros vivimos todos juntos, formamos una familia, una comunidad; niños, adultos y viejos, nunca nos separamos, incluso después de la muerte nuestros espíritus permanecen entre los vivos, con los que todavía se han quedado en este mundo. ¿Encerrarte solo en la habitación de modo que nadie pudiese entrar? ¡Ja, ja, ja! ¡Imposible! «Además —me advierten, bondadosos, sus moradores–, nuestro barrio no es seguro. Merodea por él mucha gente mala. Los más temibles son los *boma boys*, auténticos gangs de malhechores impunes que atracan, pegan y roban; una terrible marabunta que lo arrasa todo. No tardarán en olerse que por aquí se ha instalado un europeo solo.

Y para ellos, el europeo es un ricachón. ¿Quién te defenderá entonces?»

Sin embargo, me mostré testarudo. Decidido, prestaba oídos sordos a todas aquellas advertencias. Tal vez, en parte, porque me irritaban aquellas personas que al llegar a África se instalaban en la «pequeña Europa» o en la «pequeña América» (es decir, en hoteles de lujo) y al regresar a sus países presumían de haber vivido en África, a la cual no habían visto en absoluto.

Un día se me presentó la oportunidad. Conocí a un italiano, Emilio Madera, que, en un callejón cercano a la Massey Street, tenía un almacén, ya cerrado, de herramientas agrícolas (los blancos iban liquidando sus negocios poco a poco), y junto a él o, mejor dicho, encima de él había una vivienda de dos habitaciones para el servicio, vacía porque nadie quería vivir en ella. El dueño estaba muy contento de alquilármela. Una noche me trajo hasta aquí en coche y me ayudó a subir las cosas (se accedía a la planta superior por unas escaleras de metal, fijadas a las paredes exteriores del edificio). En el interior reinaba un fresco muy agradable, porque Emilio había dejado puesto el climatizador desde la mañana. También funcionaba la nevera. El italiano me deseó buenas noches y desapareció a toda prisa, pues a la mañana siguiente volaba a Roma: después del último golpe militar, tenía miedo de nuevos disturbios y quería llevarse parte de su dinero.

Empecé a deshacer el equipaje.

Al cabo de una hora se apagó la luz.

El piso se sumió en la oscuridad, y yo, sin linterna. Sin embargo, lo peor fue que se paró el climatizador y, en un momento, el calor y el ambiente sofocante se hicieron insoportables. Abrí la ventana. Empezó a penetrar en la habitación un olor que era mezcla de fruta podrida, aceite quemado, agua jabonosa y orina. Aunque el mar no debía de estar lejos, ni un soplo de brisa llegaba hasta aquel callejón estrecho y cerrado. Era marzo, mes de un calor aplastante, y la noche parecía más bochornosa e incandescente que el día. Me asomé a la ventana. En el fondo del callejón se veían cuerpos semidesnudos, tumbados sobre unas esteras o directamente sobre el suelo. Las mujeres y los niños dormían, y varios hombres, apoyados contra las paredes de las casuchas de barro, te-

121

nían los ojos fijos en mí. No sabía qué significaban sus miradas. ¿Querían conocerme? ¿Ayudarme? ¿Matarme? Pensé que no aguantaría hasta la mañana con el calor que imperaba en aquel piso y bajé a la calle. Dos hombres se incorporaron y otros, inmóviles, seguían mirándome. Todos estábamos empapados de sudor y mortalmente cansados; en este clima, la mera existencia exige un esfuerzo considerable. Les pregunté si la luz fallaba a menudo. No lo sabían. Pregunté si se podía arreglar. Durante un rato hablaron entre sí en una lengua para mí incomprensible. Uno de ellos se marchó a alguna parte. Pasaron minutos y cuartos de hora. Finalmente, regresó en compañía de dos hombres jóvenes. Éstos dijeron que podían arreglar la luz a cambio de diez libras. Me avine. Al cabo de poco tiempo, el piso estaba alumbrado y volvía a funcionar el climatizador. Al cabo de varios días se repitió la avería y se repitieron las diez libras, que más tarde fueron subiendo: a quince y a veinte.

¿Y los robos? Al principio, cuando regresaba a mi piso desmantelado y vaciado me invadía un sentimiento de rabia. Robarle a uno sobre todo significa humillarlo, engañarlo. Pero, viviendo aquí, me convencí de que percibir un robo sólo como una humillación y engaño no dejaba de ser un cierto lujo psíquico. Al vivir entre la miseria de mi barrio, comprendí que el robo, hasta un pequeño hurto, podía significar una condena a muerte. Vi el robo como un homicidio, un asesinato. En mi callejón vivía una mujer sola cuya única propiedad era una olla. Se ganaba la vida comprando a crédito judías de las vendedoras, las hervía, las aliñaba con una salsa y las vendía a la gente. Para muchos un cuenco de judías constituía la única comida del día. Una noche nos despertó un grito desgarrador. Todo el callejón fue presa de cierta agitación. La mujer, enloquecida y desesperada, corría en círculos: unos ladrones le habían robado la olla: había perdido su único medio de vida.

Hay muchas personas en mi callejón que no poseen más que una sola cosa. Éste tiene una camisa, aquel una *panga* y el de más allá, sin que se sepa de dónde lo ha sacado, un pico. El que tiene una camisa puede buscar trabajo de vigilante nocturno (nadie emplearía a un vigilante semidesnudo), al que tiene una *panga* tal vez lo alquilen para cortar las malas hierbas, el del pico puede cavar una cuneta. Los demás no pueden poner a la venta sino sus meros músculos. Confían en que alguien los necesite como mozos de cuerda o mensajeros. Aun así, en ninguno de estos casos existen muchas posibilidades de encontrar trabajo, pues la competencia es enorme. Además, por lo general se trata de empleos eventuales: de un día o de un par de horas.

Por eso mi callejón, las calles adyacentes y todo el barrio están llenos de personas sin nada que hacer. Se despiertan por la mañana y van a buscar agua para enjuagarse la cara. Luego, el que tiene dinero se compra un desayuno, es decir, un vaso de té y un mendrugo de pan. Pero muchas otras no comen nada. Antes del mediodía el calor ya se vuelve difícil de soportar: hay que buscarse un lugar donde haya sombra. A medida que pasan las horas también la sombra se traslada junto con el sol, y junto con ella se traslada la gente, cuya única ocupación durante el día consiste en arrastrarse en pos de la sombra, en protegerse en su interior, ahumado y fresco. Hambre. Hay mucho apetito insaciado pero nada para comer. Por añadidura, desde el bar de la esquina llega el olor a carne asada. ¿Por qué estos hombres no toman el bar por asalto? A fin de cuentas son jóvenes y fuertes.

Y, sin embargo, uno de ellos no habrá podido más: de repente se oye un grito. La que grita es una vendedora ambulante de cuyo tenderete un muchacho ha birlado un racimo de plátanos. La daminificada y sus vecinas se han lanzado en su persecución y han acabado atrapándolo. Sin saber de dónde ha salido, ha aparecido la policía. Los policías de aquí llevan unas porras de madera inmensas y apalean con ellas de manera cruel e indiscriminada. El muchacho, al que se le ve ahora tumbado en la calle encogido y hecho un ovillo, intenta protegerse de los golpes. Enseguida se ha congregado una muchedumbre, cosa muy habitual aquí, porque esta masa de gente desocupada siempre está al quite de cualquier acontecimiento, alboroto o jaleo, con tal de entretenerse, ver algo, hacer algo. Ahora se abren paso para estar lo más cerca posible, como si el estruendo de los porrazos y los gemidos del apaleado les proporcionase un auténtico gozo. Con sus gritos y alaridos, alientan e instigan a los policías. Aquí, cuando atrapan a un ladrón, enseguida quieren lincharlo, despedazarlo, hacerlo picadillo. El muchacho gime lastimeramente; ya ha soltado los plátanos. Los que están más cerca se abalanzan sobre ellos y se los quitan de las manos.

Luego todo vuelve a la normalidad. Durante un rato, la vendedora todavía se queja y echa pestes, los policías se marchan y el muchacho, apaleado y maltrecho, se aleja para meterse en algún agujero, dolorido y hambriento. La gente se dispersa, todos vuelven a ocupar sus lugares de antes, bajo los muros, bajo las paredes, bajo los techos: donde haya sombra. Se quedarán allí hasta que caiga la noche. Después de un día de calor y de hambre la persona se debilita y entumece. Pero un cierto aturdimiento, un entumecimiento interior llega incluso a resultar salvador: sin ellos, el hombre no podría sobrevivir; la parte biológica, animal, de su naturaleza devoraría todo lo humano que aún conserva.

Por la noche el callejón se anima un poco. Se reúnen sus habitantes. Unos han pasado aquí todo el día, atormentados por ataques de malaria. Otros vuelven ahora de la ciudad. Unos han tenido un día feliz: han trabajado en alguna parte o han encontrado a un familiar que ha compartido con ellos sus cuatro monedas. Éstos cenarán: un cuenco de *cassava* con salsa picante hecha de pimentón, y a veces hasta un huevo duro o un trozo de carne de cordero. Parte de esto irá a parar a los niños, que, ávidos, observan cómo los hombres engullen bocado tras bocado. Aquí, cualquier cantidad de comida desaparece enseguida y sin dejar rastro. Se come todo lo que hay, hasta la última migaja; nadie almacena nada, ni siquiera tendría dónde guardar sus reservas ni cerrarlas bajo llave. Se vive al día, al momento, cada día es un obstáculo difícil de superar, la imaginación no sobrepasa las veinticuatro horas, no se hacen planes ni se acarician sueños.

El que tiene un chelín, va al bar. Hay bares por todas partes:

en los callejones, en los cruces de calles, en las plazas. A veces se trata de pobres dependencias con paredes de uralita y cortinas de percal en lugar de puerta. Y, sin embargo, debemos sentirnos como si entrásemos en un parque de atracciones, en una feria llena de color. Nos llegan sones de música desde una radio vieja y bajo el techo brilla una bombilla roja. Las paredes están decoradas con brillantes fotos de actrices de cine, recortadas de revistas. Tras el mostrador, por lo general vemos a una *madame* maciza y obesa: es la dueña. Vende la única cosa que ofrece un bar así: la cerveza que hace ella misma siguiendo un método casero de fabricación. La cerveza puede ser de muchas clases: de plátano o de maíz, de piña o de palma. Por lo general, cada una de estas mujeres se especializa en fabricar una clase de cerveza. Un vaso de esta bebida tiene tres virtudes: a) contiene alcohol; b) como líquido, sacia la sed; y c) como se trata de un mejunje que en el fondo del vaso aparece espeso y viscoso, constituye para el hambriento un sucedáneo de comida. De modo que si alguien no ha conseguido en un día más que un chelín, lo más seguro es que se lo gaste precisamente en un bar.

En mi callejón, pocas veces hay alguien que se quede allí por algún tiempo. Las personas que lo frecuentan son eternos nómadas urbanos, caminantes que vagan por los caóticos y polvorientos laberintos de las calles. Se marchan de prisa y desaparecen sin dejar rastro, pues en realidad nunca han tenido nada. Siguen su camino, ya ante una visión tentadora de un trabajo, ya asustados por la epidemia que de repente acaba de declararse en el callejón, ya expulsados por los dueños de las casuchas de barro y de los porches a los que no tienen con qué pagar por el lugar que ocupan. Todo lo que hay en su vida es provisional, inestable y frágil. Lo hay y no lo hay. Incluso cuando lo hay, ¿por cuánto tiempo? Esta inseguridad sempiterna hace que los vecinos de mi callejón vivan en un estado de amenaza constante y con un miedo que nunca amaina. Han dejado la pobreza del campo y han venido a la ciudad con la esperanza de una vida mejor. El que encontró aquí a algún primo suyo podía contar con su apoyo, con que le ayudaría a empezar. Pero muchos de los campesinos de ayer no han encontrado a ningún allegado, a nadie de su tribu. A menudo, ni siquiera entienden la lengua que oyen hablar en la calle, no saben cómo preguntar y enterarse de cosas. El indomable elemento de la ciudad los ha absorbido, se ha convertido en su único mundo; ya al día siguiente no sabían cómo salir de ella. Empezaron por construirse un techo, un rincón, un lugar propio. Puesto que estos inmigrantes no tienen dinero –por eso han venido a la ciudad: para ganarlo (el campo africano tradicional desconoce la noción del dinero)–, sólo pueden buscar ese lugar en los barrios de chabolas. La experiencia de ver levantar un barrio semejante resulta extraordinaria. Lo más normal es que las autoridades municipales asignen para este fin los peores terrenos: ciénagas, lodazales o arenales desnudos del desierto. Sobre un suelo así, alguien levanta la primera cabaña. A su lado, otro hace lo mismo. Luego, un tercero. Y de este modo, espontáneamente, nace una calle. Cuando dos calles se encuentran forman un cruce. Ahora las calles empiezan a bifurcarse, a buscar salidas y a ramificarse. Por este procedimiento se crea un barrio. Para empezar, la gente se afana en conseguir materiales. No hay manera de saber de dónde. ¿Los saca de debajo de tierra? ¿Los baja de las nubes? En cualquier caso, una cosa es segura: esta masa de personas sin un céntimo no compra nada. Sobre las cabezas, sobre las espaldas, bajo los hombros traen trozos de hojalata, de madera, de contrachapado, de plástico, de cartón, de carrocerías y de cajas y lo juntan todo, lo montan, clavan y pegan, obteniendo algo intermedio entre una caseta de perro y una cabaña cuyas paredes acaban formando un *collage* de chabolismo, espontáneo y archiabigarrado. Para tener sobre qué dormir –pues a menudo el suelo es un lodazal cenagoso o unas piedras afiladas– forran la estancia con hierba de elefante, hojas de plátanos, rafia o paja de arroz. Estos barrios, estos monstruosos *papier-mâché* africanos de verdad están hechos de cualquier cosa y son ellos, y no Manhattan o la Défense parisiense, la máxima creación de la imaginación, la fantasía y el ingenio humanos. Son ciudades enteras levantadas sin un solo ladrillo, sin varas de metal, ¡sin un solo metro cuadrado de cristal!

Como muchas creaciones del *happening* espontáneo, también los barrios de chabolas tienen a veces una vida breve. Basta con que se extiendan demasiado o que la ciudad decida construir algo allí. Una vez fui testigo de un exterminio semejante, cerca de mi callejón. Las chabolas se habían extendido hasta la orilla de la isla. El gobierno militar lo consideró inadmisible. Una madrugada llegaron allí camiones con policías. Enseguida se congregó una multitud. Entonces los policías se lanzaron sobre la colonia de chabolas, expulsando de ellas a sus habitantes. La multitud estalló en gritos. En esto llegaron unas apisonadoras, unos tractores grandes y de color amarillo chillón. Al cabo de un instante se levantaron espesos nubarrones de polvo: en su avance, las máquinas demolían una calle tras otra, dejando atrás una tierra arrasada y desierta. Aquel día, mi callejón se llenó por un tiempo de refugiados del barrio destruido. Aquella multitud bulliciosa lo hizo aún más sofocante.

Un día tuve una visita. Era un hombre de mediana edad, ataviado con un traje musulmán de color blanco. Se llamaba Suleimán y procedía del norte de Nigeria. Tiempo atrás había trabajado para el italiano como vigilante nocturno. Conocía el callejón y todos sus aledaños. Se mostró muy tímido: no quiso sentarse en mi presencia. Me preguntó si no necesitaba un vigilante nocturno, porque acababa de perder el trabajo. Le dije que no, pero como me había causado buena impresión, le di cinco libras. Al cabo de varios días volvió. Esta vez sí se sentó. Le preparé un té. Nos pusimos a hablar. Le confesé que no paraban de robarme. Suleimán lo consideró como una cosa del todo natural. El robo era una forma –cierto que desagradable– de nivelar las desigualdades. Estaba muy bien que me robasen, dijo, aquello incluso era un gesto de amistad por parte de los ladrones. De esta manera me daban a entender que les resultaba útil y que me aceptaban. Por consiguiente, podía sentirme seguro. ¿Acaso me había sentido amenazado en alguna ocasión? Reconocí que no. ¡Pues eso! Estaría seguro todo el tiempo que les permitiese robarme impunemente. En el momento en que avisase a la policía y ésta empezase a perseguirlos, más me valía marcharme.

Al cabo de una semana, volvió a visitarme. Se tomó un té y luego dijo con voz misteriosa que me llevaría al Jankara Market

127

y que allí haríamos una compra necesaria. El Jankara Market es un mercado donde brujos, herbolarios, adivinos y encantadores venden toda clase de amuletos, talismanes, varitas mágicas y medicinas milagrosas. Suleimán iba de una parada a otra, mirando y preguntando. Finalmente, me hizo comprarle a una mujer un manojo de plumas de gallo blanco. Eran caras pero no opuse resistencia. Regresamos al callejón. Suleimán compuso las plumas, las rodeó con un hilo y las ató al travesaño superior del marco de la puerta.

Desde aquel momento, nunca más me desapareció nada del piso.

SALIM

De repente, en medio de la oscuridad vi dos ojos muy grandes e incandescentes. Estaban lejos pero se movían de una manera desaforada, como si perteneciesen a un animal que se agitaba, intranquilo, en la jaula de la noche. Yo estaba sentado sobre una piedra, en el límite del oasis de Ouadane, Sáhara, Mauritania, al nordeste de la capital de este país, Nouakchott. Llevaba una semana intentando salir de allí: en vano. Ya es difícil llegar hasta Ouadane, pero salir todavía lo es más. No lleva hasta allí ningún camino trazado de tierra allanada ni tampoco existe un medio de transporte fijo. Una vez cada varios días, o semanas, pasa por allí algún que otro camión, y si el chófer se aviene a llevarnos, podremos irnos, y si no, seguiremos clavados allí, esperando otra oportunidad, que no se sabe cuándo se volverá a presentar.

Los árabes que se sentaban junto a mí se movieron. Empezaba a caer el frío de la noche, que aquí aparece de repente y, después del infierno de un día de sol, nos penetra hasta causarnos dolor. No existe abrigo de piel ni edredón capaz de protegernos de este frío. Y ellos no tenían más que unas gualdrapas viejas y hechas jirones, y envueltos en ellas herméticamente, estaban allí inmóviles como estatuas.

En las proximidades, de la tierra salía un tubo negro, acabado en un mecanismo de bomba aspirante-impelente, oxidado y cubierto de sal. Era la única gasolinera en aquellos parajes, y si pasaba por las cercanías algún vehículo tenía que detenerse allí. El oasis no dispone de ninguna otra atracción. Por lo general, los días

129

transcurren aquí uniformes e iguales, en consonancia con la monotonía del clima del desierto: siempre brilla el mismo sol, incandescente y solitario en un cielo petrificado y sin una nube.

Al ver las luces, todavía distantes, los árabes empezaron a intercambiar observaciones. Yo no comprendía ni una sola palabra de su lengua. A lo mejor se decían: Bueno, ¡por fin! ¡Por fin aparece! ¡La espera ha dado sus frutos!

Habría sido una buena recompensa por largos días de espera, por la paciencia de mantener la vista clavada en un horizonte inmóvil y muerto en el que hacía tiempo no aparecía ningún cuerpo en movimiento, ninguna cosa viva que llamase la atención y nos arrancase del tedio de aquella desoladora espera. A decir verdad, el paso de un camión –los turismos resultan demasiado frágiles como para meterse por estos parajes– tampoco cambiaba nada en la vida de estos hombres. Los camiones no solían detenerse más que por unos minutos y se marchaban enseguida. Y, sin embargo, incluso una parada tan breve para ellos era sumamente necesaria e importante: introducía un elemento de diversión en su vida, proporcionaba un tema para conversaciones ulteriores y, sobre todo, constituía una prueba material de la existencia de un mundo diferente y una afirmación alentadora de que ese mundo, al enviarles una señal mecánica, tenía que saber que ellos estaban allí.

A lo mejor llevaban a cabo una discusión rutinaria sobre el tema: ¿llegará o no llegará? Es que viajar por estos rincones del Sáhara es una aventura arriesgada, una lotería perpetua y una incógnita constante. Sobre este terreno sin caminos, lleno de agujeros, hoyos, hondonadas, piedras y rocas salientes, dunas y médanos de arena, bancos y escoriales de grava resbaladiza, el coche avanza a paso de tortuga, a una velocidad de menos de diez kilómetros por hora. En un camión de aquéllos, cada rueda tiene su propia tracción y cada una de ellas, metro a metro, ya girando ya deteniéndose en los riscos y vericuetos que se multiplican por momentos, busca, como «por cuenta propia», algún punto al que agarrarse. Y sólo la suma de todos estos esfuerzos y combates, a los que en ningún momento deja de acompañar el rugir de un motor fatigado y recalentado, así como el balanceo mortal de una plataforma que no para de moverse de un lado para otro, permite al camión avanzar hacia adelante.

Pero los árabes también sabían que, a veces, el camión se quedaba desesperadamente atascado a un paso del oasis, después de llegar hasta sus mismos lindes. Esto ocurría cuando las tormentas sepultaban la ruta con tales montañas de arena que resultaba imposible seguir viaje. Entonces, o la gente consigue desenterrar el camino, o el conductor encuentra la manera de dar un rodeo, o, simplemente, regresa a la base. Habrá que esperar a que una nueva tormenta traslade las dunas más allá, despejando la ruta. Esta vez, sin embargo, los grandes ojos eléctricos se acercaban cada vez más. En un momento dado, su resplandor empezó a desvelar las copas de las datileras que se ocultaban en la oscuridad, las paredes desconchadas de las cabañas de barro y las cabras y ovejas que dormitaban junto al camino, hasta que, finalmente, un Berlier inmenso que levantaba tras de sí nubarrones de polvo se detuvo ante nosotros en medio de un estrépito metálico y atronador. Los Berlier son camiones de fabricación francesa, ideados para moverse por difíciles terrenos desérticos. Tienen unas ruedas grandes con anchos neumáticos, y el filtro del aire, muy alto, sobresale del capó. Su gran tamaño y su forma redondeada hacen que, vistos desde lejos, el aspecto de estos camiones recuerde el de la vieja locomotora de vapor.

Descendiendo por la escalerilla, de la cabina bajó el chófer, un árabe descalzo y de tez oscura, ataviado con una larga *galabiya* de color añil. Como la mayoría de sus compatriotas, era alto y de complexión maciza. Las gentes y los animales con masa corporal grande aguantan mejor el calor del trópico; de ahí que los habitantes del Sáhara sean, por lo general, personas de talla considerable. También funciona aquí la ley de la selección natural: en las condiciones ultradifíciles que imperan en el desierto, sólo los más fuertes llegan a la edad madura.

El chófer se vio enseguida rodeado por los árabes del oasis. Empezó un bullicio de sonoros saludos, de preguntas y de buenos deseos, que se prolongó durante un rato muy, muy largo. Todos gritaban a cuál más fuerte y agitaban los brazos como si participasen en un regateo en medio de un mercado ruidoso. En un determinado momento de aquella conversación con el chófer, empezaron a señalarme. Mi aspecto era deplorable. Estaba sucio, con una barba de varios días y, sobre todo, exhausto a causa de los calores insoportables del verano sahariano. «Será», me había advertido antes un francés con experiencia, «como si alguien te clavara un cuchillo. En la espalda, en la cabeza... Al mediodía, allí los rayos solares golpean con la fuerza de un cuchillo.»

El chófer me miró y al principio no dijo nada, pero luego señaló el vehículo con la mano y lanzó una exclamación de consentimiento: *Yala!* (¡Sube!, ¡anda!) Me encaramé hasta la cabina y cerré la portezuela. Partimos enseguida.

A decir verdad, no sabía adónde íbamos. Ante nosotros, a la luz de los faros, no se movía nada excepto la arena, siempre la misma, arena que echaba chispas de múltiples matices, que aparecía como cortada por bancos de grava y rocas astilladas; las ruedas, cada dos por tres, ya saltaban sobre obstáculos de granito, ya se hundían en hondonadas y grietas abiertas en las piedras. En medio de la negrura de aquella noche sólo se veían dos manchas de luz deslizándose por la superficie del desierto, dos círculos claros y nítidamente enmarcados. Aparte de ellos no se veía nada, nada en absoluto.

Después de un tiempo empecé a sospechar que íbamos sin rumbo, a ciegas, simplemente a campo traviesa, pues en ningún sitio se podía divisar un solo punto de orientación, una señal, estaca o huella de algún camino. Intenté sonsacar al árabe. Señalé la noche delante de nosotros y le pregunté:

—¿Nouakchott?

Éste me miró y se echó a reír.

—¿Nouakchott? —repitió con un tono tan soñador, como si se tratase de los jardines de Semíramis, hermosos, pero para nosotros, insignificantes mortales, colgados demasiado alto.

Deduje que no íbamos en la dirección que yo deseaba pero no sabía cómo preguntarle cuál era, en realidad, nuestro rumbo. Tenía grandes ganas de entablar algún contacto con él, de que nos conociésemos un poco más.

—Ryszard —dije, señalándome. Acto seguido lo señalé a él. Lo comprendió.

—Salim —respondió y volvió a soltar una risotada.

Se produjo un silencio. Debimos de dar con una superficie lisa en el desierto, porque el Berlier se movía con más suavidad y más rápido (no sé exactamente a qué velocidad porque todos los indicadores del camión estaban estropeados). Durante un tiempo, continuamos viaje sin decirnos nada, hasta que, finalmente, me dormí.

Me despertó un silencio súbito. Se había parado el motor y el camión se había detenido. Salim pisaba el pedal del gas al tiempo que daba vueltas a la llave de contacto. La batería y el arranque funcionaban pero no así el motor. Ya se había hecho de día y había luz. El árabe buscaba en la cabina la palanca con que abrir el capó. Esto me pareció extraño y sospechoso: ¿cómo?, ¿un chófer que no sabía abrir el capó de su coche? Finalmente, descubrió que el capó se abría soltando las asideras que estaban en el exterior. Se encaramó al guardabarros y se puso a contemplar el motor, pero miraba aquella enmarañada construcción como si la viese por primera vez en su vida. Tocaba unas piezas, intentaba mover otras, pero todo lo que hacía resultaba de lo más inexperto. Dio varias vueltas a la llave de contacto pero el motor permaneció callado como una tumba. Encontró la caja de herramientas, pero no había en ella gran cosa. Sacó un martillo, varias llaves y destornilladores, tras lo cual se dispuso a desmontar el motor.

Me bajé de la cabina. A nuestro alrededor, hasta donde alcanzaba la vista, no había más que desierto. Arena y piedras oscuras, dispersadas aquí y allá. Cerca se veía una roca lisa y negra: al caer la tarde, cuando hubiese acumulado el calor del sol, lo desprendería como un alto horno. El paisaje, lunar, se veía cerrado por la línea del horizonte, plana y perfectamente recta: se acababa la tierra y más allá no había nada excepto el cielo. Ni una sola montaña. Ni una sola duna. Ni una sola hoja. Y, por supuesto, ni una gota de agua. ¡Agua! Es lo primero que se nos viene a la cabeza en un momento así. Es que en el desierto, la primera cosa que ve el hombre al abrir los ojos por la mañana es la cara de su enemigo: el incandescente rostro del sol. Esta visión inmediatamente despierta

133

en él un reflejo de autoconservación: alargar el brazo en busca de agua. ¡Beber! ¡Beber! Sólo de esta manera puede mejorar, aunque sea un poco, sus posibilidades en ese combate sempiterno en el desierto, en ese duelo a muerte con el sol.

Decidí echar un vistazo a ver si encontraba agua, pues no llevaba nada encima: ni agua ni comida. No encontré nada en la cabina, pero sí había un poco de agua: en la parte inferior de la caja del camión, a la izquierda y a la derecha, había, atadas con cuerdas, dos botas a cada lado. Estaban hechas de piel de cabra, mal curtida y luego cosida de tal manera que las botas conservaban la forma del animal. Una de sus patas servía de pico para beber.

Respiré aliviado, pero sólo durante unos instantes: enseguida me puse a calcular. Sin agua, en el desierto se pueden sobrevivir veinticuatro horas; a lo sumo, dos días, difícilmente y no siempre. La cuenta era sencilla: en aquellas condiciones, el hombre puede perder a lo largo de un día unos diez litros de sudor, y para vivir, tiene que beber una cantidad de agua semejante. Privado de ella, enseguida lo invadirá la sed. La sed verdadera y prolongada en los trópicos secos y ardientes es una sensación mortificante y destructiva, más difícil de dominar que el hambre. Tras varias horas de experimentarla, la persona se siente entumecida y deslavazada, empieza a debilitarse y a perder la orientación. En lugar de hablar, balbucea, y cada vez más incoherentemente. Esa misma noche, o al día siguiente, le subirá la fiebre, y no tardará en morir.

Pensé que, si Salim no compartía el agua conmigo, me moriría aquel mismo día. Incluso si me daba una parte, aquella cantidad no nos habría bastado sino para un día más: eso significaba que nos moriríamos al día siguiente o a lo sumo al cabo de dos.

Intenté frenar la carrera de mis pensamientos y decidí fijarme en lo que hacía el árabe. Embadurnado de grasa y empapado de sudor, Salim desmontaba el motor, destornillaba las tuercas y quitaba los cables, y todo ello sin ton ni son, como un niño que, furioso, rompe un juguete que se niega a funcionar. Los guardabarros y el parachoques estaban llenos de muelles, válvulas, juntas y alambres, parte de los cuales ya había caído al suelo. Lo dejé y me fui al otro extremo del camión, a aquella parte donde aún había sombra. Me senté en la tierra y me apoyé contra la rueda.

Salim.

No sabía nada acerca del hombre en cuyas manos estaba mi vida. En cualquier caso, lo estaba por aquel único día. Si Salim me echaba de allí, apartándome del camión y del agua –y tenía un martillo en la mano y, seguramente, un cuchillo en el bolsillo, amén de la ventaja física–, si me ordenaba marcharme, caminar a través del desierto, ni siquiera habría sobrevivido hasta la noche.

Y me pareció que podía proceder precisamente de este modo: así, habría alargado su vida o, pura y simplemente, la habría salvado en el caso de que apareciera alguien a tiempo para socorrerlo. Saltaba a la vista que Salim no era un conductor profesional, en todo caso, no de un Berlier. Y asimismo, que no conocía bien aquellos parajes. De todas formas, ¿acaso puede nadie conocer a la perfección el desierto, donde las frecuentes tempestades y tormentas no cesan de cambiar el paisaje al trasladar montañas de arena de un lado para otro, variando así todo punto de referencia? Además, aquí ocurre a menudo que aquel que tiene un poco de dinero, enseguida alquila a otro que tiene aún menos, y este último trabajará para el primero, cumpliendo todos sus encargos. Lo más seguro era que el conductor de aquel camión había alquilado a Salim para que éste llevase su vehículo a uno de los oasis. Pero aquí nadie reconocerá jamás que no sabe o no es capaz de hacer algo. Si nos acercamos a un taxista, le enseñamos una dirección y preguntamos si sabe dónde está, responderá que sí sin pensárselo. Tras lo cual empieza un deambular por toda la ciudad, dando vueltas y más vueltas, porque, por supuesto, no tiene ni idea por dónde ir.

El sol se elevaba cada vez más. Inmóvil y pétreo, el mar del desierto absorbía sus rayos, se calentaba y empezaba a arder. Se acercaba la hora en que todo se convertía en un infierno: la tierra, el cielo, nosotros mismos. Los yoruba creen que si la sombra abandona al hombre, éste morirá. Y aquí todas las sombras empezaban a encogerse, a reducirse, a palidecer. Empezaban a desaparecer. Se acercaban los espantosos momentos del mediodía, la hora del mundo en que la gente y los objetos no tienen sombra, existen sin existir, no son más que blancura, luminosa e incandescente.

Creía que este momento ya había llegado cuando, de repente, vi ante mis ojos un cuadro del todo diferente. Muerto e inmóvil, el horizonte, tan aplastado por el peso del calor que parecía imposible que nada apareciese o sucediese en él, se animó en un instante y se volvió verde. Adonde alcanzaba la vista, se veían, lejos, altas y frondosas palmeras, todos unos bosques de palmeras que crecían a lo largo de la línea del horizonte, tupidos, sin interrupción alguna. Y también se podían ver lagos, sí, grandes lagos azules, de superficies suaves y onduladas. Y también había allí arbustos frondosos, de muchas ramas, que desprendían un verdor intenso, jugoso y fuerte. Y todo aquello no cesaba de temblar, relucir y latir, desenfocado e inasequible como si se hallase más allá de una suave neblina. Y en el aire, aquí, alrededor de nosotros, y allí, en el horizonte, reinaba un silencio profundo, no turbado por nada: no soplaba el viento y en los palmerales no había pájaros.

–¡Salim! –exclamé–. ¡Salim!

De debajo de las alas del capó abierto asomó su cabeza. Me miró.

–¡Salim! –repetí una vez más al tiempo que señalaba con la mano los palmerales y los lagos, todo aquel exquisito jardín del desierto, el paraíso del Sáhara.

Salim echó un vistazo en aquella dirección: no le impresionó en absoluto. En mi cara, sucia y empapada de sudor, debió de ver asombro, estupefacción y fascinación, además de algo que, clara y visiblemente, lo preocupó, pues se acercó al camión, desató una de las botas, bebió un poco y me entregó el resto sin decir una palabra. Me así al áspero saco de piel y me puse a beber. La cabeza empezó a darme vueltas y, para no caerme, me apoyé con el hombro contra la caja del Berlier. Aferrado a la pata de cabra, bebí sin apartar la vista del horizonte. Y a medida que notaba que satisfacía la sed, que se calmaba dentro de mí aquella especie de locura, el verde paisaje se iba desvaneciendo ante mis ojos. Sus colores se desteñían y palidecían y sus formas encogían y se borraban. Cuando hube vaciado el saco hasta la última gota, el horizonte había vuelto a recuperar su aspecto llano, vacío y muerto. El agua, la asquerosa agua del Sáhara, caliente, llena de inmundicias, espesa de arena y suciedad, me permitió seguir vivo pero me arrebató la visión del paraíso. Pero lo más grande de aquel día fue el hecho de que Salim me había dado su agua para beber. Dejé de tenerle miedo. Me sentí seguro, por lo menos hasta el momento en que no nos quedase sino el último sorbo.

La segunda parte del día la pasamos debajo del camión, a su pálida y frágil sombra. En aquel mundo rodeado por un horizonte encendido, Salim y yo éramos la única vida. Me puse a observar la tierra que tenía al alcance de la mano, las piedras más próximas. Buscaba algún ser vivo, algo que se estremeciese, se moviese, se arrastrase. Me acordé de que en un lugar del Sáhara vivía un escarabajo pequeño que los tuaregs llamaban ngubi. Cuando el calor aprieta, el ngubi, atormentado por la sed, quiere beber a toda costa. Por desgracia, no hay agua en ninguna parte; alrededor sólo aparece arena ardiendo. Así que, para poder beber, el escarabajo elige un montículo –puede ser la pendiente de un pliegue de arena– y, trabajosamente, empieza a encaramarse a la cumbre. Es un esfuerzo tremendo, un auténtico trabajo de Sísifo, pues la arena, tórrida y movediza, no para de escapársele de debajo de sus patitas, con lo que vuelve a mandarlo abajo, al comienzo de su tormentoso camino de galeote. Por eso, no pasa mucho tiempo antes de que el escarabajo empiece a sudar. En la punta de su abdomen aparece, y se hincha, una gruesa gota de sudor. Entonces el ngubi interrumpe la escalada, se encoge y sumerge su hociquito en aquella gota.

Bebe.

En una bolsa de papel, Salim tenía unas cuantas galletas. Nos bebimos la segunda bota de agua. Nos quedaban dos botas más. Pensé en escribir algo. Me acordé de que a veces, en momentos así, la gente escribía cosas. No tenía fuerzas. No es que me doliera nada. Sólo que aumentaba en mí una sensación de vacío. Y en aquel vacío iba creciendo otro diferente.

137

Y de repente, vi en la oscuridad un par de ojos grandes y brillantes. Estaban lejos y se movían de forma violenta. Luego empezó a oírse el rumor de un motor, vi un camión y oí voces hablando en una lengua para mí incomprensible. «¡Salim!», dije. Se inclinaron sobre mí varios rostros oscuros, muy parecidos al suyo.

LALIBELA 1975

Etiopía central es un altiplano enorme y vasto, cortado por numerosos barrancos y valles. En la estación de las lluvias, por el fondo de todas estas hendiduras fluyen unos ríos de corrientes rápidas e impetuosas. En los meses de verano parte de ellos se seca y desaparece, descubriendo un fondo seco y agrietado, por encima del cual el viento levanta negros nubarrones de lodo pulverizado por la abrasadora acción del sol. Sobre este altiplano, aquí y allá, sobresalen unas montañas de más de tres mil metros de altura que, a pesar de ello, no recuerdan en absoluto a los nevados y rocosos Alpes, Andes o Cárpatos. Son unas montañas de piedra erosionada por el viento, de color marrón y cobrizo, y sus cimas aparecen tan planas y lisas que podrían servir de aeropuertos naturales. Al sobrevolarlas, se ven allí míseras chozas y cabañas de barro sin agua ni luz. La pregunta surge por sí sola: ¿cómo vive allí la gente? ¿De qué? ¿Qué come? ¿Por qué está allí? En lugares así, al mediodía, la tierra debe de tener la temperatura del carbón ardiendo, debe de quemar los pies y convertirlo todo en ceniza. ¿Quién ha condenado a aquella gente a este destierro infernal bajo el cielo? ¿Por qué? ¿Qué delito ha cometido? Nunca he tenido la ocasión de escalar hasta aquellos poblados solitarios en busca de respuesta. Tampoco aquí, en el altiplano, he encontrado a nadie que pudiese decirme nada al respecto. Lo más probable es que ni siquiera conozcan su existencia. Los miserables de allí arriba vegetan como al margen de la humanidad, nacen sin que nadie lo note y desaparecen, seguramente muy pronto, como seres desconocidos, anónimos. Aun así, el sino de los que viven al pie de la montaña tampoco es mejor ni mucho más fácil.

–Ve a Wollo –me dijo Teferi–, ve a Haragwe. Aquí no verás nada. Allí lo verás todo. Estábamos sentados en el porche de su casa en Addis-Abeba. Delante de nosotros se desplegaba un jardín rodeado por un alto muro. Alrededor de la fuente, que despedía un suave murmullo, crecían frondosas buganvillas de color carmesí y forsitias amarillo chillón. Los lugares mencionados por Teferi se hallaban a cientos de kilómetros de allí. Se trataba de provincias cuyos habitantes morían de hambre en masa. Allí, en aquel porche (desde la cocina llegaba el olor a carne asada), resultaba imposible imaginárselo. Pues ¿cómo entender eso de «morir en masa»? El hombre siempre muere solo; el momento de la muerte es el momento más solitario de su vida. «Morir en masa» significa, pues, que un hombre muere solo, pero con la salvedad de que, al mismo tiempo, y también solo, muere otro hombre. Y en la misma soledad, otro. Y que no han sido sino las circunstancias –las más de las veces sin quererlo ellos– las que han hecho que cada uno, al vivir en soledad los momentos de su propia, única muerte, se hubiese encontrado cerca de muchos otros hombres que también morían en aquellos instantes.

Corría mediados de los años setenta. África acababa de entrar en la época de sus dos décadas más oscuras. Guerras civiles, revueltas, golpes de Estado, masacres y, junto con ello, el hambre que empezaron a padecer millones de personas que habitaban en el territorio del Sahel (África Occidental) y en África Oriental (sobre todo en Sudán, Chad, Etiopía y Somalia): éstos eran algunos de los síntomas de la crisis. Se había acabado la época llena de promesas y esperanzas de los años cincuenta y sesenta. En su transcurso, la mayoría de los países del continente se había liberado del colonialismo y había empezado una nueva andadura de Estados independientes. En las ciencias políticas y sociales de aquellos años predominaba en el mundo la idea generalizada de que la libertad automáticamente traería el bienestar, de que de un soplo, en un santiamén, la libertad convertiría la pobreza antigua en un mundo donde manarían la leche y la miel. Así lo sostenían los sabios más grandes de aquellos años y parecía que no había motivos para no creerles, tanto más cuanto que sus profecías ¡sonaban de una manera tan seductora!

Pero no ocurrió nada de esto. Los nuevos países africanos fueron escenario de una lucha encarnizada por el poder en la cual se utilizaba todo: los conflictos tribales y étnicos, la fuerza del ejército, la tentación de la corrupción, la amenaza de la muerte... Al mismo tiempo, estos países resultaron débiles, incapaces de cumplir sus funciones más elementales. Y todo ello en una época en que el mundo vivía inmerso en la guerra fría, que el Este y el Oeste trasplantaron también al territorio africano. Uno de los rasgos de esta guerra consistió en la ignorancia más absoluta de los problemas e intereses de los países débiles y dependientes, en tratar sus asuntos y dramas exclusivamente en función de los intereses de las grandes potencias y en negarles cualquier amago de importancia y peso internacional. A ello hay que añadir el ya tradicional engreimiento y arrogancia eurocentrista en relación a las culturas y sociedades no blancas. De ahí que cada vez que regresaba de África no me preguntasen: «¿Qué tal los tanzanos en Tanzania?, sino «¿Qué tal los rusos en Tanzania?» Y que en lugar de por los liberianos en Liberia me preguntasen: «¿Y qué tal los americanos en Liberia?» (De todos modos, mejor esto que el caso del viajero alemán H. Ch. Buch, que me comentó que tras una mortífera expedición a las sociedades más recónditas de Oceanía, siempre había oído la misma pregunta: «¿Y allí qué comías?») Nada provoca más desazón en los africanos que esta manera de tratarlos: como objetos, como instrumentos. Lo perciben como una humillación, una degradación, una bofetada.

Teferi era propietario de una empresa de transportes. Tenía varios camiones, unos Bedford desvencijados, explotados hasta la saciedad, con los que transportaba algodón, café y pieles. Como los vehículos también cubrían la ruta de Wollo y de Haragwe, se avino a que me trasladase allí con sus chóferes. Para mí era la única oportunidad, pues no había autobuses ni aviones que fuesen en aquella dirección. Viajar por los caminos de Etiopía resulta muy pesado y a menudo peligroso. En la estación seca, el coche resbala en la grava de un repisa estrecha excavada en la pared de una escarpada montaña: el camino bordea un precipicio de varios cientos de metros. Durante la estación de las lluvias, los caminos de montaña son del todo intransitables. Y los que atraviesan las llanuras se convierten en lodazales cenagosos en los que uno se puede quedar atrapado a la largo de varios días.

En verano, después de varias horas de viajar por el altiplano, se ve uno negro de polvo. Como hace tantísimo calor y al mismo tiempo estamos empapados de sudor, al final de un día de recorrer los caminos acabamos cubiertos por una tupida capa de suciedad. Se trata de un polvo compuesto de partículas diminutas, microscópicas; una especie de niebla espesa e incandescente que atraviesa la ropa y penetra por todos los rincones del cuerpo. Luego, cuando uno se lava, tarda mucho en quitárserlo. Los que más se resienten son los ojos. Los camioneros locales siempre los tienen hinchados y enrojecidos, se quejan de dolores de cabeza y pronto se quedan ciegos.

Sólo se puede viajar de día. Desde el anochecer hasta el alba, se apoderan de los caminos unas bandas muy activas, que allí reciben el nombre de *shiftas* y que desvalijan a todo el mundo. Una *shifta* es un grupo de bandidos jóvenes que actúan hasta que los cogen. Antes los ahorcaban en el acto junto al camino. El progreso ulterior ha consistido en que las cuentas ya no se saldan con tanta espectacularidad. Literalmente, es una lucha a vida o muerte: si una *shifta* abandona a sus víctimas en algún lugar de aquel desierto sin gente ni agua, las pobres, sencillamente, morirán de sed. De ahí que en las salidas de las ciudades haya puestos de vigilancia. El policía de guardia consulta el reloj o simplemente mira el sol y calcula si antes del anochecer lograremos alcanzar la ciudad siguiente (o al siguiente policía). Si considera que no, nos hará dar media vuelta.

Así que cojo el camión que Teferi manda de Addis-Abeba al norte, a la provincia de Wollo, a las proximidades de Dessie y Lalibela, en busca de un cargamento de pieles. ¿Tiene acaso sentido calcular los kilómetros del trayecto? Aquí las distancias se miden por el número de horas y días que se necesitan para recorrer la distancia del punto de partida A al punto de llegada B. Por ejemplo, entre Dessie y Lalibela no hay más que 120 kilómetros, pero el recorrerlos me llevará unas ocho horas (siempre y cuando consiga un buen Land Rover, hazaña más que dudosa). En el caso presente, tardaré en alcanzar mi destino uno o dos días o tal vez más. Aquí todo es una incógnita. Los camiones locales –por lo general, material para desguace, oxidado y desvencijado– en estos caminos no-caminos, en medio de este polvo y calor, no paran de estropearse, y para conseguir piezas de recambio hay que regresar a Addis-Abeba. Por eso cualquier viaje siempre es una incógnita: salimos y enfilamos el camino, pero el cuándo (y el si) llegaremos al destino y el cuándo (y el si) regresaremos son interrogantes que nunca dejamos de tener presentes.

Allá donde nos dirigimos la sequía impera desde hace tiempo y el ganado muere en masa por falta de pastos y agua. Los nómadas malvenden las pieles arrancadas de los esqueletos bovinos. El dinero conseguido les permite conservar la vida durante un tiempo, pero poco después, si se quedan en estas tierras desiertas y quemadas por el sol, si no van a parar a algún campamento de ayuda internacional, morirán sin dejar rastro.

De madrugada hemos dejado atrás la ciudad, las florestas de eucaliptos verde claro que la rodean, las gasolineras a ambos lados del camino y los puestos de policía, y henos aquí en medio de un altiplano inundado por el sol, en una carretera que a lo largo de los primeros cien kilómetros estará cubierta de asfalto. Conduce Sahlu, un chófer –como me dijo Teferi– tranquilo y de confianza. Sahlu se muestra serio y callado. Para crear un ambiente cordial le toco el hombro y cuando se vuelve hacia mí le sonrío. Sahlu me mira y sonríe también, con sinceridad al tiempo que un poco tímidamente, inseguro de si este intercambio mutuo de sonrisas no crea entre nosotros una igualdad excesiva.

A medida que nos alejamos de la ciudad el país se vuelve cada vez más despoblado y muerto. Aquí, unos niños conducen a varias vacas famélicas; allá, unas mujeres con las espaldas dobladas cargan sobre sus hombros montones de ramas secas. Las chozas que vemos al pasar parecen vacías: no se ve a nadie junto a ellas, ni una sola persona, ningún movimiento. Un paisaje inerte, invariablemente idéntico, dibujado de una vez para siempre. En un momento dado, salieron a la carretera dos hombres. Llevaban sendas ametralladoras en las manos. Jóvenes, fuertes. Vi que Sahlu se había puesto gris. Su rostro parecía de piedra y sus ojos se llenaron de miedo. Detuvo el vehículo. Los otros, sin pronunciar palabra, subieron a la plataforma y golpearon el techo en señal de que arrancásemos. Me encogí en el asiento y así, hecho un ovillo, intenté no mostrar lo muerto de miedo que estaba. De vez en cuando dirigía miradas furtivas hacia Sahlu: sostenía el volante rígido, aterrado y sombrío. Así viajamos, sin que nada pasase, durante una hora, más o menos. Hacía mucho sol y calor, y el aire de la cabina estaba negro de polvo. De pronto, aquellos dos empezaron a aporrear el techo de la cabina. Sahlu, obediente, detuvo el camión. Los otros, sin pronunciar palabra, bajaron de un salto y, enfilando un camino invisible por la parte posterior del vehículo, desaparecieron por los campos de tal manera que ni siquiera los vimos alejarse.

Por la tarde llegamos a la pequeña ciudad de Debre Sina. Sahlu se detuvo al borde de la calzada y enseguida nos rodeó un montón de gente. Harapienta, famélica, descalza. Muchos chicos jóvenes, muchos niños. Se abrió camino entre ellos un policía con uniforme negro, descosido, la chaqueta abrochada con un solo botón. Sabía algo de inglés y dijo enseguida: *«Take everything with you. Everything! They are all thieves here!»* Y se puso a señalar a las personas que se apiñaban a nuestro alrededor, una tras otra: *«This is thief! This is thief!»* Yo seguía con la vista el dedo del policía, que se movía en el sentido de las agujas del reloj deteniéndose a cada momento junto a otra cara. *«This is thief!»*, continuaba el policía, y cuando llegó hasta un muchacho alto y bien plantado le tembló la mano. «*This is very big thief, sir!*», exclamó en tono de advertencia. Los otros me contemplaban con curiosidad. Sonreían. Su rostros no expresaban ni rabia ni cinismo sino una especie de desconcierto e, incluso, humildad. «*I have to live with them*», se quejó el policía, compadeciéndose de sí mismo. Y, en un intento de buscar una aunque fuera mínima compensación por su maldito sino, alargó su mano hacia mí y dijo: «*Can you help me, sir?*» Para justificar mejor tal petición, añadió: «*We are all poor here, sir!*» Y señaló en dirección de su propia persona, de sus ladrones, hacia las torcidas chozas de Debre Sina, hacia el mal camino, hacia el mundo.

Nos adentramos en la ciudad para llegar al marcado local. En la plaza se veían tenderetes que ofrecían cebada, mijo y judías; también los había con carne de cordero, y, junto a ellos, con cebollas, tomates y pimienta roja. En otro lugar se agrupaban los de pan y queso de oveja, azúcar y café. Latas de sardinas. Galletas y barquillos. Había de todo. Sin embargo, el mercado, que por lo general es un lugar rebosante de gentío, movimiento y bullicio, se sumía en el silencio. Las vendedoras, de pie, permanecían inmóviles e inactivas; sólo de vez en cuando espantaban las moscas con gestos perezosos. Las moscas estaban por todas partes. Irritadas, enfurecidas y rabiosas, formaban espesas nubes negras. Al huir de ellas, pues inmediatamente se habían abalanzado sobre nosotros, en los callejones adyacentes encontramos un mundo distinto: abandonado y ya agonizante. En el suelo, en medio de la inmundicia y el polvo, yacían personas hechas un verdadero esqueleto. Eran pobladores de las aldeas vecinas. La sequía los había privado del agua y el sol había quemado sus cultivos. Llegaron caminando hasta la ciudad con la última esperanza de encontrar allí un sorbo de agua y algo para comer. Desahuciados e incapaces de más esfuerzos, morían de hambre, una muerte que es la más silenciosa y sumisa de cuantas existen. Entornados e inexpresivos, sus ojos carecían de toda señal de vida. Ignoro si veían algo, si miraban hacia alguna parte. Justo a mi lado yacían dos mujeres cuyos cuerpos

145

demacrados temblaban sacudidos por la malaria. El temblor de aquellos cuerpos era el único movimiento en la callejuela.

Tiré de la manga al camionero. «Vámonos», le dije. Regresamos a través del mercado, lleno de sacos de harina, tajadas de carne y garrafas de agua mineral: es que la gran hambruna no se derivaba de una falta de alimentos, sino que era resultado de una organización social inhumana. Había suficiente comida en el país, pero cuando vino la sequía, los precios subieron tanto que los campesinos pobres no tenían con qué pagarla. Desde luego, pudo haber intervenido el gobierno, y también el mundo habría podido reaccionar, pero por razones de prestigio las autoridades no habían querido reconocer que el país era víctima de la hambruna y se negaron a aceptar ayuda del exterior. En aquella época, en Etiopía murió un millón de personas, pero primero lo ocultó el emperador Haile Selassie, y luego, el hombre que le había arrebatado el trono y la vida, el comandante Mengistu. Los separaba la lucha por el poder, los unía la mentira.

El camino, vacío, atraviesa montañas. Ni coches ni rebaños. Esqueletos de vacas sobre una tierra gris, quemada, convertida en ceniza. A la sombra de una acacia hay unas mujeres esperando con cántaros de barro: tal vez pase por aquí un coche cisterna con agua para la ciudad y el chófer se compadezca, se detenga y por un instante abra el grifo.

Llegamos a Dessie entrada la tarde. Un día más y alcanzaremos Lalibela. No cesamos de atravesar desfiladeros de alta montaña, ardientes como altos hornos, vacíos; sin gente ni vegetación. Pero basta que nos detengamos por un instante para que nos rodeen enjambres de moscas. ¡Como si nos estuviesen esperando precisamente en aquel lugar! Es que el zumbido que emiten se nos antoja ensordecedor, victorioso, triunfante: ¡Aquí estáis! ¡Os tenemos! ¿De dónde salen tantas moscas? ¿Cómo es que hay vida aquí?

Finalmente, Lalibela. Es una de las ocho maravillas del mundo. Y si no lo es, debería serlo. Sin embargo, resulta difícil de ver. En la estación de las lluvias no se puede acceder por ninguna parte. En la seca, tampoco es fácil llegar. Se puede intentar en avión, cuando lo hay.

Desde el camino no se ve nada. O, mejor dicho, se ve una aldea corriente. De ella salen corriendo a nuestro encuentro unos chiquillos. Cada uno suplica que lo elijamos como guía, porque es su única posibilidad de ganarse algo de dinero. Mi guía se llama Tadesse Mirele y es estudiante. Pero la escuela está cerrada, como todo lo demás: estamos en época de hambruna. La muerte se ceba en la gente de la aldea. Tadesse dice que lleva varios días sin comer, pero hay agua, así que, al menos, bebe. ¿No habrá encontrado un poco de grano? ¿Un trozo de torta? Sí, reconoce, un puñado de grano. «Pero –y se muestra triste al decirlo– nada más». Y acto seguido me pide: «*Sir!*» «Dime, Tadesse». «*Be my helper, please! I need a helper!*» Me mira y entonces veo que sólo tiene un ojo. Un solo ojo en un demacrado y torturado rostro de niño.

En un determinado momento, Tadesse me agarra de la mano. Pensaba que quería pedirme algo, pero él me ha cogido para impedir que me precipitase por un abismo. Porque he aquí lo que he visto: estaba de pie en un lugar desde el cual, abajo, se veía una iglesia excavada en la roca. La iglesia en cuestión es una mole de tres pisos recortada en el interior de una gran montaña. Y más adelante, en la misma montaña, e invisible desde el exterior, hay una segunda iglesia, y una tercera... Once iglesias enormes. Este prodigio arquitectónico lo construyó en el siglo XII el rey ahmara San Lalibela, y los ahmaras eran (y son) cristianos de rito oriental. Las construyó en el interior de la montaña para que los musulmanes que invadían aquellas tierras no pudiesen verlas desde lejos. Y aun si las veían, como las iglesias formaban parte integrante de la montaña, los musulmanes tampoco habrían podido destruirlas; ni siquiera tocarlas. Hay aquí iglesias de la Virgen María, del Salvador del Mundo, de la Santa Cruz, de San Jorge, San Marco y San Gabriel, y todas ellas están comunicadas por túneles subterráneos.

147

–Look, sir! –dijo Tadesse, enseñándome, abajo, la explanada delante de la iglesia del Salvador del Mundo. Aunque yo mismo acababa de fijarme en ello: una veintena de metros por debajo del lugar en que nos encontrábamos, una muchedumbre de mendigos lisiados formaba un enjambre humano en la explanada y las escaleras de la iglesia. A pesar de que no me gusta el término «enjambre», no sé sustituirlo por ningún otro, porque es el que mejor ilustra la imagen que vi. Aquella gente de abajo, entrelazada por sus extremidades lisiadas, por sus zancos y muñones, estaba apiñada de tal manera que formaba un solo cuerpo moviéndose y arrastrándose, del cual, como tentáculos, salían decenas de brazos, y allí donde no había brazos, aquel cuerpo abría sus bocas y las dirigía hacia arriba esperando a que se les arrojase algo. Y a medida que avanzábamos de una iglesia a otra, allá abajo, se arrastraba tras nosotros aquel ser enmarañado, gemidor y agonizante, del cual a cada momento se desprendía algún miembro, ya inmóvil y abandonado por el resto.

Hacía tiempo que no llegaban hasta allí aquellos peregrinos que en otra época les habían arrojado limosnas; y al mismo tiempo, los pobres mutilados no tenían cómo salir de aquel abismo de piedra.

–Have you seen, sir? –me preguntó Tadesse cuando regresábamos a la aldea. Y lo dijo en un tono tal, como si considerase que lo que acabábamos de ver era la única cosa que yo estaba obligado a ver.

148

AMÍN

En un tiempo, pensé escribir un libro sobre Amín, y lo quería hacer porque Amín era un ejemplo clarísimo de la relación entre el crimen y el bajo nivel cultural. Visité Uganda en muchas ocasiones, más de una vez vi a Amín en persona y tengo en casa toda una biblioteca de libros a él dedicados y montañas de mis propios apuntes. Se trata del dictador más conocido de la historia del África contemporánea y uno de los más célebres del mundo en el siglo XX.

Amín procede de Kakwa, una comunidad pequeña cuyo territorio está dividido entre tres países: Sudán, Uganda y el Zaire. Los kakwa no saben a qué país pertenecen –algo que, por otra parte, les es del todo indiferente–, pues piensan en otra cosa: en cómo sobrevivir a pesar de la miseria y el hambre, que son el rasgo constante de ese deprimido lugar de África en que no hay caminos, ni ciudades, ni luz, ni tierra cultivable. El que tiene un poco de iniciativa, ingenio y suerte, huye de allí lo más lejos que puede. Pero no todas las direcciones resultan buenas. El que se vaya hacia el oeste empeorará aún más su vida, pues caerá en la selva más inextricable del Zaire. El que se dirija al norte también cometerá un error, pues llegará a las arenas pedregosas de la entrada al Sáhara. Sólo la dirección sur ofrece alguna oportunidad: el kakwa encontrará allí las tierras fértiles de la Uganda central, bello y frondoso jardín de África.

Es precisamente allí adonde, tras parir a un niño, se dirige, con él a la espalda, la madre de Amín. Llega a Jinja, la segunda, después de Kampala, ciudad (más bien pueblo) de Uganda. Como miles de otras personas entonces, y hoy millones y más millones, llega a la ciudad con la esperanza de sobrevivir, de que la vida le resulte mejor. No tiene ninguna profesión, tampoco conocidos ni dinero. Puede ganarse la vida de muchas maneras: vendiendo aquí y allá, fabricando cerveza local, llevando una cocina ambulante... La madre de Amín vive gracias al hecho de poseer una olla, en la cual hierve mijo. Vende las raciones colocadas en hojas de plátanos. Ganancia diaria: una ración de mijo para ella y para el pequeño.

Esta mujer, que había logrado salir de una paupérrima aldea del Norte y llegar a una ciudad del Sur, mucho más rico, se convirtió en parte del elemento que hoy en día constituye el problema más grave de África: el creado por aquellas personas, por aquellas decenas de millones de personas que han abandonado el campo, llenando unas ciudades ya monstruosamente hinchadas, y sin encontrar en ellas ninguna ocupación ni un lugar propio. En Uganda las llaman *bayaye*. Las veréis enseguida, pues son las que forman esas muchedumbres en la calle tan diferentes de las europeas. En Europa, la gente que se ve en la calle, por lo general, camina hacia un destino determinado. La aglomeración tiene una dirección y un ritmo, ritmo a menudo caracterizado por la prisa. En una ciudad africana, sólo parte de la gente se comporta de manera similar. El resto no va a ningún lado: no tiene adónde ni para qué. Deambula, permanece sentada a la sombra, mira a su alrededor, dormita... No tiene nada que hacer. Nadie la espera. Por regla general pasa hambre. El más mínimo acontecimiento callejero –una riña, una pelea, un ladrón atrapado– inmediatamente reúne una multitud de esa gente. Y es porque está por todas partes; los mirones del mundo: sin hacer nada, esperando a Dios sabe qué y viviendo de no se sabe qué.

El rasgo principal de su estatus es el desarraigo. Ya no volverán a la aldea y no tienen un lugar en la ciudad. Sólo están. Existen, de una manera u otra. De una manera u otra: he aquí la expresión que mejor define su situación, tan frágil e insegura es. Se vive de alguna manera, se duerme de alguna manera, a veces hasta se come de alguna manera. Este carácter ilusorio y efímero de su existencia hace que un *bayaye* siempre se sienta amenazado, que nunca lo abandone el miedo. Ese miedo que se ve aumentado por el hecho de que a menudo es un inmigrante no querido, un llegado de otra cultura, lengua y religión. Un competidor extraño y superfluo por un cuenco que ya de por sí está vacío, por un trabajo que siempre falta.

Amín es un *bayaye* típico. Crece en las calles de Jinja, ciudad que alberga el cuartel del ejército colonial inglés, el King's African Rifles. El modelo de este ejército lo ideó allá por los finales del siglo XIX el general Lugard, uno de los creadores del Imperio Británico. Lugard creó sus destacamentos con mercenarios que reclutaba en tribus ajenas a la población en cuyo territorio estaban acantonados: una fuerza de ocupación a la que se incitaba a tratar sin contemplaciones a los habitantes del lugar. Encarnaban el ideal de Lugard hombres jóvenes y fuertes de los pueblos nilóticos (sudaneses) que se caracterizaban por su espíritu guerrero, resistencia y crueldad. Recibieron el nombre de *Nubians* (nubios), calificativo que en Uganda despertaba aversión mezclada con miedo. Los puestos de mando, a su vez, y a lo largo de muchos años, estaban reservados en aquel ejército exclusivamente a los ingleses. Un buen día, uno de ellos vio a un africano de complexión hercúlea, fuerte, macizo, inmenso, deambulando por las proximidades del cuartel. Era Amín. No tardó en ser reclutado. Para hombres como él –sin trabajo, sin perspectivas–, el servicio militar era un billete de lotería premiado. No tenía hechos más que cuatro cursos de primaria, pero gracias a su fama de obediente y de soldado que intentaba adivinar y cumplir diligentemente los deseos de sus superiores, pronto empezó a ascender. Además se había granjeado mucha popularidad como boxeador: llegó a campeón de Uganda de los pesos pesados. En tiempos de la colonia, el ejército era utilizado en expediciones y operaciones de castigo, cada vez más frecuentes. Contra los insurgentes mau-mau, contra los combativos turkanes, contra el pueblo independiente de Karamajong. Amín destacó en aquellas acciones: organizaba emboscadas y ataques, y no conocía piedad para con el adversario.

151

Son los años cincuenta: se acerca la época de la independecia. Ha llegado el tiempo de la africanización, también en los ejércitos. Pero los oficiales británicos y franceses quieren quedarse en ellos el mayor tiempo posible. Para demostrar que son insustituibles, de entre sus subordinados africanos ascienden a hombres de tercer orden, sin muchas luces pero obedientes; de la noche a la mañana, convierten a cabos y sargentos en coroneles y generales. Bokassa en la República Centroafricana, Soglo en Dahomey y Amín en Uganda pueden servir de ejemplo.

Cuando en otoño de 1962 Uganda se convierte en país independiente, Amín ya es —por ascenso británico— general y vicecomandante en jefe del ejército. Hace una prospección del terreno. Cierto que ostenta rango y cargo altos, pero procede de los kakwa, una comunidad pequeña y que, para más inri, no es considerada como genuinamente ugandesa. Y todo esto en un ejército formado sobre todo por hombres de la tribu langi, del cual procede el primer ministro Obote, y de un pueblo hermano, el acholi. Los langi y los acholi tratan a los kakwa con superioridad al considerarlos ignorantes y atrasados. Nos movemos en un mundo paranoico y obsesivo de prevenciones, aversiones y prejuicios étnicos; intraafricanos, puesto que racismos y chovinismos de toda clase se producen no sólo en las líneas de las grandes divisiones —por ejemplo, entre blancos y negros—, sino que son igualmente agudos, implacables e inconmovibles, a veces incluso más, dentro de una misma raza, entre personas de un mismo color de piel. A fin de cuentas, la mayor parte de los blancos ha muerto en el mundo no a manos de negros sino de blancos, y la mayoría de los negros ha muerto en nuestro siglo a manos de negros, y no de blancos. La ceguera étnica hace que en una Uganda a nadie le interesa si Fulano de Tal es sabio, bueno y amable o, todo lo contrario, malo y perverso, sino si procede de la tribu bari, toro, busoga o nandi. Será clasificado y valorado sólo en función de su procedencia.

Durante los primeros ocho años de independencia, ejerce el poder en Uganda Milton Obote, un hombre extraordinariamente engreído, seguro de sí mismo y presuntuoso. Cuando la prensa, un buen día, hace público que Amín ha robado el dinero, el oro y el marfil que los hombres de la guerrilla anti-Mobutu del Zaire le han confiado para guardar, Obote convoca a Amín, le ordena escribir una explicación y, convencido de que sobre él no se puede cernir ninguna amenaza, coge un avión que lo llevará a la conferencia de primeros ministros de la Comunidad Británica que se celebra en Singapur. Amín se da cuenta de que a la vuelta, el primer ministro lo hará detener inmediatamente, así que se adelanta a este paso, organiza un golpe militar y se hace con el poder. Teóricamente, Obote podía estar tranquilo: Amín no constituía para él ninguna amenaza, puesto que su influencia en el ejército era muy limitada. Sin embargo, Amín y los hombres con que contaba, desde las primeras horas de la noche de 25 de enero de 1971, fecha en que ocuparon los cuarteles de Kampala, aplicaron una táctica de sorpresa, brutal y asesina: lo primero que hicieron fue disparar. Y dispararon sobre un objetivo definido con suma precisión: militares langi y acholi. El efecto sorpresa fue paralizante: nadie tuvo tiempo de oponer resistencia. Ya el primer día, en los cuarteles murieron cientos de hombres. Y la masacre continuó. Desde entonces, Amín siempre aplicó este método: primero disparar. Además, no sólo se trataba de disparar sobre sus enemigos. Esto le resultaba claro y obvio. Dio un paso más: sin pensárselo dos veces, eliminaba a todo aquel del que sospechaba que podría convertirse en su enemigo. Por añadidura, el terror en el país de Amín también lo sembró la tortura, que se aplicaba siempre y en todas partes. Antes de ser asesinado, el preso era sometido a las peores sevicias.

Todo esto se desarrolla en una ciudad pequeña de un país provinciano. Las cámaras de tortura se hallan en edificios del centro. Las ventanas están abiertas: es el trópico. El que pasa por la calle puede oír gritos, gemidos y disparos. Morirá todo aquel que caiga en manos de los verdugos. Crece a una velocidad vertiginosa la categoría de los que en América Latina se conocen por el nombre de desaparecidos: ha salido de casa y no ha vuelto. «¿*Nani*? –preguntaban más tarde los policías a los familiares del desaparecido que pedían explicaciones–. ¿*Nani*?» (en swahili, *nani* significa «quién»: el hombre se reducía a mero interrogante).

153

Uganda empezó a convertirse en un teatro –trágico y con sangre brotando a borbotones– de un solo actor: Amín. Un mes después del golpe, Amín se autonombró presidente, más tarde mariscal, más tarde mariscal de campo y, finalmente, mariscal de campo vitalicio. A cada momento se condecoraba con nuevas medallas, insignias y órdenes. Aunque también le gustaba vestirse con un simple uniforme de campaña, para que los soldados dijesen de él: es uno de los nuestros. Dependiendo del tipo de ropa, usaba coches diferentes. Un traje de visita, con un Mercedes oscuro; un chándal de paseo, con un Maserati rojo; y cuando llevaba puesto uniforme de campaña, con un Range Rover militar. Este último coche parecía sacado de una película de ciencia ficción: de él sobresalía un bosque de antenas y también se veían alambres y cables de todo tipo. En el interior, Amín llevaba granadas, pistolas, cuchillos... Viajaba armado hasta tal extremo porque nunca lo abandonaba el temor a un atentado. Sobrevivió a varios. Todos los demás perdieron en ellos la vida: sus ayudantes y guardaespaldas. Amín, por el contrario, sólo se sacudía el polvo y se arreglaba los pliegues del uniforme. Con el fin de confundir al adversario, también usaba coches ocasionales. Al caminar por la calle, la gente veía de pronto a Amín al volante de un camión.

Como no se fiaba de nadie, nadie de los que lo rodeaban sabía dónde pasaría esa noche ni dónde se alojaría al día siguiente. Tenía varias residencias en la ciudad, también varias en el lago Victoria y otras tantas en provincias. Averiguar dónde estaba era tan difícil como peligroso. Era él quien se ponía en contacto con sus subordinados, quien decidía con quién hablaría y a quién vería. De todos modos, para muchos aquellos encuentros tenían un final trágico. Cuando empezaba a sospechar de alguien, Amín lo invitaba a hacerle una visita. Se mostraba amable, cordial, ofrecía al huésped Coca-Cola. Al salir, al invitado ya le esperaban sus verdugos. Más tarde, nadie se enteraba de lo que le había pasado.

Por lo general, Amín llamaba por teléfono a sus subordinados. También usaba la radio. Cuando hacía públicos los cambios en el gobierno o en la cúpula militar –y no paraba de introducirlos–, lo comunicaba por la radio.

En Uganda había una sola emisora de radio, un solo periódico pequeño (el *Uganda Argus*), una cámara, que filmaba a Amín, y un fotorreportero, que entraba en los actos oficiales. Todo estaba enfocado hacia la figura del mariscal. Al trasladarse, en cierto sentido Amín también trasladaba el Estado; aparte de él, no sucedía, no existía nada. No existía ningún parlamento, no había partidos políticos, sindicatos ni otras organizaciones. Por supuesto, no existía oposición alguna: los sospechosos de oposición morían torturados.

El apoyo de Amín lo constituía el ejército. Lo había creado siguiendo el modelo colonial, el único que conocía. En su mayoría, los soldados procedían de comunidades pequeñas que habitaban en las periferias perdidas de África, territorios limítrofes entre Uganda y Sudán. Hablaban lenguas sudanesas, lo contrario que la población autóctona, que habla lenguas bantúes. Sencillos y sin instrucción, no podían entenderse con nadie. Y de eso se trataba. De que se sintieran extraños y aislados y dependiesen sólo de Amín. Cuando aparecían montados en un camión, estallaba el pánico; las calles y las aldeas se quedaban desiertas. Salvajes, enfurecidos y casi siempre borrachos, los soldados saqueaban lo que podían y apaleaban a quien tenían a mano. Sin causa alguna, no se sabía por qué. En el mercado les quitaban las mercancías a los vendedores (cuando las había, pues la de Amín fue una época de estantes vacíos. Una vez que me disponía a ir a Kampala en aquellos años, alguien me aconsejó: «¡Llévate una bombilla!»; en el hotel sí había luz pero no tenían bombillas). A los campesinos les quitaban la cosecha, el ganado, las aves de corral. Siempre se les oía gritar *Jakula! Jakula!* (en swahili, comer, comida). Comida, cantidades industriales de comida –un buen trozo de carne, un racimo de plátanos, una palangana de habichuelas– era lo único que podía calmarlos por unos instantes.

Amín tenía la costumbre de visitar las guarniciones esparcidas por todo el país. En tales ocasiones, los soldados se congregaban en la plaza de armas. El mariscal pronunciaba un discurso. Le gustaba hablar durante horas. Como sorpresa, solía traer consigo a un dignatario, civil o militar, al que acababa de acusar de traición,

155

complot o atentado. Al reo, atado con cuerdas, previamente apaleado y paralizado por el terror, lo colocaban en una tarima. La multitud, excitada ante tal espectáculo, entraba en trance y se ponía a aullar. *«What shall I do with him?»*, Amín intentaba gritar más fuerte que la multitud. Y las cohortes coreaban: *«Kill him! Kill him now!»* El ejército se hallaba en permanente estado de alerta. Amín, que ya hacía tiempo se había concedido el título de Vencedor del Imperio Británico, acababa de decidir que a partir de entonces se dedicaría a liberar a aquellos hermanos que todavía gemían bajo el yugo colonial. De modo que puso en marcha una serie de maniobras pesadas y costosas. El ejército se entrenaba en la liberación de la República de Sudáfrica. Sus batallones atacaban Pretoria y Johannesburgo, la artillería disparaba sobre posiciones enemigas en Port Elizabeth y en Durban. En una ocasión, Amín observaba estas acciones con prismáticos desde la terraza de un chalet que se llamaba Command Post y le ponía nervioso la lentitud del batallón de Jinja, que hacía tiempo debía de haber ocupado Ciudad del Cabo. Así que se subió a un coche y, animado y diligente, fue de un puesto de mando a otro, riñendo a los oficiales e infundiendo ánimos de lucha a los soldados. Los proyectiles caían en el lago Victoria levantando columnas de agua y aterrorizando a unos pescadores.

Era un hombre de inagotable energía, permanentemente excitado y activo. Como presidente, las pocas veces que había convocado una reunión del gobierno, no podía participar en ella más que por un tiempo muy corto. Se aburría enseguida, se levantaba de la silla de un salto y se marchaba. En su cabeza se atropellaban las ideas; hablaba de manera caótica y sin terminar las frases. Leía inglés con dificultad y su conocimiento de swahili era mediocre. Dominaba bien su lengua, el kakwa, pero había poca gente que la supiera. Y precisamente estas carencias le granjeaban popularidad entre los *bayaye:* era como ellos; sangre de su sangre, hueso de sus huesos.

Amín no cultivó ninguna amistad; tampoco permitía que nadie lo tratase por un tiempo lo suficientemente largo como para conocerlo bien: tenía miedo de que tal relación pudiese ayudar a otros a organizar un complot o un atentado. Sobre todo, cambiaba a menudo a los jefes de las dos policías secretas que había creado para aterrorizar el país: la Public Safety Unit y la State Research Bureau. En esta última, prestaban sus servicios *bayaye* de los pueblos hermanos sudaneses: el kakwa, el lugbara y el madi, y sus afines nubios. La SRB sembró el terror en Uganda. La fuerza de este organismo radicaba en el hecho de que cada uno de sus miembros tenía acceso a Amín.

Un buen día estuve vagando por el mercado de Kampala. La afluencia de gente era escasa, muchos puestos aparecían rotos y abandonados. Amín había saqueado y arruinado el país. No se veía movimiento en la calle y las tiendas –Amín se las había quitado previamente a los hindúes– exhalaban un tufo letárgico o, simplemente, aparecían tapiadas con tablones de madera y contrachapado o con planchas de hojalata. De repente, por la calle que venía del lago, llegó un nutrido grupo de niños corriendo y gritando: «*Samaki! Samaki!*» (en swahili, pescado). Enseguida se congregó allí mucha gente y se produjo una explosión de alegría: habría algo para comer. Los pescadores descargaron su trofeo sobre una mesa y cuando la gente lo vio, enmudeció de pronto y se quedó inmóvil. El pez era enorme y muy graso. Aquel lago no conocía antes peces tan inmensos y tan cebados. Y todo el mundo sabía que los sicarios de Amín llevaban tiempo arrojando al lago los cuerpos de sus víctimas. Y que de ellos se alimentaban los cocodrilos y los peces carnívoros. Se había hecho un silencio alrededor de la mesa cuando, por una casualidad y sorprendiendo a todos, apareció un camión militar. Los soldados vieron a la multitud apiñada y también el pez sobre la mesa, y se detuvieron. Hablaron entre sí durante un rato. Condujeron el camión marcha atrás hasta la mesa y abrieron la tapa. Los que estábamos más cerca vimos que en el suelo de la caja yacía el cuerpo de un hombre. Y también vimos cómo los soldados llevaban el pez hacia la caja y nos arrojaban a la mesa al muerto, descalzo. Y vimos cómo se marchaban enseguida. Y sólo oímos su risa, una risa soez y enloquecida.

157

El gobierno de Amín se prolongó durante ocho años. Según fuentes diversas, el mariscal vitalicio asesinó entre ciento cincuenta y trescientas mil personas. Luego, él mismo provocó su caída. Una de sus obsesiones radicaba en el odio que sentía por el presidente de la vecina Tanzania, Julius Nyerere. A finales de 1978, Amín atacó aquel país. El ejército de Tanzania respondió. Regimientos de Nyerere entraron en Uganda. Amín huyó a Libia y luego se instaló en Arabia Saudí, que de esta manera le pagó por sus servicios en la expansión del islam. El ejército de Amín se dispersó; una parte de los soldados volvió a sus casas, otra se dedicó a vivir del bandidaje. Las pérdidas militares de Tanzania en aquella guerra se elevaron a un tanque.

LA EMBOSCADA

Íbamos de Kampala hacia el norte de Uganda, en dirección a la frontera con Sudán. Encabezaba la columna de vehículos un *jeep* con una ametralladora asomando de la cabina, tras él iba un camión con un pelotón de soldados; luego, varios turismos y, al final, una camioneta japonesa descapotable descubierta en la que íbamos nosotros, tres periodistas. Hacía tiempo que no había viajado en unas condiciones tan confortables: protegido por un pelotón del ejército y, por si fuera poco, ¡por una ametralladora! Pero, evidentemente, no lo hacían por mí. Se trataba de una misión conciliatoria de tres ministros del gobierno de Museveni que se dirigían al norte para negociar con los rebeldes, que se habían adueñado de la zona. El presidente Joveri Museveni, entonces con dos años en el poder, es decir, desde 1986, acababa de proclamar una amnistía para aquellos que se rindiesen y depusiesen las armas voluntariamente. Se trataba de miembros de los ejércitos de Idi Amín, de Milton Obote y de Tito Okello, los tres dictadores que se habían sucedido y que en los años precedentes se habían refugiado en el extranjero. Todos, sin embargo, habían abandonado sus unidades militares y ahora, cada uno de ellos, por su cuenta y riesgo, saqueaba y mataba, quemaba aldeas y robaba ganado, aterrorizando y asolando las provincias del norte o, lo que es lo mismo, casi la mitad del país. Los destacamentos de Museveni eran demasiado débiles para acabar con los rebeldes por las armas. Así que el presidente había lanzado la consigna de reconciliación. En aquel país era el primer mandatario, en veinticinco años, que se dirigía a sus adversarios con palabras de acuerdo, reconciliación y paz.

En nuestro coche, aparte de dos reporteros locales y de mí, también viajan tres soldados. Han colgado sus kaláshnikov sobre sus hombros desnudos (hace mucho calor, así que se han quitado las camisas). Se llaman Onom, Semakula y Konkoti. El mayor de ellos, Onom, tiene diecisiete años. Leo a veces que en América o en Europa un niño ha disparado sobre otro niño. Que ha matado a uno de su misma edad o a un adulto. Este tipo de información suele ir acompañado de expresiones de estupefacción y espanto. Pues bien, en África los niños llevan años, muchos, mucho tiempo, matando a otros niños, y en masa. A decir verdad, las guerras contemporáneas que se libran en este continente son guerras de niños.

Allí donde los combates se prolongan desde hace décadas (como en Angola o Sudán), la mayoría de adultos ha muerto hace ya tiempo, por el hambre o las epidemias; quedan los niños, y son ellos los que continúan las guerras. En el sangriento caos que arrasa diferentes países de África, han aparecido decenas de miles de huérfanos, hambrientos y sin techo. Buscan quien los alimente y acoja. Allá donde hay ejército es donde resulta más fácil encontrar comida, pues los soldados son los que más oportunidades tienen para conseguirla: en estos países, las armas no sólo sirven para combatir, también son un medio de supervivencia, a veces el único que existe.

Niños solos y abandonados van allí donde se estacionan las tropas, donde hay cuarteles, campamentos o etapas. A fuerza de ayudar y trabajar, acaban formando parte del ejército: son «hijos del regimiento». Reciben un arma y no tardan en pasar por el bautismo del fuego. Sus colegas mayores (¡también niños!) a menudo se muestran perezosos, y cuando hay una batalla con el enemigo a la vista, mandan a los pequeños al frente, a la primera línea de fuego. Estas escaramuzas armadas de la chiquillería resultan especialmente encarnizadas y sangrientas, porque el niño carece del instinto de conservación, no siente ni comprende el horror de la muerte, desconoce el miedo que sólo la madurez le hará conocer.

Las guerras de niños se han hecho posibles también gracias al desarrollo tecnológico. Hoy las armas de repetición de mano son ligeras y cortas; sus nuevas generaciones se asemejan cada vez más a juguetes infantiles. El viejo máuser era demasiado grande, pesado y largo para un crío. El niño pequeño tenía el brazo demasiado corto para llegar al gatillo sin esfuerzo y, también, el punto de mira resultaba excesivamente lejano para su ojo. Las armas modernas, al eliminar tales inconvenientes, solucionan estos problemas. Su tamaño se ajusta tan perfectamente a la silueta de un niño que más bien causan un efecto infantil y gracioso en manos de un soldado alto y fornido.

El hecho de que el niño sólo sea capaz de usar armas de mano, de alcance corto (pues no sabe dirigir el fuego de una batería de artillería ni tampoco pilotar un bombardero), ha hecho que los combates en las guerras de niños adquieran la forma de un choque directo, de un contacto físico, casi de un cuerpo a cuerpo: los pequeños se disparan a quemarropa, hallándose a un paso los unos de los otros. Los efectos de estos duelos suelen ser aterradores, pues no sólo mueren los que caen fulminados en el campo de batalla. Dadas las condiciones en que se desarrollan aquellas guerras, también pronto acaban muriendo los heridos: de hemorragias, de infecciones y por falta de medicinas.

Después de todo un día de viaje, llegamos a la pequeña ciudad de Soroti. Por el camino pasamos junto a aldeas y pueblos quemados; todas las casas estaban saqueadas hasta el último detalle. Los soldados se habían llevado todo lo que habían podido: no sólo lo que los habitantes llevaban puesto, no sólo sus muebles y enseres, los aperos con los que trabajaban y los recipientes en los que comían, sino también toda clase de cañerías, alambres y clavos, todas las ventanas y puertas, e incluso los tejados. Como hormigas que al roer un hueso no dejan en él ni un gramo de carne, las sucesivas oleadas de soldados rezagados en la huida habían limpiado el país de todo lo que se podía mover de sitio y llevárselo. También Soroti estaba destruida. La gasolinera aparecía arrasada y los surtidores brillaban por su ausencia. Se habían llevado los bancos de la escuela. De muchas casas no quedaban más que muñones, pero otras se habían salvado, como el hotel en que nos alojamos para pasar la noche. Ya nos estaba esperando un grupo de notables locales –comerciantes, maestros, militares–, rodeado por una multitud de curiosos. Dieron comienzo los saludos, las palmaditas en el hombro, las risas.

Soroti es la capital de unas tierras habitadas por los iteso, un bello pueblo nilo-camita cuya población supera el millón de personas. Forman numerosas tribus y clanes. Se dedican, principalmente, a la cría de ganado vacuno. La vaca es su tesoro más preciado. No sólo es la medida de su riqueza sino que también posee cualidades místicas. Su existencia, su presencia unen al hombre con la invisible luz suprema. Los iteso ponen nombres a sus vacas y creen que cada una de ellas tiene su propia personalidad, su propio carácter. A una cierta edad, un niño iteso recibe una vaca para cuidarla. En el curso de una ceremonia especial también recibe el nombre de su protegida: a partir de ese momento se llamará igual que ella. El niño juega con su vaca, pasa con ella su tiempo libre y se responsabiliza de su bienestar.

Entre las personas que nos dieron la bienvenida estaba un amigo mío de los años sesenta (ministro por aquel entonces), Cuthbert Obwanor. Me alegré mucho de verlo; nos pusimos a charlar enseguida. Quería que me enseñase la zona, pues me encontraba por aquellos parajes por vez primera. Salimos a pasear. Sin embargo, el paseo no tardó en resultar incómodo. A saber: al ver acercarse a un hombre, las mujeres del lugar se apartan del camino y se ponen de rodillas. Arrodilladas, esperan hasta que se aproxime. La costumbre manda saludarlas. Ellas, al contestar, preguntan qué pueden hacer por él. Si él les dice que nada, esperarán hasta que se marche, se levantarán y proseguirán su camino. Más tarde, Cuthbert y yo nos habíamos acomodado sobre un banco delante de su casa, y las escenas se repitieron: al pasar por allí, las mujeres se acercaban a nosotros, se ponían de rodillas y esperaban en silencio. Mi anfitrión, entregado a la charla, no siempre les prestaba atención. Inamovibles, ellas seguían allí, arrodilladas. Finalmente, él las saludaba y les deseaba buen camino, y sólo entonces se levantaban y se marchaban sin decir palabra. A pesar de que ya era de noche, el calor no aflojaba; se sentía, suspendido en el aire, un ardiente torpor. Ocultos en los rincones más recónditos de la noche, los grillos tocaban, sonora e insistentemente, su melodía. Al final, invitados por las autoridades locales, fuimos al único bar que funcionaba. Se llamaba Club 2000. En el primer piso había un saloncito para huéspedes importantes. Nos sentaron a una mesa muy larga. Entraron varias camareras, unas muchachas jóvenes y altas. Cada una de ellas se arrodilló junto a su huésped y pronunció su nombre. Luego salieron y volvieron con una vasija de barro inmensa y humeante. Lo que humeaba era la *marwa*, la cerveza caliente local que se fabrica de una clase de mijo. Se bebe la *marwa* con una caña larga vaciada que se llama *epi*. A continuación, la caña empieza a circular de un cliente a otro. Cada uno de ellos toma varios sorbos y se la pasa al siguiente. Durante este tiempo, las camareras añaden a la vasija ya agua ya nuevas porciones de *marwa*: de lo que añadan y de la velocidad a la que circule el *epi* dependerá el grado de borrachera de los comensales. El ritual se repitió, también, en aquella ocasión. El problema, empero, radicaba en que Soroti, al igual que toda la zona, era uno de los territorios más afectados por el sida. Cada vez que extendía el brazo para coger el *epi*, se despedía uno de la vida. (Además, aquel encuentro se celebró en tiempos en que se pensaba que el virus HIV se transmitía por la saliva.) Pero ¿qué se podía hacer? ¿Cómo actuar? Negarse a beber habría sido considerado como la ofensa más humillante, como una demostración de desprecio hacia aquella gente.

A la mañana siguiente, antes de que nos dispusiésemos a proseguir el viaje, llegaron dos misioneros holandeses, Albert y Johan. Exhaustos y cubiertos de polvo, querían no obstante encontrarse en Soroti, para «ver a personas del gran mundo»: para ellos, que llevaban más de diez años viviendo en aquellos desérticos parajes, Kampala se había convertido en ese «gran mundo». No viajaban a Europa porque no querían abandonar su iglesia y otras dependencias de la misión (vivían en algún lugar cercano a la frontera con Sudán): Tenían miedo de que al volver no encontrasen más que paredes desnudas y quemadas. El territorio en que trabajaban era una vasta sabana, seca en verano y verde en la estación de las lluvias, una provincia muy grande del nordeste de Uganda, habitada por el pueblo karamajong, pueblo que fascina a muchos antropólogos. Los habitantes de Kampala hablan de sus hermanos de Karamajong (el nombre designa tanto al lugar como al pueblo y a las personas) de mala gana y con un sentimiento de vergüenza. Los karamajong van desnudos, y se obstinan en conservar esta costumbre pues consideran que el cuerpo humano es bello (y es verdad: se trata de unas gentes altas, esbeltas y de complexión magnífica). Pero esta oposición suya también tiene otra explicación: todos los europeos que en tiempos habían llegado hasta ellos no tardaban en caer enfermos y morir. En vista del panorama, los karamajong sacaron la conclusión de que era la ropa la causante de las enfermedades y de que vestirse significaba lo mismo que firmar la propia condena de muerte (y según preceptos de su religión, el suicidio es el mayor pecado imaginable). De ahí que siempre hubiesen experimentado un auténtico pavor ante toda vestimenta. Amín, quien consideraba que ir desnudos ponía en ridículo a los africanos, promulgó un decreto obligándolos a llevar ropa, y a los que atrapase desnudos, su ejército los fusilaba en el acto. Aterrorizados, los karamajong conseguían donde podían ya un trozo de tela, ya una camisa o un pantalón y los liaban en un hatillo que llevaban consigo a todas partes. Al enterarse de la presencia de militares en la zona o de que en las cercanías merodeaba algún agente del gobierno, se vestían por unos momentos, para más tarde volver a desnudarse con alivio.

Los karamajong se dedican a criar vacas y se alimentan, fundamentalmente, de su leche. Emparentados con los iteso, también consideran a las vacas el tesoro más preciado y seres místicos. Creen que Dios les ha confiado todas las vacas del mundo y que su misión histórica consiste en recuperarlas. Con este fin no paran de organizar expediciones armadas contra los pueblos vecinos. Las invasiones en cuestión (en inglés, *cattle-raiding*) constituyen una mezcla de incursión de saqueo, misión patriótica y deber religioso. Un joven, para conseguir el estatus de hombre maduro, tiene que tomar parte en un *cattle-raiding*. Estas batallas son el tema principal de las leyendas, los relatos y los mitos locales. Todos ellos tienen sus héroes, su historia y su misticismo.

El padre Albert cuenta cómo se lleva a cabo una de estas incursiones. Los karamajong caminan en fila india, a paso firme y en perfecta formación. Avanzan por unos senderos de guerra que conocen muy bien. Cada destacamento se compone de doscientos o trescientos hombres. Cantan o lanzan gritos rítmicos y sonoros. Su servicio de espionaje ha averiguado previamente dónde pacen manadas de vacas que pertenecen a otro pueblo. El objetivo consiste en secuestrarlas. Cuando llegan hasta el lugar, se produce la batalla. Puesto que los karamajong son unos guerreros intrépidos y avezados en su arte, por lo general ganan y se llevan el trofeo.

–La cosa –dice el religioso– está en que, en tiempos, esas columnas iban armadas con lanzas y arcos. Cuando se producía un combate, en él no morían más que unas pocas personas; el resto se rendía o se escapaba. Pero hoy... Hoy siguen siendo las mismas columnas, pero armadas hasta los dientes, y con fusiles automáticos. Inmediatamente abren fuego, masacran a la población del lugar, destruyen con granadas sus aldeas y siembran la muerte. Los conflictos tribales tradicionales siguen vivos, los mismos desde hace siglos, pero hoy causan un número de muertos incomparablemente más alto.

»La civilización moderna –concluye– aquí no ha aportado nada: ni la luz eléctrica, ni el teléfono, ni la televisión. Lo único que ha traído son las metralletas.

Pregunto a los misioneros por su trabajo, por los problemas a los que se enfrentan.

–Es un territorio muy difícil –reconoce el padre Johan–. Los hombres nos preguntan cuántos dioses hay en nuestra religión y si tenemos uno especial para las vacas. Les explicamos que no existe sino un solo Dios. Se muestran decepcionados. Nuestra religión es mejor, dicen, tenemos un dios específico que protege a las vacas. ¡Las vacas son lo más importante!

Nos pusimos en marcha rumbo al norte antes del mediodía, con nuestro coche cerrando la columna, pero no habíamos avanzado mucho cuando oí una explosión y unos disparos y, más tarde, unos gritos espeluznantes. Nos encontrábamos en un camino estrecho de laterita, lleno de baches y rodadas, que corría entre dos paredes de hierba de elefante, espesa y de dos metros de altura.

Era evidente que habíamos caído en una emboscada. Permanecimos encogidos dentro del coche, sin saber qué hacer. ¿Quedarnos en el interior? ¿Saltar?

La emboscada es la forma de lucha que con más frecuencia se aplica en África. Para los que la organizan, tiene muchas ventajas. Los artífices de las asechanzas aprovechan, antes que nada, el factor sorpresa: la gente que atraviesa los caminos no es capaz de estar atenta y sin bajar la guardia durante todo un día; en este clima y en estos caminos, pronto se cansa y cae en una duermevela. En segundo lugar, los que tienden la trampa resultan invisibles para los que se aproximan, con lo cual están seguros. En tercer lugar, la emboscada no sólo significa vencer al adversario, sino que también reporta beneficios materiales suculentos: coches, uniformes, comida, armas... Además, el método de la emboscada va muy bien a aquellos a los que el calor, el hambre y la sed (estado permanente en que viven soldados y rebeldes) dificultan marchas largas y cambios rápidos de movimiento. En este caso, por el contrario, un grupo de hombres armados puede ocupar un sitio cómodo y sombreado en la exuberante maleza y repantigarse allí tan tranquilo hasta que la víctima le caiga en las manos sola.

Los emboscados aplican dos tácticas diferentes: la primera se llama en inglés *hit and run* (golpea y corre). Ésta aún deja a los sorprendidos una oportunidad para recobrarse y defenderse. La segunda, en cambio, *hit and hit* (golpea y vuelve a golpear, es decir, dispara y sigue disparando), para los atacados acaba con la muerte.

Finalmente, saltamos del coche y echamos a correr. Los asaltantes dieron al camión con un misil. En la plataforma yacía muerto un soldado y otros dos estaban heridos. El parabrisas delantero había estallado; un reguero de sangre de uno de los escoltas salía de la manga de su uniforme. Reinaba un desbarajuste tremendo, un caos; la gente, en plena confusión, corría de un extremo a otro de la columna. Nadie sabía lo que iba a ocurrir al cabo de un minuto, de un segundo. A lo mejor los que nos atacaban estaban allí mismo, al lado, ocultos tras una espesura de dos metros, miraban nuestras histéricas idas y venidas, nos apuntaban tan tranquilos y nos tenían en el punto de mira. A fin de cuentas, no teníamos ni la menor idea de lo que nos esperaba, en manos de quién estábamos. Movido por un reflejo, me puse a escudriñar entre la hierba para ver si no asomaban los cañones de alguna arma de fuego dirigidos hacia nosotros.

El camión, marcha atrás —el camino era tan angosto que ni siquiera era posible dar la vuelta—, retrocedía rumbo a Soroti. Nosotros, pasado un tiempo, echamos para adelante. Pero nuestros oficiales habían decidido que no iríamos en los coches, sino que, a pie, seguiríamos despacio a los soldados, los cuales, con sus armas listas para disparar, encabezaban nuestra nueva columna.

HABRÁ FIESTA

A fuerza de suplicarle, he conseguido que Godwin, un periodista de Kampala, me lleve a su aldea natal. Está situada relativamente cerca, a cincuenta kilómetros de la ciudad. La mitad de la ruta se hace por la carretera principal que, bordeando el lago Victoria, conduce hacia el este, a Kenia. Toda la vida del país se desarrolla a los lados de esta clase de carreteras: cada cierta distancia, aparecen, agrupados, tiendas, bares y pequeños hoteles, abiertos las veinticuatro horas. Son sitios llenos de gentío y de bullicio; ni siquiera al mediodía el movimiento cesa del todo. En los porches, bajo unos parasoles o allí donde hay sombra, se ven sastres inclinados sobre sus máquinas de coser, zapateros arreglando zapatos y sandalias, peluqueros cortando y peinando cabelleras. Unas mujeres machacan mandioca durante horas, otras, al lado, asan plátanos a la brasa o venden, extendidos en sus tenderetes, pescado seco, jugosas papayas y jabón de fabricación casera, hecho de ceniza y grasa de carnero. Separados por distancias de apenas una decena de kilómetros, se encuentran talleres de reparación de automóviles o de bicicletas, o de arreglo de neumáticos, o puntos de venta de combustible (dependiendo de la coyuntura, se trata de estaciones de servicio con un surtidor o, simplemente, de una mesa sobre la cual esperan al cliente botellas o vasijas con gasolina).

Durante el viaje, basta detener el coche por un momento para verse rodeado enseguida por un enjambre de niños y por un segundo enjambre, de vendedoras locales de cuanto pueda necesitar el viajero: botellas de Coca-Cola y de alcohol de fabricación casera que aquí se llama *waragi;* galletas y bizcochos (en paquetes o por unidades), arroz hervido y tortas de sorgo. Dichas vendedoras son la competencia de unos colegas que están a cierta distancia, montando guardia junto a sus puestos: tienen que vigilarlos porque hay ladrones por todas partes.

Las carreteras en cuestión también son lugares de diversidad y tolerancia ecuménica. Aquí pasamos junto a una mezquita muy vistosa y opulenta porque ha financiado su construcción Arabia Saudí; allá, junto a una pequeña iglesia, mucho más modesta, y más allá aún, junto a unas tiendas de campaña, pocas, pertenecientes a los Adventistas del Séptimo Día, los cuales van de un extremo al otro del continente avisando del fin del mundo. ¿Y aquella edificación con un techo en forma de cono hecho de paja de arroz? Es el templo de Katonda, el Dios Supremo de los ganda.

Al viajar por estos caminos, cada equis tiempo encontraremos una barrera (puede tratarse de un trozo de alambre, sin más, o de una cuerda) y un puesto de la policía o del ejército. El comportamiento de estos hombres nos dirá cuál es la situación del momento en el país, incluso si nos hallamos lejos de la capital y no escuchamos la radio (los periódicos no llegan tan lejos y no hay televisión). Si, apenas nos detenemos, los soldados y los policías, al instante y sin preguntarnos nada, nos gritan y nos pegan, esto significará que en el país se ha instalado una dictadura o que hay una guerra en curso; si, por el contrario, se nos acercan sonrientes, nos dan la mano y dicen amablemente: «Seguramente sabéis que ganamos muy poco», entonces será que viajamos a través de un país estabilizado y democrático y en el cual se celebran elecciones libres y se respetan los derechos humanos.

El amo y señor de este mundo de carreteras, caminos y rutas africanas no es otro que el camionero. Los turismos resultan demasiado frágiles para moverse por semejantes baches y vericuetos. La mitad de ellos se quedarían atascados poco después de empezar viaje (sobre todo en la estación de las lluvias), y muchos otros pronto no servirían sino para chatarra. El camión, en cambio, llega casi a todas partes. Dispone de un motor potentísimo, de unos neumáticos muy anchos y de una suspensión tan fuerte como el puente de Brooklyn. Los chóferes de estos vehículos saben con qué tesoro cuentan y en qué radica su fuerza. No tendréis dificultad en reconocerlos en medio de una multitud congregada junto al camino: os lo indicará su manera de moverse. Todos ellos se comportan como reyes. A menudo, al detenerse, ni siquiera bajan de las alturas de sus asientos: saben que se lo llevarán todo hasta la cabina. Cuando un camión se detiene en una localidad, lo rodea al instante un nutrido grupo de personas exhaustas y suplicantes: son las que quieren llegar a algún lugar y no tienen cómo. Así que viven acampadas junto al camino esperando la ocasión, esperando a aquel que, cobrándoles un precio, las lleve. Nadie cuenta con la caridad. Los camioneros desconocen tal sentimiento. Atraviesan unos caminos a lo largo de los cuales, bajo el fuego inclemente del trópico, no cesan de caminar en fila india mujeres cargadas con hatos y hatillos. Si el conductor tuviese una pizca de piedad en el corazón y quisiera ayudarlas, tendría que detenerse a cada momento y nunca llegaría a su destino. Por eso las relaciones entre los camioneros y las mujeres que caminan al borde de las carreteras se caracterizan por una frialdad absoluta: no se ven y se rozan ajenos entre sí.

Godwin trabaja hasta últimas horas de la tarde, por lo cual no podemos contemplar el espectáculo que constituye la carretera de salida de Kampala en dirección este (las otras salidas de la ciudad tienen un aspecto muy parecido). Nos ponemos en marcha tarde, viajamos prácticamente de noche, cuando la misma carretera ofrece un aspecto del todo diferente.

Todo está sumido en una profunda oscuridad. Lo único que se ve a ambos lados de la carretera son las pálidas y vacilantes líneas de luz procedentes de las llamas de las pequeñas lámparas y velas que alumbran los puestos de los vendedores. Las más de las veces, ni siquiera son puestos o tenderetes, sino que se trata de unas míseras mercancías extendidas directamente sobre el suelo, cosas agrupadas de la manera más extraña por los dueños de estos pequeños «comercios»: una pirámide minúscula de tomates junto a un tubo de pasta dentífrica, un frasco de loción contra los mosquitos junto a un paquete de cigarrillos, una arroba de cerillas y una caja metálica de té. Godwin dice que antes, en tiempos de la dictadura, acampar al aire libre y a la luz de las velas era mejor que permanecer dentro de un local iluminado. Al ver aproximarse el ejército, la persona rápidamente apagaba la vela y desaparecía en la oscuridad. Antes de que el ejército hiciese acto de presencia, no había ya ni un alma. La vela es buena, porque uno lo ve todo sin ser visto él mismo. Con una estancia iluminada, en cambio, sucede todo lo contrario, por lo que ésta resulta más peligrosa.

Al final de la carretera principal, enfilamos un abrupto camino lateral de tierra. A la luz de los faros no se ve más que un estrecho túnel que se abre entre dos paredes de exuberante vegetación de un verde intenso. Estamos en el África del trópico húmedo, frondosa, espléndida, en permanente estado de germinación, multiplicación y fermentación. Tras atravesar aquel túnel, lleno de curvas y de recodos que forman un laberinto complicado y caótico, llegamos a un lugar en que, de repente, se planta ante nosotros la pared de una casa. Allí se acaba el camino. Godwin detiene el coche y para el motor. Nos rodea un silencio absoluto. Es ya tan tarde que ni siquiera se oyen los grillos y, por lo visto, no hay perros en los aledaños. Sólo reaccionan los mosquitos, impacientes y furiosos porque hemos tardado tanto. Godwin llama a la puerta con los nudillos. Ésta se abre, arrojando al exterior una decena de niños medio dormidos y semidesnudos. Después sale una mujer, alta, seria y cuyos movimientos rebosan dignidad, solemnidad incluso. Es la madre de Godwin. Después de los saludos iniciales, lleva a todos los niños a una estancia y en la otra nos prepara un dormitorio: extiende unas esteras en el suelo.

A la mañana siguiente me asomo a la ventana. Tengo la impresión de encontrarme en un inmenso jardín tropical. Palmeras, plátanos, tamarindos y cafetos, todo esto crece a mi alrededor; la casa está sumergida en una maraña de espesa vegetación. Hierba alta y arbustos entrecruzados campan por sus respetos de un modo tan todopoderoso y asedian tanto desde todos los rincones, que no dejan gran espacio para las personas. El patio de Godwin

171

es pequeño, tampoco he visto ningún camino (excepto aquel por el cual habíamos venido) ni, lo que resulta aún más extraño, ninguna casa, aunque Godwin me había dicho que visitaríamos una aldea. En esta región de África, tan tupidamente cubierta de vegetación, las aldeas no se extienden a lo largo de los caminos (a menudo ni tan siquiera los hay), sino que tienen las casas diseminadas en vastos espacios, muy distantes unas de otras. Lo único que las une son unos senderos ocultos entre la eterna espesura, inescrutables para el ojo inexperto. Hay que ser habitante de la aldea para orientarse en sus trazados, direcciones y cruces.

Salgo con los niños a buscar agua, pues son ellos los encargados de tal cometido. A unos doscientos metros de la casa fluye un arroyo, cubierto de bardanas y juncos, del que apenas mana agua. En él, con mucha dificultad y no menos tiempo, los críos acaban llenando sus cubos. Luego, los transportan sobre la cabeza de tal manera que no se pierda ni una gota. Para ello, concentrados y atentos, tienen que caminar intentando mantener el equilibrio de sus menudos cuerpos infantiles.

El agua de uno de los cubos se destina a las abluciones matutinas. La gente se lava la cara de manera que no se gaste mucha cantidad. Así pues, coge del cubo un puñadito del precioso líquido que a continuación extiende por el rostro, meticulosa pero no demasiado enérgicamente, para que no se le escape a través de los dedos. La toalla no es necesaria porque desde el amanecer arde el sol y la cara se seca enseguida. Luego, cada cual arranca un trocito de la rama de un arbusto y muerde su punta hasta reducirla a pulpa. Como resultado, se obtiene un pincel de madera. Con él nos lavamos los dientes, minuciosamente y durante un rato bien largo. Hay personas que se pasan horas haciéndolo: para ellas, se trata de una ocupación, como lo es para otras masticar chicle.

A continuación, y dado que es un día festivo por partida doble (es domingo y han venido visitas de la ciudad), la madre de Godwin prepara un desayuno. Por lo general, en las aldeas no se come más que una vez al día, por la noche, y en la estación seca, una vez cada dos días, si es que se come. Nuestro desayuno se compone de té y un trozo de torta de harina de maíz, y también hay un cuenco de *matoke* (un plato hecho de plátanos verdes hervidos). Los niños se comportan igual que polluelos en el nido: no apartan los ojos, ávidos, del cuenco de *matoke*, y cuando su madre, finalmente, les da permiso para comer, lo engullen todo en un segundo.

Permanecemos todo este tiempo en el patio. El objeto que enseguida nos llama la atención es una losa rectangular de piedra que ocupa el centro: es el *masiro*, el sepulcro de los antepasados. En África, los ritos funerarios son muy diversos. Algunos pueblos selváticos dejan los cuerpos directamente en el bosque, para que los devoren las fieras. Otros sepultan sus muertos en lugares apartados, unos cementerios sencillos y sin adornos. Hay pueblos cuyos miembros entierran a sus allegados bajo el suelo de la casa donde viven. Sin embargo, lo más frecuente es que se los sepulte en las proximidades de la casa: en el patio o en el jardín; la cosa es tenerlos cerca para sentir su consoladora presencia. La fe en los espíritus de los antepasados, en su poder protector, en su cuidado, aliento y benevolencia solícitos, sigue siendo muy viva y constituye una fuente de ánimo y confianza. Al tenerlos a nuestro lado, nos sentimos más seguros; cuando no sepamos qué hacer, ellos acudirán en nuestra ayuda con un consejo y –lo que es sumamente importante– nos prevendrán a tiempo de dar un paso equivocado o de escoger un mal camino. Así que todas las casas, al igual que los corrales, tienen dos dimensiones: la visible y palpable, y esa otra, oculta, misteriosa y sagrada; y si puede, la gente procura visitar regularmente su casa natal, esa *ultracasa* en que recupera fuerzas y afirma su identidad.

Aparte del sepulcro de los antepasados, hay un segundo objeto de interés en el patio: la estructura de la cocina. Se trata de un hoyo excavado en la tierra y rodeado por tres paredes de barro en cuyo fondo se ven tres piedras tiznadas, formando un triángulo. Sirven para colocar la olla, y para combustión se usa carbón vegetal. Un ingenio de lo más sencillo, inventado en el neolítico, y, no obstante, tan útil todavía.

Aún es por la mañana, hace un calor soportable, así que Godwin ha decidido visitar a sus vecinos, no sin antes permitirme acompañarlo. La gente de aquí vive en unas casas de barro senci-

173

llas y cubiertas por tejados de uralita, que, al mediodía, quema como una parrilla al rojo vivo. En lugar de ventanas, en las paredes simplemente aparecen huecos, y las puertas, hechas por lo general de tablas de contrachapado o de planchas de hojalata, están débilmente fijadas, sin marcos; son más bien simbólicas pues ni siquiera están provistas de picaportes ni cerraduras.

El que llega hasta aquí desde la ciudad es considerado un gran señor, un Creso, un lord. Aunque la ciudad no está tan lejos, pertenece a un mundo diferente, mejor; al planeta de la abundancia. Y lo saben ambas partes, tanto los de la ciudad como los del campo. Y por eso el urbanita es consciente de que no puede aparecer por aquí con las manos vacías. De ahí que los preparativos de un viaje a una aldea supongan un gasto considerable de tiempo y dinero. Cuando, en la ciudad, alguno de mis conocidos compra algo, enseguida aclara: «Tengo que llevarlo a la aldea.» Recorriendo las calles, mira las mercancías y reflexiona: «Esto sería un buen regalo para cuando vaya al campo.»

Regalos y más regalos. Es la cultura de un continuo regalarse cosas. Puesto que a Godwin no le ha dado tiempo de hacer compras, obsequia a sus vecinos con unos rollos de chelines ugandeses que, con discreción, les mete en los bolsillos.

Primero visitamos a Stone Singewenda y a su esposa, Victa. Stone tiene veintiséis años y vive metido en casa: a veces lo emplean en alguna que otra obra, pero ahora no consigue encontrar trabajo. La que trabaja es Victa: cultiva una parcela de mandioca, y viven de ello. Victa cada año pare un hijo. Llevan cuatro años casados y tienen cuatro hijos, y el quinto está en camino. La costumbre obliga a ofrecer algo de comer o de beber a las visitas, pero Victa y Stone no nos ofrecen nada: no tienen qué.

Todo lo contrario que su vecino Simón. Éste enseguida coloca ante nosotros un platito de cacahuetes. Pero Simón es un hombre acaudalado: tiene una bicicleta, y, gracias a ella, una ocupación. Es un *bicycle trader*. Hay pocos caminos grandes en el país. Como pocos son los camiones. Millones de personas viven en unas aldeas a las que no lleva ningún camino ni llegan los camiones. Esta gente es la más perjudicada y la más pobre. Vive lejos del mercado, demasiado lejos como para transportar hasta allí, sobre la cabeza, esos pocos bulbos de *cassava* o de *yams*, ese racimo de *matoke* (plátanos verdes) o ese saco de sorgo, es decir, las frutas y verduras que crecen en su zona. Al no poder venderlas, no tienen ningún dinero y, por eso mismo, no pueden comprar nada: el desesperante círculo de la miseria se cierra. Pero he aquí que, con su bicicleta, aparece Simón. Su velocípedo está equipado con un sinfín de objetos útiles, de fabricación casera: portaequipajes, bolsas, pasadores, palancas... Sirve más para acarrear cosas que para montar. Con esta bicicleta y cobrando un precio muy bajo (bajo, porque todo el tiempo nos movemos por una economía de céntimos), Simón (y otros como él, que se cuentan a miles) transporta para las mujeres la mercancía hasta el mercado (para las mujeres, porque el pequeño comercio es ocupación de ellas). Simón dice que cuanto más lejos un camino grande, un camión y un mercado, tanto más grande es la pobreza. La peor de todas reina allí donde los campesinos viven tan lejos de un mercado que son del todo incapaces de llevar sus productos al mismo. Y como la gente de Europa que viene al país –apunta perspicaz– sólo visita ciudades y viaja por carreteras grandes, ni siquiera se imagina cómo es nuestra África.

Apolo es uno de los vecinos de Simón. Es un hombre de edad indefinida, flaco y de pocas palabras. Está de pie delante de su casa y, sobre una tabla de madera, plancha una camisa. Tiene una plancha de carbón vegetal, inmensa, vieja y oxidada. La camisa es aún más vieja. Para describirla, tendría que echar mano del lenguaje de los críticos de arte, del de los posmodernistas caprichosos, del de los especialistas en suprematismo, el *visual-art* y el expresionismo abstracto. La prenda es nada menos que una obra maestra del *patchwork, informel, collage* y *pop-art*, un prodigio de la más viva imaginación de aquellos sastres laboriosos junto a los cuales hemos pasado al venir aquí por la carretera de Kampala. La camisa en cuestión ha debido de pasar por tantas agujas cosiéndole remiendos sobre los agujeros, muestra tantos retazos de telas de textura, estampado y grosor de lo más diversos, que no hay manera de adivinar de qué color era y de qué tejido estaba hecha la prenda original, aquella primera tataracamisa que dio comienzo al largo proceso de cambios y modificaciones cuyo efecto se extiende ahora ante Apolo, sobre su tabla de planchar.

175

Los baganda son gentes muy pulcras en lo que a limpieza y ropa se refiere. Al contrario de sus compatriotas, los karamajong, que desprecian las vestimentas al considerar que la única belleza está en un cuerpo humano desnudo, los baganda se visten cuidadosa y meticulosamente, tapando los brazos hasta las muñecas y las piernas hasta los tobillos.

Apolo dice que ahora las cosas van bien porque se ha acabado la guerra, pero que también van mal porque ha bajado el precio del café (estamos en los años noventa), y ellos viven de su cultivo. Nadie quiere comprarlo, nadie lo viene a buscar. El café se estropea, los cafetales se asilvestran, y ellos no tienen dinero. Suspira y, con suma atención, conduce su plancha entre los remiendos y las costuras, como hace el marinero con su barco entre arrecifes traicioneros.

En un momento de nuestra charla, de entre la espesura de los plátanos sale una vaca, tras ella unos pastorcillos la mar de traviesos y agitados y, cerrando el cortejo, un anciano encorvado. Es Lule Kabbogozza. En 1942, Lule estuvo en la guerra, en Birmania, y habla de ello como del único acontecimiento de su vida. A partir de entonces, nunca ha salido de la aldea. Ahora pasa estrecheces, como los demás. *What I eat?*, se pregunta a sí mismo. *Cassava. Day and night cassava.* Pero tiene un carácter bueno y optimista, y, con una sonrisa, señala hacia la vaca. A principios de cada año se reúnen varias familias, sacan sus cuatro monedas de donde pueden y compran en el mercado una vaca. La vaca pace en la aldea: hay hierba suficiente. Cuando se acercan las Navidades, la sacrifican. Todo el mundo se reúne para la ocasión. Todos miran a ver si se reparte con justicia. Ofrecen una gran cantidad de sangre en sacrificio a los antepasados (no hay ofrenda más preciada que la sangre de vaca). El resto lo asan y hierven allí mismo. Es la única vez en el año que los campesinos comen carne. Más tarde comprarán otra vaca y dentro de un año de nuevo habrá fiesta.

Si para entonces me hallare de paso por la zona, estaré invitado. Habrá *pombe* (cerveza de plátano), habrá *waragi*... ¡Y tendré tanta carne cuanto quiera!

CONFERENCIA SOBRE RUANDA

Señoras y señores:
El tema de nuestra conferencia no es otro que Ruanda, un país pequeño, tanto, que en muchos mapas que encontrarán ustedes en los libros dedicados a África está señalado con un insignificante punto. Sólo en las explicaciones que acompañan dichos mapas leerán que este punto en el mismísimo centro del continente es, precisamente, ese lugar donde está situada Ruanda. Ruanda es un país montañoso. África se caracteriza más bien por sus llanuras y altiplanos; en Ruanda, sin embargo, no hay más que montañas y más montañas. Se elevan hasta alcanzar cotas de dos mil y tres mil metros, e incluso más altas. Por eso el país a menudo recibe el nombre del Tíbet de África, y no sólo a causa del paisaje, sino también debido a su singularidad, diferencia, otredad. Esa otredad, aparte de la geografía, también atañe a la sociedad. A saber: mientras la población de los países africanos es, por regla general, multitribal (en el Congo viven trescientas tribus, doscientas cincuenta en Nigeria, etc.), Ruanda está habitada por una sola comunidad, un solo pueblo, el banyaruanda, que se divide en tres castas tradicionales: la de los propietarios de rebaños, tutsis (14 por ciento de la población); la de los agricultores, hutus (85 por ciento), y la de los jornaleros y criados, twa (1 por ciento). Este sistema de castas (con ciertas analogías con la India) se formó siglos atrás: aún hoy sigue abierta la discusión de si tal cosa se produjo en el siglo XII o sólo en el XV, dado que no existen fuentes escritas al respecto. Lo cierto es que durante siglos existió allí un reino gober-

177

nado por un monarca que recibía el nombre de *mwami* y que procedía de la casta tutsi.

Protegido por las montañas, el reino era un país cerrado: no mantenía relaciones con nadie. Los banyaruanda no organizaban expediciones de conquista, ni –como en su tiempo los japoneses– dejaban entrar a extranjeros en su territorio (de ahí que no conociesen, por ejemplo, el tráfico de esclavos, que era el azote de otros pueblos africanos). El primer europeo que llegó hasta Ruanda, en 1894, era un viajero y oficial alemán, el conde G. A. von Götzen. Cabe añadir que ocho años antes, los imperios coloniales, al repartirse África en la conferencia de Berlín, habían concedido Ruanda precisamente a los alemanes, decisión sobre la cual no se informó a ningún ruandés, ni tan siquiera al rey. Durante años, los banyaruanda vivieron como un pueblo colonizado, sin saber una palabra de ello. En años posteriores, los alemanes no manifestaron gran interés por esta colonia suya y después de la Primera Guerra Mundial la perdieron a favor de Bélgica. Durante mucho tiempo, tampoco los belgas se mostraron muy activos. Ruanda estaba situada muy lejos de las costas, a más de mil quinientos kilómetros, pero, sobre todo, el país no representaba ningún valor, dado que no se habían encontrado en él materias primas importantes. Gracias a ello, el ancestral sistema social de los banyaruanda, instalado en aquella fortaleza de alta montaña, pudo conservarse en su forma primigenia hasta la segunda mitad del siglo XX. Dicho sistema tenía muchos rasgos parecidos al feudalismo europeo. Gobernaba el país un monarca rodeado por un grupo de aristócratas y por gran número de nobles de alcurnia. Todos ellos formaban la casta dominante, la de los tutsis. Su mayor riqueza –en realidad, su única riqueza– la constituía el ganado: los cebúes, una raza bovina que se caracteriza por la belleza de sus cuernos, largos, estilizados y en forma de sable. No se los mataba: eran sagrados, intocables. Los tutsis se alimentaban de su leche y de su sangre (se la sacaban pinchando con lanzas las arterias del cuello y la recogían en unas vasijas previamente lavadas con orina de vaca). Todo eso lo hacían los hombres, pues el acceso a los cebúes estaba vetado a las mujeres.

La vaca era la medida de todo: de la riqueza, del prestigio, del poder. Cuantas más vacas poseía, más rico era su dueño. Cuanto más rico era, más poder tenía. Era el rey quien poseía más cabezas y sus rebaños disfrutaban de especial atención. El punto principal de la ceremonia de celebración de la fiesta nacional consistía, año tras año, en un desfile de estas vacas ante la tribuna real. En aquellas ocasiones, los ojos del monarca contemplaban hasta un millón de ejemplares. Aquello se prolongaba durante horas. Las vacas levantaban nubes de polvo que flotaban sobre el reino a lo largo de mucho tiempo. Su tamaño daba fe del bienestar de la monarquía y la propia ceremonia era ensalzada una y otra vez en la grandilocuente poesía tutsi.

–¿Tutsi? –a menudo oí en Ruanda–. El tutsi se sienta en el umbral de su choza y contempla sus rebaños paciendo en la pendiente de la montaña. Esta visión lo llena de orgullo y felicidad.

Los tutsis no son pastores ni nómadas, ni siquiera ganaderos. Son dueños de los rebaños, son la casta dominante, la aristocracia.

Los hutus, en cambio, forman la casta, mucho más numerosa, de los agricultores (en la India se les llama *wajshya*). Entre tutsis y hutus dominaban unas relaciones feudales: el tutsi era el señor y el hutu, su vasallo. Los hutus eran clientes de los tutsis. Eran agricultores que vivían de cultivar la tierra. Entregaban al señor parte de sus cosechas a cambio de protección y de una vaca, que recibían en usufructo (los tutsis tenían el monopolio: los hutus podían tener una vaca sólo si la arrendaban a su señor). Todo igual que en el feudalismo: la misma dependencia, las mismas costumbres, la misma explotación.

Paulatinamente, a mediados del siglo XX, crece un conflicto dramático entre las dos castas. Lo que se disputan es la tierra. Ruanda es pequeña, montañosa y muy densamente poblada. Como sucede a menudo en África, también en Ruanda llega a producirse una lucha entre los que viven de criar ganado y los que cultivan la tierra. Sólo que en el resto del continente las extensiones son tan vastas que una de las partes puede retirarse y ocupar territorios libres, con lo cual el foco de guerra se apaga. En Ruanda tal solución es imposible: no hay lugar al que retirarse, no hay adonde retroceder. Entretanto, crecen los rebaños propiedad de los tutsis y se necesitan cada vez más pastos. Esos nuevos pastos sólo se pueden crear de una manera: quitando tierra a los campesinos, es decir, echando a los hutus de sus campos. Y eso que los hutus ya viven muy apretados. Desde hace años, su número viene aumentando rápidamente. Para empeorar las cosas, las tierras que cultivan son de mala calidad, casi estériles, debido a que las montañas ruandesas están cubiertas por una capa de humus muy fina, tanto que cuando llega la estación de las lluvias, los aguaceros se llevan, cada año, considerables extensiones de terreno, y en muchos lugares donde antes los hutus tenían sus campos de mandioca y maíz, ahora aparece una roca desnuda.

De manera que de un lado tenemos tropeles de vacas en poderosa expansión –símbolo de la riqueza y fuerza de los tutsis–, y de otro, a unos hutus apretujados, presionados y acorralados: no hay sitio, no hay tierra suficiente, alguien tiene que marcharse o morir. He aquí el panorama de Ruanda en los años cincuenta, cuando en escena aparecen los belgas. Ahora sí se muestran éstos muy activos, porque justamente entonces África pasa por un momento delicado y peligroso: crece la oleada independentista, anticolonial, así que hay que actuar, tomar decisiones. Bélgica pertenece a ese grupo de metrópolis a las que más sorprendió el movimiento de emancipación. De modo que a Bruselas no se le ocurre nada y sus funcionarios no saben muy bien qué hacer. Como suele suceder en casos semejantes, no encuentran sino una respuesta: retrasar soluciones, demorarlo todo. Hasta entonces, los belgas habían gobernado Ruanda apoyándose en los tutsis: se apoyaban en ellos y los utilizaban. Pero los tutsis forman la capa más instruida y ambiciosa de los banyaruanda, y son precisamente ellos los que ahora exigen la independencia. Y además, ¡ya!, cosa para la que los belgas no están preparados en absoluto. Así que Bruselas, bruscamente, cambia de táctica: abandona a los tutsis y empieza a apoyar a los hutus, más sumisos y dispuestos a compromisos. Comienza por iniciarlos contra los tutsis. Los efectos de tal política no se hacen esperar. Los hutus, animados y envalentonados, se lanzan a la lucha. En 1959 estalla en Ruanda una sublevación campesina. Precisamente allí, único caso en África, el movimiento de liberación adoptó formas de revolución social, antifeudal. De entre toda África, sólo Ruanda vivió su toma de la

Bastilla, su destronamiento de un rey, su Gironda y su Terror. Nutridos grupos de campesinos hutus, desbocados y armados con machetes, azadas y lanzas, se abalanzaron, como un vendaval incontrolado, sobre sus amos y señores tutsis. Había dado comienzo una gran masacre, que África no había visto en mucho tiempo. Los campesinos quemaban las fincas de sus amos y a ellos mismos los degollaban y les rompían el cráneo. Ruanda estaba en llamas y la sangre corría a raudales. Empezó una matanza masiva de ganado: los campesinos, muchísimos por primera vez en su vida, pudieron comer tanta carne como quisieran. En aquel tiempo, el país contaba con 2,6 millones de habitantes, entre los cuales el número de tutsis se elevaba a trescientos mil. Se calcula que murieron asesinados varias decenas de miles de tutsis y que otros tantos huyeron a los países vecinos: el Congo, Uganda, Tanganica y Burundi. La monarquía y el feudalismo dejaron de existir y la casta tutsi perdió su posición dominante. El poder había pasado a manos del campesinado hutu. Cuando, en 1962, Ruanda recuperó la independencia, el primer gobierno lo formaron hombres pertenecientes precisamente a esa casta. Lo encabezaba un joven periodista, Grégoire Kayibanda. Hice mi primer viaje a Ruanda por aquella época. Recuerdo Kigali, la capital del país, como un pueblo de mala muerte. No conseguí encontrar un hotel; lo más probable es que no hubiese ninguno. Al final me acogieron unas monjas belgas, que me permitieron pernoctar en su hospital, pequeño y limpio, en la sección de maternidad.

Tanto hutus como tutsis despiertan de aquella revolución como de una pesadilla. Unos y otros han pasado por el trance de una masacre, los primeros causándola y los segundos sufriéndola como víctimas, y semejante experiencia deja en la gente una huella atormentadora e imborrable. En aquellos momentos los sentimientos de los hutus son contradictorios. Por una parte, han vencido a sus señores, se han sacudido el yugo del feudalismo y, por primera vez en la historia del país, se han hecho con el poder; pero por otra, no han derrotado a sus amos por completo, no los han eliminado, y esa conciencia de que el adversario ha sido gravemente herido, pero sólo eso, de que sigue vivo y buscará venganza, ha sembrado en sus corazones un miedo atroz e invencible

181

(recordemos que el miedo a la venganza está profundamente arraigado en la mentalidad africana, que la sempiterna ley del desquite desde siempre ha regido allí las relaciones humanas, tanto entre personas como entre clanes). Y hay razones para tener miedo. Aunque los hutus han tomado la montañosa fortaleza de Ruanda y han instalado su gobierno, queda en ella, sin embargo, la quinta columna de los tutsis (unas cien mil personas), y en segundo lugar –cosa tal vez más peligrosa todavía–, la fortaleza está rodeada por cinturones de campamentos de tutsis expulsados de ella el día anterior.

La metáfora, la imagen de la fortaleza en este caso, no es ninguna exageración. Tanto si entramos en Ruanda desde Uganda como si lo hacemos desde Tanzania o el Zaire, siempre experimentaremos la misma sensación: la de atravesar las puertas de una fortaleza formada por las inmensas y espléndidas montañas que se levantan ante nosotros. Pues bien, el tutsi, desde ayer un desterrado y un errante, cuando se despierta al amanecer en su campo de refugiados y sale de su mísera tienda de campaña, tiene ante los ojos la vista de las montañas ruandesas. A esa hora de la mañana es un cuadro bellísimo. A menudo yo mismo me he levantado con el alba sólo para contemplar aquel paisaje único. Ante nosotros se despliegan hasta el infinito unas montañas altas y al mismo tiempo suaves. Sus tonos esmeralda, violeta y verde aparecen enmarcados por la luz del sol. No hay en este paisaje amenaza alguna ni negruras rocosas, no hay macizos escarpados ni bordes cortantes ni precipicios azotados por el viento; tampoco percibimos la mortífera amenaza del alud de las rocas y del desprendimientos de los pedregales. Nada de eso. Las montañas de Ruanda irradian bondad y cordialidad, seducen con su belleza y su silencio, con su cristalino aire sin viento, con su paz y la perfección de sus líneas y formas. Por la mañana, los verdes valles se llenan de una neblina transparente, como un visillo que brilla al sol, pálido, liviano y etéreo, y a través del cual se ven eucaliptos y plátanos, y a gentes trabajando en el campo. Pero el tutsi veía sobre todo a sus vacas pastando. Ahora, en el campo de refugiados, los rebaños que ya no posee pero que habían sido el fundamento y el sentido de su existencia se engrandecen en su imaginación hasta cobrar formas de mito y de leyenda; se convierten en un sueño, un anhelo, una obsesión.

Así se origina la tragedia ruandesa, el drama del pueblo de los banyaruanda, la imposibilidad –como el caso palestino– de conciliar las razones de dos comunidades que reclaman el derecho a un mismo territorio; un pedazo de tierra, empero, demasiado pequeño y apretado para darles cabida. En medio de este drama nace la tentación –en un principio débil y poco definida, pero con el paso de los años cada vez más clara e insistente– de la *Endlösung*, la solución final.

Sin embargo, el momento todavía tardará en llegar. Son los sesenta, los años más optimistas y esperanzadores para África. La atmósfera de euforia y de grandes expectativas que impera en el continente hace que nadie preste atención a los sangrientos sucesos que se han desarrollado en Ruanda. No hay comunicaciones ni periódicos, y, además, ¿Ruanda? ¿Dónde está tal cosa? ¿Cómo llegar hasta allí? En efecto, el país parece olvidado por Dios y por los hombres. Reina en él una quietud inerme y –lo que no tardaremos en comprobar– un aburrimiento supino. Por Ruanda no pasa ninguna ruta importante, no hay ciudades grandes y pocas veces se encuentra a alguien que se aventure a visitarla. Cuando años atrás le dije a Michael Field, un colega mío, reportero de *The Daily Telegraph*, que había ido a Ruanda, me preguntó: «Y has visto al presidente?» «No», contesté. «Pues ¿para qué diablos has ido?», exclamó, asombrado. Muchos de mis colegas consideraban que, ya puestos, lo único que podía representar cierto interés en un país como aquél era la persona de su presidente. Y si no podía uno entrevistarse con él, ¿para qué demonios tomarse la molestia de ir?

Es un hecho que lo que más nos impacta en la gente que encontramos en países como Ruanda es un profundo provincialismo en su manera de pensar. Y es que nuestro mundo, aparentemente global, a la hora de la verdad no es sino un conglomerado de cientos de miles de provincias de lo más diverso y que no tienen ningún punto de encuentro. El viaje por el mundo es un peregrinar de una provincia a otra, y cada una de ellas es una estrella solitaria que brilla sólo para sí misma. Para la mayoría de la gente que vive allí, el mundo real se acaba en el umbral de su casa, en el límite de su aldea o, todo lo más, en la frontera de su valle. El mundo situado más allá no es real ni importante, ni tan siquiera necesario, mientras que el que se tiene a mano, el que se abarca con la vista, aumenta ante nuestros ojos hasta alcanzar el tamaño de un cosmos tan inmenso que nos impide ver todo lo demás. Ocurre a menudo que el habitante del lugar y el que llega desde lejos tienen grandes dificultades a la hora de encontrar un lenguaje común, pues cada uno de ellos se sirve de una óptica diferente para mirar el mismo paisaje. El visitante usa un gran angular, que le da una imagen alejada y reducida, y, en contrapartida, una larga línea de horizonte; en tanto que el interlocutor local siempre ha usado un teleobjetivo o incluso un telescopio, que aumenta hasta el detalle más insignificante.

De modo que para los que viven en el lugar, los dramas propios son muy reales y las tragedias, dolorosas y no necesariamente exageradas. Como en Ruanda. La revolución de 1959 dividió al pueblo banyaruanda en dos bandos enemigos. El tiempo que va a transcurrir desde aquel momento sólo fortalecerá los mecanismos del desacuerdo, agudizará el conflicto, provocará colisiones sangrientas y –finalmente– el apocalipsis.

Los tutsis que se han instalado en los campamentos que se extienden a lo largo de las fronteras conspiran y contraatacan. En 1963 irrumpen desde el sur, desde el vecino país de Burundi, donde gobiernan sus hermanos, los tutsis burundeses. Dos años después se produce una nueva invasión tutsi. El ejército hutu la detiene y, como represalia, organiza en Ruanda una cruel masacre a gran escala. Descuartizados por machetes hutus, mueren veinte mil tutsis; hay quien calcula que cincuenta mil. No consigue penetrar allí ni un solo observador externo, como tampoco ninguna comisión ni medios de comunicación. Recuerdo que en aquel tiempo intentamos –un grupo de corresponsales– llegar hasta Ruanda, pero sus autoridades nos impidieron la entrada. Nos tuvimos que conformar con registrar, desde Tanzania, las voces de los que habían huido de las atrocidades: por lo común se trataba de mujeres con niños, aterradas, heridas y hambrientas. A los

184

hombres los solían matar en el primer momento: no regresaban nunca más de aquellas incursiones. Muchas guerras africanas se desarrollan sin testigos, en secreto, en lugares inaccesibles, en silencio, sin que se conozcan en el resto del mundo o, sencillamente, de él olvidadas. Lo mismo ocurre en el caso de Ruanda. Luchas fronterizas, pogromos y masacres se prolongan durante años. Los guerrilleros tutsis (llamados cucarachas por los hutus) queman aldeas y asesinan a sus habitantes. Estos últimos, a su vez, apoyados por su ejército, responden con violencia y siembran la muerte.

Es difícil vivir en un país de tales características, tanto más cuanto que sigue habiendo muchos pueblos y aldeas de población mixta. Unos viven junto a otros, se cruzan en los caminos, trabajan en los mismos sitios. Y con el mayor disimulo, conspiran. En semejante clima de sospecha, tensión y miedo renace la antigua tradición tribal africana de las sectas, asociaciones y mafias clandestinas. Reales e imaginarias. Todos, en secreto, son miembros de alguna y están convencidos de que el otro, el Diferente, seguro que también lo es. Y de que, por supuesto, pertenece a una organización de signo contrario, enemiga.

La vecina del sur de Ruanda, Burundi, es su país gemelo. Ambos tienen una geografía parecida, un tipo de sociedad similar y siglos de historia común. Sus caminos se separaron sólo en 1959: en Ruanda venció la revolución campesina de los hutus y el poder pasó a manos de sus líderes, mientras que en Burundi los tutsis conservaron y hasta fortalecieron su dominio al agrandar el ejército y crear una especie de dictadura militar feudal. Sin embargo, el sistema de vasos comunicantes entre los dos países gemelos siguió funcionando y la masacre de tutsis por los hutus de Ruanda provocó, como revancha, otra masacre, de hutus por los tutsis de Burundi, y viceversa. Así pues, cuando en 1972, alentados por el ejemplo de sus hermanos de Ruanda, los hutus de Burundi intentaron organizar en su país una sublevación, asesinando para empezar a varios miles de tutsis, estos últimos respondieron matando a más de cien mil hutus. No fue el hecho de las masacres en sí —pues éstas se habían repetido en ambos países con regularidad—,

185

sino su escalofriante magnitud lo que hizo de revulsivo entre los hutus de Ruanda, que decidieron reaccionar. Además, los reafirmó en su decisión el que durante aquel pogromo cientos de miles de hutus de Burundi (a veces se dice que un millón) se habían refugiado en Ruanda, creando un gran problema para este país, pobre y azotado por repetidas hambrunas: cómo alimentar tamaño número de refugiados.

Aprovechando una situación tan crítica (en Burundi asesinan a nuestros hermanos; no hay medios para mantener a un millón de inmigrantes), el jefe del ejército ruandés, el general Juvénal Habyarimana, en 1973 da un golpe de Estado y se proclama presidente. Dicho golpe desveló tensiones y conflictos profundos que anidaban en el seno de la comunidad hutu. El vencido (y poco más tarde muerto de hambre) presidente Grégoire Kayibanda representaba un clan hutu del centro del país, considerado liberal moderado. El nuevo mandatario, en cambio, procedía de un clan afincado en el noroeste. Dicho clan era el ala radical, chovinista hutu (para ilustrar esta descripción, se puede decir que Habyarimana era el Radovan Karadžić de los hutus ruandeses).

A partir de aquel momento, Habyarimana ejercerá el poder durante veintiún años, es decir, hasta su muerte, en 1994. De complexión robusta, fuerte y enérgico, concentra toda su atención en crear una dictadura de hierro. Introduce el sistema de partido único. Él mismo, Habyarimana, es su líder. Tienen que ser miembros del partido todos los ciudadanos del país, desde el día de su nacimiento. Por considerarlo demasiado simplificado, el general también corregirá el esquema del antagonismo reinante: hutu *versus* tutsi. Ahora lo enriquece con una nueva dimensión: poder y oposición. Si eres un tutsi leal podrás llegar a ser jefe de aldea o de pueblo (aunque no ministro); si, por el contrario, te pones a criticar el poder darás con tus huesos en la cárcel o en el patíbulo, por más puro hutu que seas. Y al actuar de esta manera, el general había acertado: engrosaban las filas de la oposición no sólo los tutsis, sino también un enorme número de hutus que le profesaban un odio a muerte y lo combatían como podían. El conflicto de Ruanda no sólo consistía en un desacuerdo entre castas, sino que era un choque violento entre dictadura y democracia. He aquí la razón por la que todo lenguaje y toda manera de pensar basado en categorías étnicas sean tan confusos y engañosos. Y lo son porque al limitarse a una única dicotomía superficial y secundaria, a un solo contraste, a una sola oposición –éste lo vale todo por el mero hecho de ser un hutu y aquél no vale nada porque no es más que un tutsi–, eclipsan y eliminan los más altos valores: el bien frente al mal, la verdad *versus* la mentira, la democracia *versus* la dictadura. Pues bien, fortalecer aquella dictadura fue la primera tarea a la que se había entregado Habyarimana. Al mismo tiempo que los avances en este terreno, empezó a cobrar fuerza una segunda tendencia, la privatización del país, cada vez más visible. Con el paso de los años, Ruanda se fue convirtiendo en propiedad privada del clan de Gisenyi (pueblo natal del general) y, más concretamente, de la mujer del presidente, Agathe, de los tres hermanos de la misma, Sagatawa, Seraphin y Zed, y de una serie de primos de estos últimos. Agathe y sus hermanos pertenecían al clan akazu y su solo nombre constituía una palabra clave con la que se podía abrir muchas puertas que conducían a los misteriosos laberintos de Ruanda. Sagatawa, Seraphin y Zed tenían lujosos palacios en zonas próximas a Gisenyi, desde los cuales, junto con la hermana y su marido el general, dirigían el ejército, la policía, los bancos y la administración de Ruanda. Nada más que un diminuto país perdido entre montañas de un continente lejano y regido por una familia voraz de caciques avariciosos y despóticos. ¿Qué pasó para que, precisamente él, se ganase una fama tan triste en la opinión pública mundial?

Ya se ha hablado de que en 1959 decenas de miles de tutsis, queriendo salvar la vida, huyeron del país. Más tarde, y durante años, siguieron sus pasos otros y otros miles. Aquella gente plantaba sus campamentos a lo largo de las fronteras con el Zaire, Uganda, Tanzania y Burundi. Formaba comunidades de desgraciados e impacientes refugiados que sólo vivían con una única esperanza: regresar a casa, a sus (ya míticos) rebaños. La vida en esta clase de campamentos es apática, pobre y desesperante. Con el tiempo, sin embargo, nacen y crecen en ellos nuevas generaciones, y los jóvenes quieren actuar, intentar luchar por algo y conseguirlo. Su objetivo principal, por supuesto, es la vuelta a la tierra de sus antepasados. Tierra de los antepasados, en África, es una noción sagrada; se trata de un lugar anhelado y magnético, la fuente de la vida. Pero no resulta fácil abandonar un campo de refugiados; incluso está prohibido por las autoridades locales. La excepción la constituye Uganda, que lleva años enzarzada en una guerra civil y donde reinan el desbarajuste y el caos. En los años ochenta, el joven periodista Joveri Museveni empieza allí una lucha de guerrillas contra el monstruoso régimen del psicópata y verdugo Milton Obote. Museveni necesita hombres. Y no tarda en encontrarlos, pues aparte de sus paisanos, a las guerrillas se incorporan jóvenes procedentes de los campamentos ruandeses, tutsis valientes y ávidos de entrar en combate. Museveni los acepta de buena gana. Ocultos en los bosques y bajo la dirección de profesionales, llevan a cabo su instrucción militar en Uganda, y muchos de ellos han estudiado en escuelas de oficiales extranjeras. En enero de 1986 Museveni entra en Kampala al frente de sus destacamentos y toma el poder. No pocos de dichos destacamentos cuentan entre sus filas, o están a sus órdenes, con aquellos jóvenes tutsis, hijos de padres expulsados de Ruanda, nacidos ya en los campamentos.

Durante mucho tiempo nadie presta atención al hecho de que en Uganda se haya creado un ejército bien preparado y experimentado en la lucha, un ejército de vengadores tutsis que sólo piensan en cómo tomarse la revancha por la humillación y el daño infligidos a sus familias. De momento mantienen reuniones secretas, fundan una organización llamada Frente Nacional de Ruanda y se preparan para atacar. En la noche de 30 de septiembre de 1990 desaparecen de los cuarteles del ejército ugandés y de los campamentos fronterizos, y en la madrugada entran en territorio de Ruanda. En Kigali, la sorpresa por parte del poder es absoluta. Sorpresa y terror. Habyarimana tiene un ejército débil y desmoralizado, la frontera con Uganda está a poco más de ciento cincuenta kilómetros de Kigali y los guerrilleros pueden aparecer en la capital en el plazo de un día o dos. Seguramente ahí se habría acabado todo, pues el ejército de Habyarimana no opuso resistencia, y tal vez nunca se habría producido la hecatombe, la masacre, el genocidio del 94, si no fuera por una llamada telefónica. La del general Habyarimana al presidente Mitterrand, pidiendo ayuda.

En aquel momento Mitterrand estaba sometido a una fuerte presión del *lobby* pro africano. Frente a la mayoría de metrópolis europeas, que han roto radicalmente con su herencia colonial, el caso de Francia es diferente. Épocas pasadas le han legado todo un ejército, activo y bien organizado, de hombres que han hecho carrera en la administración colonial, que han pasado (¡y nada mal!) toda una vida en las colonias y ahora, en Europa, se sienten extraños, inútiles y superfluos. Al mismo tiempo creen que Francia no sólo es un país europeo sino también la comunidad de todos los pueblos de cultura y lengua francesas; en una palabra, que Francia forma un solo espacio global, cultural y lingüístico, la *Francophonie*. Traducida al simplificado idioma de la geopolítica, esta filosofía dice que si en alguna parte del mundo alguien ataca a un país francófono es casi como si golpease a la propia Francia. Por añadidura, a los funcionarios y generales del *lobby* proafricano les molesta sobremanera el complejo de Fashoda. Algunas palabras al respecto: en el siglo XIX, cuando los países europeos se repartían África, dominaba a Londres y a París la extraña (aunque entonces comprensible) obsesión de que sus posesiones en aquel continente estuviesen dispuestas en línea recta y sin solución de continuidad territorial. Londres quería tener su línea de norte a sur, desde El Cairo hasta la Ciudad del Cabo, y París, de oeste a este, es decir, de Dakar a Djibuti. Si cogemos ahora un mapa de África y en él dibujamos dos líneas perpendiculares veremos que se cruzan en el sur del Sudán, en un lugar del Nilo donde está situada Fashoda, una pequeña aldea de pescadores. La Europa de aquel tiempo estaba firmemente convencida de que aquel que se hiciese con Fashoda realizaría su ideal expansionista de colonialismo en línea recta. La carrera entre Londres y París había comenzado. Las dos capitales enviaron sendas expediciones militares con rumbo a Fashoda. Los franceses fueron los primeros en llegar. El 16 de julio de 1898, tras hacer a pie una ruta terrible desde Dakar, llegó a

189

Fashoda el capitán J. D. Marchard y plantó allí la bandera francesa. El destacamento de Marchard se componía de ciento cincuenta senegaleses, hombres valientes y entregados a su comandante. París enloqueció de alegría. Los franceses no cabían en sí de orgullo. Pero dos meses más tarde también llegaron a Fashoda los ingleses. Lord Kitchener, comandante de la expedición, comprobó con asombro que la plaza ya había sido ocupada. Sin hacer caso de ello, izó también la bandera británica. Londres enloqueció de alegría. Los ingleses no cabían en sí de orgullo. A partir de aquel momento los dos países vivieron en un estado febril de euforia nacionalista. Al principio ninguna de las partes quiso ceder. Muchos indicios señalaban que la Primera Guerra Mundial estallaría precisamente entonces, en 1898, a causa de Fashoda. Finalmente (pero ésta es una larga historia) los franceses se vieron obligados a dar marcha atrás. Inglaterra salió victoriosa. Entre los viejos colonos franceses el episodio de Fashoda ha seguido siendo una herida abierta e incluso hoy en día, al oír que unos *anglophones* se han movido en alguna parte, se lanzan enseguida al ataque.

El esquema se repitió también en esta ocasión: fue cuando París se enteró de que unos tutsis anglófonos, y desde la anglófona Uganda, habían entrado en el territorio de la francófona Ruanda, violando las fronteras de la *Francophonie*.

Las columnas del Frente Nacional de Ruanda se aproximaban ya a la capital y el gobierno y el clan de Habyarimana hacían las maletas, cuando unos aviones trajeron al aeropuerto de Kigali a paracaidistas franceses. Según datos oficiales, sólo se trataba de dos compañías. Pero fue suficiente. Los guerrilleros, que querían luchar contra el régimen de Habyarimana, prefirieron no arriesgarse en una guerra contra Francia: no tenían ninguna posibilidad. Interrumpieron, en vista del panorama, la ofensiva de Kigali, pero se quedaron en el país, ocupando sus territorios del nordeste. Ruanda fue dividida de facto, si bien ambas partes consideraban tal estado de cosas como temporal, provisional. Habyarimana esperaba que, con el tiempo, sería lo bastante fuerte como para expulsar a los guerrilleros, y éstos, que los franceses acabarían retirándose y que entonces el régimen y todo el clan akazu se derrumbaría al día siguiente.

Nada peor que ese estado de indefinición: ni guerra ni paz. Es que unos se han embarcado en la lucha con la esperanza de ganar y comer el fruto de la victoria. Pero el sueño no se cumple: hay que suspender la ofensiva. Ánimos aún peores imperan entre los atacados: cierto que se han mantenido, pero han visto el fantasma de la derrota, han sentido que es posible el fin de su dominio. De modo que quieren salvarse a toda costa.

Transcurrirán tres años y medio entre la ofensiva de octubre de 1990 y la masacre de abril de 1994. En el grupo gobernante de Ruanda se producen violentos enfrentamientos entre los partidarios de un compromiso seguido por la creación de un gobierno nacional de coalición (hombres de Habyarimana y guerrilleros) y el fanático y despótico clan akazu dirigido por Agathe y sus hermanos. El mismo Habyarimana da palos de ciego, vacila, no sabe qué hacer y pierde cada vez más el control sobre el curso de los acontecimientos. Rápida e irremediablemente se sale con la suya el compacto y chovinista clan akazu. Dicho grupo de poder tiene sus ideólogos: son intelectuales y científicos, profesores de los departamentos de historia y de filosofía de la universidad de Butare: Ferdinand Nahimana, Casimir Bizimungu, León Mugesira y varios más. Son ellos quienes formulan los principios de una ideología que justificará el genocidio como la única salida, como el único medio de su propia supervivencia. La teoría de Nahimana y de sus colegas proclama que los tutsi, lisa y llanamente, pertenecen a una raza diferente, extraña. No son sino nilóticos que llegaron a Ruanda desde alguna parte del Nilo, conquistaron a los nativos de esta tierra, los hutus, y empezaron a explotarlos, esclavizarlos y corromperlos por dentro. Los tutsis se han adueñado de todo lo que en Ruanda tiene valor: tierras, ganado, mercados y, con el tiempo, también el Estado. Los hutus han sido reducidos al papel de un pueblo conquistado, que durante siglos ha vivido en medio de la miseria, el hambre y la humillación. Pero el pueblo hutu tiene que recuperar su identidad y dignidad, y ocupar, como igual, un lugar entre las demás naciones del mundo.

¿Qué es —se pregunta Nahimana en sus decenas de discursos,

artículos y folletos– lo que nos enseña la Historia? Sus experiencias son terribles, nos llenan de desaliento y pesimismo. Toda la historia de las relaciones entre hutus y tutsis no es más que una negra cadena de incesantes pogromos y masacres, de destrucciones mutuas, de migraciones forzosas y odios enconados. En la pequeña Ruanda no hay lugar para dos pueblos tan extraños y enemistados a muerte. Además, la población de Ruanda crece a un ritmo vertiginoso. A mediados de siglo el país contaba con dos millones de habitantes y ahora, después de cincuenta años, viven en él casi nueve. ¿Cuál es la salida de este círculo vicioso, de ese cruel *fatum* del que son culpables los propios hutus? Como reconoce Mugesira en un ejercicio de autocrítica: «En 1959 cometimos un error fatal cuando permitimos que los tutsis huyeran. Teníamos que haber actuado entonces: debimos haberlos borrado de la faz de la Tierra.» El profesor opina que es el último momento para enmendarlo. Los tutsis deben volver a su verdadera patria, allá por el Nilo. Mandémoslos allí, exhorta, «vivos o muertos». De modo que los científicos de Butare ven como única salida la solución final: todo un pueblo tiene que perecer, dejar de existir para siempre.

Y comienzan los preparativos. El ejército, que contaba con cinco mil hombres, ha sido agrandado hasta la cifra de treinta y cinco mil soldados. En segunda fuerza de choque se convierte la Guardia Presidencial, unos destacamentos de élite, muy bien equipados con armamento moderno (los instructores son enviados desde Francia y las armas y demás equipos, desde Francia, República de Sudáfrica y Egipto). Pero donde más hincapié se pone es en la creación de una organización paramilitar de masas, la Interahamwe (lo que significa «Golpeemos juntos»). Pertenecen a ella –y en ella reciben cursos de instrucción militar e ideológica– habitantes de aldeas y pueblos, jóvenes en paro y campesinos pobres, escolares, universitarios y oficinistas; un número de hombres imponente, toda una leva general cuyo cometido consistirá en llevar a cabo el apocalipsis. Al mismo tiempo, los prefectos y los viceprefectos, por orden del gobierno, deben confeccionar –y mandar– listas de personas hostiles al poder, de sospechosos de todo tipo, poco fiables, ambiguos, descontentos de diverso pelaje, pesimistas, escépticos y liberales. Aunque el órgano de las teorías del clan akazu es el periódico

Kangura, la fuente principal de donde sale la propaganda –y también las órdenes para una sociedad, a fin de cuentas, de mayoría analfabeta– está en Radio Mille Collines, que más tarde, durante la masacre, emitirá varias veces al día el llamamiento de «¡Muerte! ¡Muerte! Las fosas con cadáveres de tutsis sólo están ocupadas hasta la mitad. ¡Daos prisa en acabar de llenarlas!»

A mediados de 1993 los países africanos obligaron a Habyarimana a firmar un acuerdo con el Frente Nacional de Ruanda (el FNR). Los guerrilleros formarían parte del gobierno y entrarían en el Parlamento y asimismo constituirían un cuarenta por ciento de las fuerzas armadas. Semejante compromiso, sin embargo, era inaceptable para el clan akazu, que habría perdido su monopolio del poder, cosa de la que no quería ni oír hablar. Sus miembros resolvieron que había llegado la hora de la solución final.

El 6 de abril de 1994, en Kigali, unos «elementos no identificados» derribaron con un misil el avión, a punto de aterrizar, que llevaba a bordo al presidente Habyarimana, el cual regresaba del extranjero tras firmar el denigrante compromiso con el enemigo. Fue la señal para que empezase una matanza de hostigadores del régimen, sobre todo tutsis, aunque también de la numerosa oposición hutu. Aquella masacre de una población indefensa, dirigida por el régimen en cuestión, se prolongó durante tres meses, es decir, hasta el momento en que el ejército del FNR tomó todo el país, obligando al adversario a huir.

Existen cálculos dispares del número de víctimas. Unos hablan de medio millón, otros de uno. Nadie obtendrá jamás cifras exactas. Lo que más aterra en todo esto es el hecho de que unos hombres inocentes han dado muerte a otros hombres inocentes, haciéndolo, además, sin motivo alguno, sin ninguna necesidad. Aun así, incluso si no se tratase de un millón sino, por ejemplo, de un solo hombre inocente, ¿acaso no sería ello prueba suficiente de que el diablo mora entre nosotros, sólo que en la primavera de 1994 se encontraba precisamente en Ruanda?

Medio o un millón de muertos es una cifra trágicamente alta. Aunque por otra parte, conociendo la capacidad infernal y mortífera de la fuerza del ejército de Habyarimana, de sus helicópteros, ametralladoras, artillería y carros blindados, en tres meses de fuego sistemático se habría podido aniquilar a mucha más gente. Sin embargo, no fue así. La mayoría no murió abatida por las bombas y las ametralladoras, sino que cayó descuartizada y machacada por armas de lo más primitivo: machetes, martillos, lanzas y palos. Y es que los líderes del régimen no perseguían un único objetivo, la solución final. También era importante cómo conseguirlo. Se trataba de que en el camino hacia el Ideal Supremo, que consistía en eliminar al enemigo de una vez para siempre, se crease una comunión criminal entre el pueblo; de que, a consecuencia de una participación masiva en el genocidio, surgiese un sentimiento de culpa unificador; de que todos y cada uno supiesen que, desde el momento en que habían cometido algún asesinato, se cerniría sobre ellos la irrevocable ley de la revancha, a través de la cual divisarían el fantasma de su propia muerte.

Frente a los sistemas hitleriano y estaliniano, en los que la muerte la administraban verdugos de instituciones especializadas –las SS o el NKVD– y cuyos crímenes eran obra de formaciones especiales que actuaban en lugares secretos, en Ruanda lo importante era que todo el mundo cometiese asesinatos, que el crimen fuese producto de una acción de masas, en cierto modo popular y hasta espontánea, en la cual participarían todos; que no existiesen manos que no se hubieran manchado con la sangre de aquellos que el régimen consideraba enemigos.

Por eso, más tarde, los asustados y ya vencidos hutus huían al Zaire y una vez allí, deambulaban de un lugar a otro, llevando sobre las cabezas sus míseras pertenencias. Al ver en televisión sus interminables columnas, los europeos no conseguían comprender qué fuerza impelía a andar y andar a aquellos caminantes exhaustos, a aquellos esqueletos, formados en disciplinadas filas, sin parada ni descanso, sin comer ni beber, sin palabras ni sonrisas; a recorrer humilde y obedientemente y con un vacío en los ojos su infernal camino de culpa y tormento.

LOS NEGROS CRISTALES DE LA NOCHE

Al final del camino que estamos atravesando en coche se ve la bola del sol escondiéndose tras el horizonte. Cuando, dentro de unos instantes, deje de deslumbrarnos y desaparezca, la noche caerá, instantánea, y nos quedaremos a solas con la oscuridad. Atisbo con el rabillo del ojo que Sebuya, que es el chófer de nuestro Toyota, empieza a ponerse nervioso. En África, los conductores evitan viajar de noche: la oscuridad los inquieta. Le tienen tanto miedo que a menudo se niegan a conducir después de la puesta del sol. He tenido muchas ocasiones de observarlos cuando, a pesar de todo, se veían obligados a viajar de noche. En lugar de dirigir la vista hacia adelante, empiezan a lanzar miradas nerviosas a los lados. Sus rostros adquieren rasgos tensos y acusados. En sus sienes aparecen gotas de sudor. A pesar de que los caminos están llenos de baches, hoyos, socavones y rehundimientos, en lugar de reducir la marcha, aceleran y corren a todo meter con tal de llegar a un lugar donde haya gente, donde se oiga bullicio y brille la luz. Al conducir de noche, sin razón alguna, son presas del pánico; haciendo un sinfín de movimientos inquietos, se encogen tras el volante, como si alguien hubiese abierto fuego cruzado sobre el coche.

–*Kuna nini?* –pregunto (en swahili, ¿pasa algo malo?) Nunca contestan, limitándose a seguir conduciendo a toda mecha acompañados de nubes de polvo y del estruendo del metal.

–*Hatari?* –pregunto al cabo de un rato (¿algún peligro?). Siguen callados y sin hacer caso.

195

Temen a algo, se enfrentan a un demonio que yo no veo ni conozco. Para mí, la oscuridad tiene unos rasgos definidos y sencillos: es tenebrosa, casi negra, calurosa, asfixiante y –si nos detenemos y Sebuya para el motor– llena de silencio. Pero estoy convencido de que en opinión de Sebuya, yo no sé nada de nada sobre la oscuridad. Es decir, no sé que el día y la noche son dos realidades distintas, que constituyen dos mundos diferentes. De día, la persona puede apañárselas con lo que la rodea, puede existir y hasta vivir tranquila, pero la noche la vuelve indefensa, la pone a merced de sus enemigos, oculta en las tinieblas las fuerzas que la acechan para quitarle la vida. Por eso el temor, que durante el día dormita oculto y amortiguado en el corazón del hombre, de noche se convierte en un pavor incontrolable, en un espectro que lo persigue y atormenta. ¡Qué importancia cobra entonces el estar entre gente! La presencia de otros nos proporciona alivio, calma los nervios y rebaja la tensión.

–*Hapa?* (¿Aquí?) –me pregunta Sebuya cuando ante nosotros, junto al camino, aparece una aldea de barro. Nos encontramos en el oeste de Uganda, no muy lejos del Nilo, y nos dirigimos hacia el Congo. Ha oscurecido mucho y Sebuya está ya muy nervioso. Como veo que no lo convenceré para que sigamos viaje, convengo en que pasemos aquí la noche.

Los campesinos nos recibieron sin entusiasmo, incluso de mala gana, lo que en esta parte del mundo resulta extraño y sorprendente. Pero Sebuya sacó un fajo de chelines y la vista de dinero, tan inusual y, a fin de cuentas, tan tentadora para esta gente, hizo que nos preparasen una cabaña de barro, barriéndola y cubriéndola de hierba. Sebuya se quedó dormido bien pronto, pero a mí enseguida me despertaron unos insectos omnipresentes y buscadores de gresca. Arañas, cucarachas, escarabajos y hormigas; un sinfín de criaturas diminutas, silenciosas y ocupadas que muchas veces uno ni ve, aunque sí siente cómo se arrastran, se pegan, hacen cosquillas y pican: dormir resulta del todo imposible. Durante un buen rato me revolví de un lado para otro, pero finalmente, cansado y derrotado, salí de la cabaña y me senté apoyándome contra la pared. La luna despedía un resplandor luminoso y la noche era clara y plateada. Todo estaba sumido en el silencio, pues un coche aparece muy de tarde en tarde por estos parajes y hacía tiempo que el último bicho viviente había sido matado y comido. De repente oí unos susurros, unas pisadas y luego el trote de unos pies descalzos. Y el silencio. Escudriñé con la vista los alrededores pero en un primer momento no vi nada. Al cabo de un rato los susurros y las pisadas se repitieron. Y otra vez el silencio. Clavé los ojos en unos grupos de arbustos ralos, unas acacias en forma de sombrillas que se veían a lo lejos y unas rocas solitarias que se levantaban entre la maleza. Finalmente, divisé a un grupo de ocho hombres que, sobre una sencilla camilla hecha de ramas de árbol, llevaban a un hombre tapado con una lona. Llamaba la atención la manera de moverse de aquellos hombres: no caminaban hacia adelante sino que avanzaban y desaparecían en maniobras sigilosas. Se escondían bajo un arbusto, escudriñaban el terreno y volvían a correr hasta el siguiente escondite. Daban vueltas, se deslizaban agazapados y andaban agachados, como si jugasen a indios. Mientras tanto, yo observaba sus siluetas encogidas y semidesnudas, sus movimientos nerviosos, todo aquel comportamiento suyo tan extraño y secreto. Al final, desaparecieron del alcance de mi vista tras un recodo de un declive y me volvió a envolver la noche, silenciosa, clara e inamovible.

Al día siguiente proseguimos viaje. Pregunté a Sebuya si sabía cómo se llamaban los habitantes de la aldea donde habíamos pasado la noche. «Se llaman amba» dijo. Y tras unos instantes añadió: «*Kabila mbaya*» (lo que, más o menos, significa gente mala). No quiso decir nada más. Aquí, la gente evita el mal incluso como tema de conversación, prefiere no pisar su terreno, no llamar al mal tiempo. Durante el viaje estuve pensando en el suceso nocturno del que había sido testigo involuntario. Los enigmáticos zigzags y vueltas de aquellos porteadores, sus prisas e inquietud, todo aquel misterio nocturno, ocultaba un secreto para mí inaccesible. Seguro que encerraba algo. Pero ¿qué?

Hombres como los amba y sus hermanos creen profundamente en que el mundo está regido por fuerzas sobrenaturales. Son unas fuerzas concretas, espíritus que llevan nombres y embrujos que se pueden definir. Son ellos los que dan sentido y curso a los acontecimientos, los que marcan nuestro destino y lo deciden todo. Por eso, en todo cuanto ocurre, nada es casual; la casualidad, simplemente, no existe. Tomemos el siguiente ejemplo. Sebuya conduce un coche, tiene un accidente y muere. ¿Por qué precisamente él? A fin de cuentas, millones de coches han circulado por el mundo aquel día y han llegado a su destino sanos y salvos, y precisamente Sebuya ha sufrido un accidente y ha muerto. Los blancos buscarán causas de lo más diversas. Por ejemplo, que se le han roto los frenos. Pero esta manera de discurrir no lleva a nada, no explica nada, pues ¿por qué precisamente se le han roto los frenos a Sebuya? A fin de cuentas, millones de coches han circulado por el mundo aquel mismo día y todos ellos tenían bien los frenos, mientras que el de Sebuya los tenía mal. ¿Por qué? Dirán los blancos, cuya manera de pensar, ya se sabe, es el colmo de la ingenuidad, que los frenos de Sebuya han fallado porque él no había pensado en comprobarlos y arreglarlos. Pero ¿por qué precisamente Sebuya tendría que haber pensado en ello? A fin de cuentas, millones de coches, aquel día, etcétera, etcétera.

Comprobamos, pues, que la manera de discurrir del blanco no lleva a ninguna parte. ¡Peor! El blanco, tras establecer que los frenos han sido la causa del accidente y de la muerte de Sebuya, confecciona un informe y cierra el caso. ¡Lo cierra! Y lo hace en el momento en que ¡el caso sólo empieza! Es que Sebuya ha muerto porque alguien le había echado mal de ojo. Eso es obvio y está claro. Lo que no sabemos es quién lo hizo, y es lo que ahora tenemos que investigar.

En términos más generales, lo hizo un brujo. El brujo es un hombre malo y que siempre actúa con malas intenciones. Existen brujos de dos clases (pero el polaco no lo distingue). El primero es el más terrible porque es el mismo diablo con piel de hombre. Los ingleses lo llaman *witch*. El *witch* es un personaje temible. No delatan su naturaleza satánica ni su aspecto ni su comportamiento. No viste ropas especiales ni lleva instrumentos de brujería. No cuece pócimas, tampoco prepara venenos, no cae en trance ni recita conjuros. El brujo de esta clase actúa con la fuerza del poder psíquico con que nace. Es un rasgo de su personalidad. El hecho de que siembre el mal y provoque desgracias no es su gusto. No le proporciona placer. Sencillamente, él es así. Si nos hallamos cerca de él, basta con que nos mire. A veces, alguien tiene su mirada penetrante clavada en nosotros durante un rato muy largo. Puede tratarse de un brujo que justamente entonces nos está echando una maldición. Pero aun cuando estemos lejos, para él esto no constituye obstáculo alguno. Él puede lanzar sus hechizos desde distancias muy grandes, incluso hasta el otro extremo de África o más lejos todavía.

La segunda clase de brujos es una especie más benigna, más débil y menos demoníaca. En tanto que el *witch* ya ha nacido como el mal personificado, como la encarnación del diablo, el hechicero *(sorcer* es el término inglés que designa el tipo más débil) es un brujo profesional para el cual el encantamiento es un oficio, un trabajo, una fuente de ingresos.

El *witch* no necesita servirse de utensilios de ningún tipo para condenarnos a una enfermedad o enviarnos otras desgracias o darnos muerte. Basta que dirija hacia nosotros su voluntad de herir y aniquilar, infernal y destructora. La enfermedad no tardará en tumbarnos y la muerte tampoco se hará esperar. El *sorcer* no dispone de una fuerza tan devastadora. Para destruirnos, tiene que recurrir a una serie de fórmulas mágicas, ceremonias secretas y gestos rituales. Por ejemplo, si caminamos en la noche a través de la espesura de la selva y perdemos un ojo, no ha sido porque, sin querer, nos hemos topado con una rama agresiva e invisible. ¡Nada ocurre por casualidad! Simplemente, algún enemigo nuestro quería vengarse de nosotros y acudió a un brujo. El brujo moldeó una estatuilla de barro –nuestro retrato– y le sacó un ojo a una gallina con una púa de enebro que antes había sumergido en la sangre del ave. De este modo dictó sentencia sobre nuestro ojo: nos hizo víctimas de un embrujamiento. Si en una noche intentamos abrirnos paso entre la espesura de la selva y de pronto una rama se nos clava en el ojo, ya tenemos prueba fehaciente de que un enemigo nuestro quería vengarse de nosotros y acudió..., etcétera. Pero ahora somos nosotros los que tenemos que averiguar quién es ese enemigo y, a nuestra vez, acudir a otro brujo para encargarle que nos vengue.

Si Sebuya ha muerto en un accidente, lo más importante para su familia no será ahora el estado de los frenos –pues ya se sabe que esto no tiene ninguna importancia–, sino averiguar si el mal de ojo que ha causado dicha muerte lo echó un brujo-diablo (*witch*) o un simple brujo-hechicero-artesano *(sorcerer)*. Tal es la cuestión fundamental, y en este sentido se orientará toda la larga y complicada investigación en la que se implicará a adivinos, ancianos, curanderos, etc. El resultado de semejante investigación será de capital importancia. ¡Capital! Si Sebuya ha muerto a causa del conjuro hecho por un brujo-diablo, la tragedia se cierne sobre su familia y su clan, pues la maldición cae sobre la comunidad entera, y la muerte de Sebuya no ha sido más que un anuncio, la punta del iceberg: a partir de ahora la enfermedad y la muerte se ensañarán con toda la parentela. En cambio, si Sebuya ha muerto porque así lo quiso un brujo-artesano, la cosa no se presenta tan mal, pues el artesano puede golpear y destruir sólo a individuos, a objetivos unipersonales, de manera que la familia y el clan ¡pueden dormir tranquilos!

El mal es la maldición del mundo y por eso a los brujos, que son sus agentes, portadores y propagadores, los tengo que mantener lo más lejos posible de mi persona y de mi clan, pues su presencia envenena el aire, siembra la peste y hace que la vida se vuelva imposible, que se convierta en su contrario, la muerte. Si ha fallecido algún allegado, se ha quemado la casa, se me ha muerto la vaca y yo yazgo sin sentido, tumbado por un ataque de malaria, ya sé lo que ha pasado: alguien me echó mal de ojo. Así que si tengo fuerza, yo mismo, y si estoy demasiado débil, mi aldea o mi clan, empezamos a buscar al brujo culpable. El brujo en cuestión, *ex definitione*, tiene que vivir y actuar entre otra gente, en otra aldea, otro clan o tribu. Nuestro recelo y suspicacia contemporáneo hacia el Diferente, el Extraño, tiene su origen en el miedo ancestral de nuestros antepasados, que veían en el Otro, en el No-Congénere-Tribal, al portador del mal y fuente de la desgracia. Ya se sabe que el dolor, el fuego, la peste, la sequía o la hambruna no se producen por sí solos. Alguien ha tenido que traerlos, sembrarlos y difundirlos. Pero ¿quién? Seguro que no los míos, mis allegados, los nuestros, pues éstos son buenos: la vida sólo es posible entre gente buena y yo estoy vivo. De modo que los culpables son los Otros, los Diferentes. Por eso, al buscar venganza por nuestro daño y por nuestros fracasos, nos indisponemos con ellos, surgen los conflictos y nos enzarzamos en guerras. En una palabra, si alguna desgracia se ha cebado en nosotros, su fuente no está en nuestro interior, está en otra parte, fuera, más allá de mí y de mi comunidad, lejos, en los Otros.

Hacía tiempo que me había olvidado de Sebuya, de nuestro viaje al Congo y de la noche que habíamos pasado en una aldea amba cuando, años más tarde, en Maputo, me cayó en las manos un libro dedicado al mundo de la brujería en África Oriental, y en él, un informe del antropólogo E. H. Winter en que su autor describe las investigaciones que había llevado a cabo entre los amba.

Los amba, afirma Winter, forman una comunidad muy singular. Es verdad que, al igual que otros pueblos del continente, también ellos se toman en serio la existencia del mal y la amenaza que constituye la brujería, y por eso temen y odian a los brujos. Pero, al contrario del convencimiento generalizado de que los brujos viven entre otros y actúan desde lejos, desde el exterior, los amba sostienen que los tienen dentro, en sus familias, sus aldeas, y que los brujos forman parte integrante de su pueblo. Tal convencimiento hace que la comunidad amba se descomponga, pues la corroe el odio, la destruyen recelos mutuos y la consume el miedo compartido: el hermano teme al hermano, el hijo al padre, la madre a sus propios hijos, puesto que todos y cada uno de ellos pueden albergar a un brujo en su interior. Los amba han rechazado la cómoda y consoladora idea de que el enemigo se encarna en el otro, en el extranjero, en el que tiene un color de piel diferente o profesa una fe distinta. ¡No! Los amba, dominados por una idea tan masoquista, viven en medio de tormentos y humillaciones, convencidos de que el enemigo está entre ellos, que ahora mismo puede encontrarse bajo mi techo, dormir a mi lado o comer del mismo cuenco. Por añadidura, la dificultad específica radica en que, en realidad, no se puede definir el aspecto del brujo. Al fin y al cabo, no lo ha visto nadie. Sabemos que los brujos existen porque vemos los efectos de sus actos: han provocado la sequía, y por eso no hay nada para comer; se declaran incendios uno tras otro, mucha gente cae enferma, a cada momento muere alguien. Ergo, los brujos no descansan ni por un instante con tal de echarnos sobre nuestras cabezas desgracias, cataclismos y tragedias.

Como los amba son analfabetos, es sumamente improbable que hayan leído el libro cuyo autor sostiene que con el paso del tiempo la lucha se volverá cada vez más encarnizada y que aparecerán más y más enemigos. Y sin embargo ellos mismos, sólo guiados por experiencia propia, han llegado a una conclusión muy parecida. Tampoco han podido leer que, desde un punto lejano del planeta, elementos hostiles intentarían enviarles sus agentes y corromper por dentro a su sana comunidad. Y esto es lo que les sucedió.

Los amba, que en tiempos habían constituido una comunidad homogénea y compacta, viven en pequeñas aldeas diseminadas por una selva un tanto rala, y aunque han asumido que los brujos forman una parte integrante de su sociedad, a menudo acusan a sus congéneres de una aldea vecina de que el brujo que ha provocado una desgracia vive precisamente allí. Así que declaran la guerra a la aldea sospechosa del mal. Los atacados se defienden y, con el tiempo, iniciarán una guerra de revancha; entonces, en respuesta, los amenazados..., etc., etc. Como resultado, los amba no cesan de hostigarse los unos a los otros en unas guerras que acaban por debilitarlos y consumirlos, volviéndolos indefensos ante agresores exteriores, procedentes de otras tribus. No obstante, están tan ocupados con ellos mismos que no son capaces de ver esa amenaza. Paralizados por el fantasma del enemigo interior, han empezado una caída imparable hacia el fondo del abismo.

A pesar de las sospechas y la hostilidad que los dividen, el agobiante *fatum* que planea sobre ellos también los une y aglutina, y hace que sepan ser solidarios. Si, por ejemplo, compruebo que el oculto brujo que no me deja vivir mora en mi aldea, me mudaré a otra, y aunque la mía esté en guerra con ésta, seré bien recibido y acogido. Y es que, la verdad, el brujo puede hacernos la vida realmente insoportable. Basta con que empiece a colocar en los senderos por donde pasamos guijarros, hojas, plumas, palitos, moscas muertas, pelos de mono o pieles de mango. Basta con que pisemos una de estas cosas para que caigamos enfermos y muramos. Pero como cosas semejantes pueden encontrarse en cualquier sendero, ¿quiere decir eso que, en la práctica, no nos podemos mover? Pues sí. La gente tiene miedo incluso de salir de su choza de barro, pues en el umbral podría encontrar un trozo de corteza de baobab o una espina de acacia envenenada.

El brujo quiere mortificarnos, acabar con nosotros. He ahí lo que persigue. Por añadidura, no existe remedio que lo ahuyente, no sabe uno cómo defenderse. La huida es la única solución. Por esta razón, y por ninguna otra, los hombres que había visto en aquella noche en que llevaban a un enfermo en una camilla, avanzaban de esa manera tan subrepticia: huían. Un brujo había echado una maldición sobre el enfermo y la dolencia era señal de una muerte inminente. Y por eso sus familiares, bajo el manto protector de la noche, intentaban esconder a la víctima en alguna parte, ocultarla a los ojos del brujo para así salvarle la vida.

Aunque nadie conoce el aspecto de un brujo, de él mismo sabemos mucho. Sólo se mueve de noche. Participa en aquelarres en que se dictan nuestras condenas. Dormimos tan tranquilos mientras allí se decide nuestra desgracia. El brujo puede trasladarse a cualquier lugar a gran velocidad, más grande incluso que la del rayo. Es comedor apasionado de carne humana y le encanta la sangre de los hombres. No habla; no conocemos su voz. Tampoco conocemos los rasgos de su rostro ni la forma de su cabeza.

Pero, a lo mejor, algún día nacerá un hombre con una vista y una fuerza de voluntad tales que al clavar los ojos en la oscuridad de la noche, verá cómo las brumas empiezan a condensarse, a solidificarse y a convertirse en cristales negros, y cómo éstos van formando, cada vez más nítido, el sepulcral y tenebroso rostro del brujo.

Y LA GENTE, ¿DÓNDE ESTÁ?

La gente que debería estar aquí, ¿dónde está? Llueve y hace frío. Las nubes, espesas, oscuras e inmóviles, se ciernen sobre nuestras cabezas. Hasta donde alcanza la vista, no hay más que ciénagas, pantanos y lodazales. El único camino que llega hasta aquí también está anegado. Nuestros coches, aunque se trata de potentes todoterrenos, hace un buen rato que se han quedado encallados en el lodo, se han hundido en la masa viscosa y ahora aparecen inclinados adoptando formas de lo más extravagantes, inmovilizados dentro de rodadas, charcos y socavones. Nos hemos visto obligados a bajar y seguir a pie bajo el aguacero que nos cae encima. Por el camino, pasamos al lado de una roca muy alta desde la cima de la cual un grupo de zambos nos observa con atención e inquietud. Junto al camino veo a un hombre. Sentado sobre la hierba, encogido, agarrotado y sacudido por el temblor de la malaria, no extiende la mano, no mendiga; nos mira con unos ojos en los que no hay ni súplica, ni tan sólo curiosidad.

En el fondo, a lo lejos, se ven varios barracones destrozados. Pero aparte de ellos, nada; todo vacío. Y mojado, pues estamos en plena estación de las lluvias.

El lugar en que nos hallamos se llama Itang. Está situado en Etiopía occidental, cerca de la frontera con Sudán. Durante unos años hubo aquí un campamento con ciento cincuenta mil nueros refugiados de la guerra sudanesa. Estaban aquí hasta apenas hace unos días. Y hoy no hay más que vacío. ¿Adónde se han ido? ¿Qué les ha pasado? Lo único que turba la quietud de estos lodazales, lo único que se oye, es el croar de las ranas, un fuerte clamor de anuro, enloquecido, espeluznante, ensordecedor.

En el verano de 1991 la alta comisionada de la ONU para los refugiados, Sadako Ogata, partió rumbo a Etiopía para visitar el campamento de Itang. Me propusieron acompañarla. Lo dejé todo para hacer el viaje, pues era una de las poquísimas oportunidades de llegar a un campamento como aquél. Añádase que, por varias razones, esos campos suelen estar situados en lugares lejanos y apartados, hasta los cuales resulta difícil llegar y cuya entrada, por lo general, está prohibida. La vida que se lleva en ellos es un tormento, un triste vegetar siempre al borde de la muerte. Sin embargo, aparte de un grupo de médicos y de trabajadores de diversas organizaciones caritativas, la gente sabe muy poco al respecto, puesto que a semejantes lugares de sufrimiento colectivo el mundo los aísla muy escrupulosamente y no quiere oír hablar de ellos.

Una visita a Itang siempre me había parecido imposible. Para llegar hasta allí, primero tiene uno que encontrarse en Addis-Abeba. Una vez en ella, hay que alquilar (pero ¿a quién?) –y pagar (pero ¿con qué?)– un avión que nos traslade a Gambela, que dista quinientos kilómetros, la única localidad en las proximidades de Itang que cuenta con un aeropuerto. Como el sitio está ya casi en la frontera con Sudán, sería indescriptiblemente difícil conseguir el permiso para aterrizar. Pero supongamos que tenemos el avión e incluso el permiso. Aterrizamos en Gambela. Y luego ¿adónde ir? ¿A quién acudir en este pueblo pobre en cuyo mercado, bajo los chorros de un aguacero, no se ve sino a cuatro etíopes descalzos, de pie e inmóviles? Están allí ¿pensando en qué? ¿Esperando a qué? Y nosotros, trasplantados a Gambela, ¿de dónde sacaremos un coche, un chófer, hombres para sacar del barro nuestro vehículo, cables y palas? ¿Y la comida? Pero supongamos, incluso, que también tenemos todo esto. ¿Cuánto tardaríamos en llegar a nuestro destino? ¿Sería suficiente con un día? Por el camino, ¿a cuántos controles tendríamos que convencer, suplicar y sobornar para que nos dejasen seguir viaje? Hasta que, alcanzado por fin el objetivo, el guarda de la verja nos haría dar media vuelta porque precisamente en esos días se acaba de declarar en el campo una epidemia de cólera, o de disentería, o no está el comandante, que tiene que dar el visto bueno, o ese alguien que podría traducirnos la conversación con los nueros, habitantes del campo. O bien, como sucede ahora mismo, tras la verja ya no veríamos a nadie, ni un alma.

Sudán fue el primer país africano que tras la Segunda Guerra Mundial obtuvo la independencia. Antes había sido colonia británica, compuesta por dos partes, unidas artificial y burocráticamente: el Norte, árabe-musulmán, y el Sur, «negro»-cristiano (y animista). Entre estas dos comunidades imperaban un antiguo antagonismo, la hostilidad y el odio, porque los árabes del norte durante años habían invadido el sur con el fin de apresar a sus habitantes, a los que luego vendían como esclavos.

¿Cómo aquellos mundos tan hostiles podían vivir en un mismo Estado independiente? No podían. Y era justo lo que pretendían los ingleses. En aquellos años, las viejas metrópolis europeas estaban convencidas de que, aunque formalmente hubiesen renunciado a las colonias, en la práctica seguirían gobernándolas lo mismo, como, por ejemplo, en Sudán, donde no paraban de conciliar a los musulmanes del Norte con los cristianos y los animistas del Sur. Al cabo de poco tiempo, sin embargo, no había quedado mucho de aquellas ilusiones imperiales. Ya en el año 1962 estalló en Sudán la primera guerra civil entre el Norte y el Sur (precedida por rebeliones y levantamientos anteriores en el Sur). Cuando en 1960 me disponía a viajar al Sur por vez primera, además del sudanés, tuve que hacerme con un visado especial, en un documento aparte. En Juba, la ciudad más grande del Sur, me lo quitó un oficial de la policía de fronteras. «¡Cómo es eso?» protesté, «lo necesito para llegar a la frontera con el Congo, que está a doscientos kilómetros de aquí.» El oficial, no sin orgullo, señaló hacia él mismo. «¡Yo soy aquí la frontera!», dijo. En efecto: más allá de las puertas de la ciudad se extendían unas tierras sobre las cuales el gobierno de Jartum ya no tenía demasiado poder. Y tal situación se ha mantenido hasta hoy: una guarnición árabe de Jartum protege a Juba, pero la provincia está en manos de los guerrilleros.

La primera guerra sudanesa se prolongó durante diez años, hasta 1972. Después, a lo largo de otros diez, hubo una paz, frágil e inestable, tras lo cual, en 1983, cuando el gobierno islámico de Jartum intentó imponer a todo el país la ley coránica *(sharia)*, empezó una nueva fase, la más terrible, de la vieja contienda, que dura hasta hoy. Se trata de la mayor guerra y la más larga de la historia de África y, seguramente, es la más grande del mundo en el momento presente, pero, como se desarrolla en una provincia profunda de nuestro planeta y no constituye amenaza directa para nadie –en Europa o Norteamérica, pongamos por caso–, no despierta mayor interés. Por añadidura, los escenarios de esta guerra, sus extensos y trágicos campos de la muerte, a causa de las dificultades del transporte y de las drásticas restricciones de Jartum, permanecen prácticamente inaccesibles para los medios de comunicación; de modo que la mayoría de la gente en el mundo no tiene ni la más remota idea de que Sudán es escenario de una gran guerra.

Una guerra que se desarrolla en muchos frentes y planos y en los cuales el conflicto Norte-Sur hoy ya no es lo más importante. No sólo eso: puede llevar a confusiones y a tergiversar el verdadero retrato de la realidad. Empecemos por el norte, ese inmenso país (dos millones y medio de kilómetros cuadrados) que en gran parte se compone del Sáhara y del Sahel, lo que se nos asocia con arenales infinitos y pedregales erosionados por el viento. En realidad, el norte del Sudán, aunque es verdad que cubierto de arena y piedras, no sólo se reduce a ellas. Cuando, yendo de Addis-Abeba a Europa, sobrevolamos aquella parte de África, debajo de nosotros se despliega un paisaje extraordinario: la superficie amarillo-dorada del Sáhara se extiende hasta el infinito. Y de pronto, en su mismo centro, vemos una franja ancha y de un verde intenso de campos y plantaciones bordeando el Nilo, que fluye por allí en meandros amplios y suaves. La frontera entre el ocre profundo del Sáhara y el verde esmeralda de estos campos parece marcada con un cuchillo: no hay franjas intermedias, ninguna gradación; se acaba la última hoja de la plantación y allí mismo empiezan los primeros terrones del desierto.

En tiempos, estos campos ribereños daban vida a millones de *fellahs* árabes y a pueblos nómadas de la zona. Pero más tarde, a partir de la segunda mitad del siglo XX y sobre todo de la independencia, se aceleró el proceso de expulsión de los *fellahs* por parte de sus congéneres ricos de Jartum, los cuales, junto con el generalato, el ejército y la policía, se fueron apoderando de las fértiles tierras del Nilo para convertirlas en plantaciones gigantescas de algodón, caucho, sésamo, todos ellos materia de exportación. Así nació la dominante clase de los latifundistas árabes, que, aliada con el generalato y la élite burocrática, tomó el poder en 1956 y lo ejerce hasta hoy, liderando una guerra contra el «negro» Sur, al que trata como a una colonia suya, al tiempo que oprime a sus hermanos de etnia, los árabes del Norte.

Los árabes sudaneses, expropiados, expulsados y despojados de sus tierras y rebaños, tienen que establecerse en alguna parte, deben hacer algo, encontrar una fuente de ingresos. Una parte de ellos, por orden de los mandatarios capitalinos, engrosará las filas de un ejército cada vez más numeroso. Otra, las de la policía, inmensa ésta, y del aparato burocrático. ¿Y el resto? ¿Esas masas de desarraigados y sin tierra? A ésos el régimen intentará mandarlos al Sur.

Los habitantes del Norte suman unos veinte millones y los del Sur alrededor de seis. Estos últimos se dividen en decenas de tribus, que hablan lenguas diferentes y profesan religiones y cultos diversos. En ese multiétnico mar del Sur, claramente se distinguen, sin embargo, dos grandes comunidades, dos pueblos que, juntos, constituyen la mitad de la población de esta parte del país. Son los dinka y los nueros, emparentados entre sí (aunque a veces peleados). Tanto a los primeros como a los segundos los distinguiréis a una legua: son altos, de dos metros, esbeltos y de piel muy oscura. Una raza bella, hermosa, llena de dignidad e incluso algo altiva. Los antropólogos llevan años preguntándose cómo es que todos son tan altos y esbeltos. En realidad no se alimentan sino de leche, a veces de la carne de sus vacas, a las que crían, adoran y aman. A estos animales no se les puede matar, como tampoco los pueden tocar las mujeres. Los dinka y los nueros subordinan su vida a las exigencias y necesidades de sus vacas. Pasan la estación

seca junto a ellas en las proximidades de los ríos –el Nilo, el Gha-
zal y el Sobat, principalmente– y en la estación de las lluvias,
cuando empieza a verdear la hierba en la lejanía de los altiplanos,
abandonan los ríos para desplazarse hasta allí con su ganado. La
vida de los dinka y de los nueros transcurre obedeciendo al sempiterno ritmo que marca esa pendular y casi ritual peregrinación entre las riberas fluviales y los pastos que se extienden por los altiplanos del Alto Nilo. Para existir, necesitan tener espacio, tierra sin
fronteras, un horizonte abierto y amplio. Encerrados, enferman,
se convierten en esqueletos, se consumen, mueren.

Ignoro cómo empezó esta guerra. ¡Fue hace tanto tiempo!
¿Acaso unos soldados del ejército gubernamental habían robado
una vaca a unos dinka? ¿Los dinka acaso fueron a rescatarla? ¿Se
produjo un tiroteo? ¿Hubo muertos? Seguramente fue algo así.
Está claro que la vaca sólo fue un pretexto. Los señores árabes de
Jartum no podían concebir que unos pastores del Sur tuviesen los
mismos derechos que ellos. Los hombres del Sur no querían que
en un Sudán independiente los gobernasen los hijos de los traficantes de esclavos. El Sur exigía una secesión, un Estado propio.
El Norte decidió destruir a los rebeldes. Y empezaron las masacres. Dicen fuentes diversas que esta guerra, hasta el día de hoy, se
ha cobrado un millón y medio de víctimas. Primero, durante diez
años, había actuado en el Sur el Anya-Nya, un movimiento guerrillero espontáneo y mal organizado. Después, en 1983, un coronel de carrera, John Garang, un dinka, organizó el Ejército Popular de Liberación del Sudán (SPLA), que hoy controla la mayor
parte del territorio sur.
Es una guerra larga, que arrecia, se apaga y vuelve a estallar. A
pesar de sus muchos años de duración, nunca he oído que alguien
intentase escribir su historia. En Europa existen largas estanterías
de libros dedicados a todas sus guerras, archivos llenos de documentos y salas especiales en los museos. En África no hay nada
parecido. La guerra, incluso la más larga y grande, desciende de
prisa a la zona de la no-memoria y cae en el olvido. Sus huellas
desaparecen al día siguiente: a los muertos hay que enterrarlos en-

seguida y en el lugar de las chozas quemadas hay que levantar otras nuevas.

¿Documentos? Aquí jamás los ha habido. No hay órdenes escritas, ni mapas del estado mayor, ni claves, ni octavillas, ni llamamientos, ni periódicos, ni correspondencia. No existe la costumbre de escribir memorias ni diarios (muchas veces, las más, es que, simplemente, no hay papel). No existe tradición de escribir la historia. Y, aparte de todo esto, ¿quién lo haría? No hay coleccionistas de objetos para el recuerdo, ni especialistas en museos, ni archiveros, ni historiadores, ni arqueólogos. Casi mejor que nadie así merodee por los campos de esta guerra. Enseguida llamaría la atención de la policía, daría con sus huesos en la cárcel y, sospechoso de espionaje, sería fusilado. Aquí la historia aparece de repente, cae como un deus ex machina, recoge su cosecha de sangre, se lleva a sus víctimas y desaparece sin dejar rastro. ¿Quién es ella? ¿Por qué ha echado su maldición condenatoria precisamente sobre nosotros? No es bueno pensar en ello. Más vale no hurgar.

Volviendo al Sudán: la guerra, que ha comenzado bajo lemas muy nobles, como un drama de un país joven (el Norte: tenemos que mantener la unidad del país; el Sur: luchamos por la liberación), con el tiempo degenera y se convierte en una contienda entre diversas castas militares en contra de su mismo pueblo, en una guerra de hombres armados contra otros indefensos. Y es que todo esto ocurre en un país pobre, un país de gentes hambrientas, en el cual, si alguien recurre a un arma –un machete o una metralleta– lo hace, sobre todo, con el fin de rapiñar comida, de hartarse. Es una guerra por un puñado de maíz o un cuenco de arroz. Y todo pillaje resulta tanto más fácil cuanto que estamos en un país de extensiones inmensas y donde no hay caminos, con un sistema de transportes y comunicaciones casi inexistente, con una población escasa y diseminada, es decir, en unas condiciones en que el latrocinio, la rapiña y el bandidaje quedan impunes, aunque sólo sea por la ausencia de cualquier tipo de control y vigilancia.

Tres tipos de fuerzas armadas participan en esta guerra. A saber: el ejército gubernamental, instrumento en manos de la élite de Jartum y dirigido por el presidente, el general Omar al-Bashir. Colaboran con dicho ejército numerosos cuerpos de policía, oficiales y secretos; hermandades musulmanas y escuadrones particulares de grandes terratenientes.

Enfrente de esta fuerza gubernamental se sitúan los guerrilleros del SPLA, del coronel John Garang, y diversas formaciones del Sur que se han escindido del mismo.

Y, finalmente, hay una tercera categoría de hombres armados. Se trata de un número infinito de las llamadas milicias, grupos paramilitares formados por hombres jóvenes (a menudo niños) procedentes del campo y dirigidos por jefecillos locales o tribales de diverso pelaje, que, dependiendo de la situación y posibles beneficios, colaboran ya con el ejército oficial, ya con el SPLA (las milicias africanas, producto de los últimos años; son una fuerza indómita, agresiva y pujante, que dinamita países, ejércitos y movimientos organizados, guerrilleros y políticos).

¿Contra quién van todos esos ejércitos, destacamentos y frentes, esas hordas, cohortes y mesnadas tan numerosas y que llevan tantos años luchando? A veces, unos contra otros, pero las más, en contra de su propio pueblo, es decir, contra los indefensos, lo que tiene una definición particular: las mujeres y los niños. ¿Y por qué precisamente contra las mujeres y los niños? ¿Acaso guía a estos hombres alguna especie de antifeminismo zoológico? Por supuesto que no. Atacan y expolian a los colectivos de mujeres con niños porque a ellos va dirigida la ayuda internacional, son ellos los destinatarios de los sacos de harina y de arroz, de las cajas de tostadas y leche en polvo, cosas que en Europa no despertarían el interés de nadie pero que aquí, entre los grados seis y doce de latitud, son más preciadas que nada. De todos modos, estos tesoros no siempre hay que arrebatárselos a las mujeres. Cuando un avión trae comida, basta, sencillamente, con rodearlo, descargar los sacos y las cajas y llevárselo todo, a pie o en coche, al destacamento propio.

El régimen de Jartum lleva años utilizando el arma del hambre para aniquilar la población del Sur. Hace hoy con los dinka y con los nueros lo que Stalin hizo con los ucranianos en 1932: condenarlos a la muerte por hambre.

La gente pasa hambre no porque en el mundo falte comida.

La hay, y mucha, de sobra. Pero entre los que quieren comer y los almacenes llenos se levanta un obstáculo muy alto: el juego político. Jartum limita el número de vuelos con ayuda para las víctimas de las hambrunas. Muchos de los aviones que, a pesar de todo, llegan a su destino son saqueados por jefecillos locales. Quien tiene armas, tiene comida. Quien tiene comida, tiene poder. Nos movemos entre personas que no piensan en la esencia y la trascendencia ni en el sentido y la naturaleza del ser. Estamos en un mundo en que el hombre, arrastrándose y escarbando en el barro, intenta encontrar en él cuatro granos de cereal que le permitan vivir hasta el día siguiente.

Itang:

Vamos hacia los barracones. El primero, devastado por alguien y ahora hecho una ruina, ha debido de ser un pequeño hospital. ¿Quién lo ha destruido? Las camas aparecen volcadas, las mesas rotas y los armarios abiertos. El aparato de rayos X, nuevo, está destrozado por pedradas, sus palancas arrancadas, y el panel con mandos e indicadores hecho añicos. Es posible que fuese el único aparato de radiografías en un radio de quinientos kilómetros. Ahora, alguien lo ha convertido en un montón de chatarra inútil. Pero ¿quién? ¿Por qué? Al lado, un generador de electricidad. También está destrozado, devastado. Los únicos objetos producto de la técnica (aparte, por supuesto, de las armas) presentes en una gran superficie están inutilizados, no sirven para nada.

Caminando por un dique, nos dirigimos hacia una plaza, la única seca. A ambos lados hay agua estancada, apesta a podrido y enjambres de mosquitos campan por sus respetos. Ciénagas y más ciénagas, y en ellas unas cabañas, vacías en su mayoría, aunque en algunas se ve gente, sentada o tumbada. ¿En el agua? Sí, en el agua: lo veo con mis propios ojos. Finalmente, se reúnen unos cien o doscientos hombres. Alguien les ha ordenado colocarse en un semicírculo. Permanecen de pie, en silencio, sin moverse. ¿Adónde se han ido los demás, esos ciento cincuenta mil hombres? ¿Hacia dónde han partido todos, como uno solo y en una noche? Hacia el Sudán. ¿Por qué? Lo han ordenado los líderes.

Los del campo son hombres desde hace tiempo hambrientos, ya sin entendimiento, sin orientación, sin voluntad. Es una suerte que aún haya alguien que les ordene hacer algo, que sepa que existen, que los quiera para algo. ¿Por qué no han salido del campo con los otros? No hay manera de saberlo. ¿Piden algo? No, nada. Mientras sigan recibiendo ayuda, seguirán vivos. Si la ayuda falta, morirán. Pero ayer recibieron una remesa. Y anteayer. Así que las cosas no van tan mal y no hay por qué pedir nada.

Un hombre mayor les hace una señal de que pueden irse. Y yo hago una última pregunta: ¿puedo sacar una fotografía? Por supuesto que sí. Aquí todo está permitido.

EL POZO

Alguien me despierta; noto un tacto suave y liviano. El rostro que se inclina sobre mí es oscuro, veo encima de él un turbante blanco, tan claro que casi resulta luminoso, como cubierto de fósforo. Aún es de noche pero al derredor de mí todo está en movimiento. Las mujeres desmontan las cabañas y los niños amontonan leña en el lugar del fuego. Hay mucha prisa en todo este ir y venir de un lado para otro, una auténtica carrera contra reloj: hacer todo lo posible antes de que aparezca el sol y empiece el tórrido día. De modo que hay que levantar el campo cuanto antes y volver a emprender camino. Estas personas no sienten ningún apego al lugar en que se hallan. Pronto se irán de aquí sin dejar rastro. En sus canciones, que entonan en las noches, siempre se repite el mismo estribillo: «¿Mi patria? Mi patria está allí donde llueve.»

Pero aún queda mucho hasta la noche. Primero hay que prepararse para el viaje. O sea, antes que nada, abrevar las camellas. La operación se prolonga durante mucho tiempo, dado el inmenso caudal de agua que éstas son capaces de tragar, haciendo acopio para el futuro, cosa de la que no es capaz un ser humano, ni ningún otro. A continuación los chicos las ordeñan y llenan con su leche, de sabor un tanto agrio y avinagrado, unos odres de piel planos. Luego beben en el pozo las ovejas y las cabras. Hay unas doscientas. Están al cuidado de las mujeres. Los últimos en beber son las personas, primero los hombres, y tras ellos, las mujeres y los niños.

En el horizonte aparece ahora la primera línea de luz, anuncio del día y llamada a la oración matutina. Los hombres rezan después de lavarse el rostro con un puñadito de agua, siendo así que la ablución exige la misma concentración que la plegaria: ni una sola gota, igual que ninguna palabra de Dios, puede desperdiciarse.

Las mujeres sirven ahora a los hombres sendos cuencos de té. Es un té que se hierve con azúcar y menta, espeso como la miel y nutritivo; en la estación seca, cuando falta comida, tiene que bastar para todo el día, hasta el segundo cuenco: la cena.

Sale el sol, todo se inunda de luz y ya es hora de ponerse en marcha. Abre la comitiva el rebaño de camellas, conducido por los hombres y los muchachos. Lo siguen las ovejas y las cabras, envueltas en nubes de polvo. Y tras ellas, van las mujeres y los niños. Éste es el orden en que suelen caminar por el desierto los grupos de personas y animales, pero en esta ocasión, al mismísimo final, va también Hamed con su burro y, además, yo. Hamed es un pequeño comerciante de Berbera en cuyo hotelito he pasado la noche. Cuando me dijo que se disponía a ir con sus primos a Las Anod, a visitar a su hermano, le pedí que me llevase con él.

Pero ¿dónde está Berbera? ¿Y Las Anod? Ambas localidades están situadas en el norte de Somalia. Berbera, en el golfo de Adén, y Las Anod, en la meseta de Haud. De manera que esta mañana mis compañeros de viaje han rezado vueltos hacia el norte, es decir, en dirección a La Meca, teniendo el sol a su derecha, mientras que ahora, cuando nos ponemos en marcha, lo tenemos a la izquierda. He aquí la geografía del mundo local, compleja y embrollada, pero Dios nos libre de equivocarnos en algo: en las condiciones que reinan en este desierto, un error significa la muerte. Todo aquel que en alguna ocasión haya visitado estos parajes sabe que se trata de los lugares más tórridos del planeta. Y sólo aquel que los ha conocido sabrá de qué estoy hablando. En la estación seca, el día, sobre todo alrededor de las doce, se convierte en un infierno imposible de soportar. Literalmente nos asamos al fuego. Es verdad que todo arde a nuestro alrededor. Incluso la sombra quema y el viento abrasa. Como si a nuestro lado pasase un meteorito cósmico incandescente y, con su radiación térmica, fuese convirtiéndolo todo en ceniza. A esas horas la gente, los animales y las plantas se quedan inmovilizados, se petrifican. No se oye nada; todo se sume en un silencio sepulcral, sobrecogedor.

Y precisamente ahora caminamos por una extensión vacía hacia ese fenómeno cegador que aquí es la hora punta del día abrasador, hacia esa atormentadora experiencia de calor y agotamiento de la cual no puede uno huir ni protegerse. Nadie dice nada, como si la marcha consumiese toda la atención y energía, y eso que se trata de un quehacer cotidiano, de una rutina monótona, de un modo de vida. Sólo de vez en cuando se oye el restallido de los golpes descargados en el lomo de alguna camella perezosa y los gritos ahogados de las mujeres riñendo a las indisciplinadas cabras.

Se acercan las once cuando la columna aminora la marcha, luego se detiene y se dispersa. Ahora cada cual intenta ocultarse del sol. La única manera de hacerlo consiste en meterse bajo una de las ahorquilladas acacias que crecen aquí y allá y cuyas copas, achatadas y de ramaje enmarañado, tienen forma de paraguas: allí hay sombra, y con ella, esa brizna de frescor oculto. Es que aparte de estos árboles no hay más que arena y más arena. Aunque en algún que otro lugar aparecen, también, unos arbustos solitarios, espinosos y desgreñados. Y matas de hierba áspera y quemada. Y hebras de musgo, grises y frágiles. Y, muy de vez en cuando, piedras sobresaliendo de la arena, rocas erosionadas por el viento y guijarrales dispuestos sin orden ni concierto.

–¿No habría estado mejor quedarnos junto al pozo? –pregunto, exhausto, a Hamed. Apenas si llevamos tres días de viaje, pero ya no tengo fuerzas para seguir andando. Apoyados contra el tronco nudoso de un árbol, estamos sentados en un círculo estrecho de sombra, tan menguado que, además de nosotros, sólo cabe en él la cabeza del borrico mientras que todo su cuerpo se abrasa al sol.

–No –me contesta–, porque desde el oeste vienen ogadenos y no tenemos fuerza suficiente para rechazarlos.

En este momento me doy cuenta de que nuestro viaje no es

216

un simple trasladarse de un lado para otro sino que, al caminar, participamos en una lucha, en unas maniobras peligrosas e incesantes, en acciones de guerra y escaramuzas que pueden acabar mal en cualquier momento.

Los somalíes constituyen un solo pueblo de varios millones de habitantes. Tienen lengua, historia y cultura comunes. Al igual que territorio. Y la misma religión: el islam. Una cuarta parte de esta comunidad vive en el sur y se dedica a la agricultura, cultivando sorgo, maíz, frijoles y plátanos. Pero la mayoría se compone de nómadas, propietarios de rebaños. Precisamente me hallo ahora entre ellos, en un vasto territorio semidesértico, allá por entre Berbera y Las Anod. Los somalíes se dividen en varios clanes grandes (tales como issaq, daarood, dir, hawiye) y éstos, a su vez, en clanes menores, que se cuentan por decenas, y estos últimos, finalmente, en grupos emparentados, por centenares e incluso miles. Los lazos familiares, las alianzas y los conflictos entre todas estas comunidades y constelaciones de linaje conforman la historia de la sociedad somalí.

El somalí nace en algún lugar junto a un camino, en una cabaña-refugio o, simplemente, bajo el cielo raso. Jamás sabrá su lugar de nacimiento, que tampoco será inscrito en parte alguna. Al igual que sus padres, no tendrá una aldea o un pueblo natal. Tiene una única identidad: la que marca su relación con la familia, el grupo de parientes y el clan. Cuando se encuentran dos desconocidos, empiezan diciendo: ¿Que quién soy? Soy Soba, de la familia de Ahmad Abdullah, la cual pertenece al grupo de Mussa Araye, que, a su vez, pertenece al clan de Hasean Said, el cual forma parte de la unión de clanes issaq, etc. Tras semejante presentación, le toca el turno al segundo desconocido, quien procederá a facilitar los detalles de su origen y definir sus raíces, y ese intercambio de información, que se prolonga durante largo rato, resulta sumamente importante, pues ambos desconocidos intentan averiguar lo que los une o separa, y si se fundirán en un abrazo o se abalanzarán el uno sobre el otro con un cuchillo. A todo esto, la relación particular entre las dos personas, su simpatía o antipatía mutuas, no tiene ninguna importancia; la actitud hacia el otro, amistosa u hostil, depende de cómo se presentan en el momento dado las relaciones entre sus respectivos clanes. La persona privada, particular, el individuo, no existe; sólo cuenta como parte de este u otro linaje.

Cuando el niño cumple ocho años, se le concede un gran honor: a partir de este momento, junto con sus compañeros, se encargará de cuidar de un rebaño de camellos, el tesoro más preciado de los nómadas somalíes. Entre ellos, todo se mide por el valor de los camellos: la riqueza, el poder, la vida. Sobre todo la vida. Si Ahmed mata a un miembro de otra familia, la suya tiene que pagar a la del muerto una indemnización. Si ha matado a un hombre, cien camellos; y si a una mujer, cincuenta. Si no, ¡habrá guerra! Sin camellos la persona no puede existir. Se alimenta de la leche de las hembras. Traslada su casa a lomos del animal. Sólo vendiéndolo puede fundar una familia: entrar en posesión de una esposa exige pagar un precio, siempre en camellos, a los parientes de la elegida. Finalmente, salvará la vida, pagando la correspondiente indemnización con dichos animales.

El rebaño que poseen todos los grupos familiares se compone de camellos, cabras y ovejas. Aquí no se puede cultivar la tierra. Es una arena seca y abrasadora en que no germina nada. De modo que el rebaño se convierte en la única fuente de ingresos, de vida. Pero los animales necesitan de agua y pastos. Y aquí, incluso en la estación de las lluvias no abundan, y en la seca la mayoría de los pastos desaparece del todo y los arroyos y los pozos pierden mucha profundidad, cuando no toda el agua. Entonces llegan la sequía y el hambre, y muere el ganado así como mucha gente.

Ahora el pequeño somalí empieza a conocer su mundo. Lo aprende. Esas acacias solitarias, esas matas de hierba espinosa, esos baobabs gigantescos se convierten en señales que le dicen dónde está y por dónde debe caminar. Esas rocas altas, esos barrancos verticales llenos de piedras, esas peñas rocosas salientes le indican el camino, le enseñan las direcciones y no le permiten perderse. Pero el paisaje en cuestión, que en un principio le parece legible y conocido, no tarda en despojarle del sentimiento de seguridad.

218

Pronto resulta que los mismos lugares y laberintos, las mismas composiciones de señales que lo rodean ofrecen un aspecto en la época quemada por la sequía y otro diferente, cuando, en la estación de las lluvias, se cubren de un verde frondoso; que las mismas crestas y hendiduras rocosas cobran unas formas, profundidad y color en los horizontales rayos del sol de la mañana y otras, muy distintas, al mediodía, cuando caen sobre ellas rayos verticales.

Sólo entonces comprenderá el chiquillo que un mismo paisaje entraña un sinfín de composiciones que varían y cambian y que hay que saber cuándo y en qué orden se suceden y qué significan, qué le dicen y qué le advierten.

Y ésta es su primera lección: que el mundo habla haciéndolo en muchas lenguas, y que constantemente hay que aprenderlas. Aunque a medida que pasa el tiempo, el chico recibe también otra lección: conoce a su planeta, el mapa del mismo y los caminos e itinerarios en él señalados, sus direcciones, trayectorias y trazado. Aunque, aparentemente, no se vea nada alrededor, nada más que extensiones desnudas y desiertas, lo cierto es que estas tierras las cruzan numerosos caminos y senderos, rutas e itinerarios, cierto que invisibles en la arena y entre las rocas, pero no menos impresos de modo imborrable en la memoria de las gentes que llevan siglos atravesándolos. En este lugar empieza el gran juego somalí, el juego de la supervivencia, de la vida: dichas rutas conducen de pozo en pozo, de pasto en pasto. Como consecuencia de guerras, conflictos y regateos seculares, cada grupo familiar, cada unión y clan tiene sus propias rutas, pozos y pastos reconocidos por la tradición. La situación casi roza lo ideal cuando se trata de un año de lluvias abundantes y pastos frondosos, cuando los rebaños cuentan con un número de cabezas moderado y no han nacido demasiados niños. Pero basta que llegue la sequía –lo que, al fin y al cabo, se repite a menudo–, para que desaparezca la hierba y se sequen los pozos. Entonces, toda esa red de caminos y senderos, tan primorosamente tejida durante años para que los clanes al trasladarse no se topen unos con otros y no pisen territorio ajeno, de pronto pierde vigencia, se enmaraña, resquebraja y estalla en mil pedazos. Empieza una búsqueda desesperada de pozos en los que aún hay agua, intentos de alcanzarlos a cualquier precio. Desde

219

todas partes, los hombres conducen a sus rebaños a esos escasos lugares donde todavía se conservan briznas de hierba. La estación seca se convierte en época de fiebre, tensión, furia y guerras. Afloran entonces los peores rasgos del ser humano: la desconfianza, la astucia, la avaricia y el odio.

Hamed me dice que la poesía de su pueblo habla a menudo del drama y la aniquilación de aquellos clanes que, atravesando el desierto, no han conseguido llegar hasta un pozo. Esas peregrinaciones de trágico final duran días, incluso semanas enteras. Las primeras en caer muertas son las ovejas y las cabras. Pueden aguantar sin agua apenas unos pocos días. Luego les llega el turno a los niños. «Luego, los niños», dice, sin añadir nada más. Ni siquiera dice cómo reaccionan sus madres y sus padres, ni cómo se los entierra. «Luego, los niños», repite y vuelve a sumirse en el silencio. Hace tanto calor que incluso hablar resulta difícil. Acaba de pasar el mediodía y no hay con qué respirar. «Luego, mueren las mujeres», continúa al cabo de unos instantes. Los que aún viven no pueden detenerse durante demasiado tiempo. Si se detuviesen cada vez que muere alguien, jamás llegarían a un pozo. Una muerte causaría otra, y otra, y otra. El clan que seguía su ruta, que ha existido, desaparecería en algún lugar del desierto. Nunca más podría averiguar nadie hacia dónde se dirigía aquella gente. Ahora tengo que imaginarme ese camino que no existe, es decir, que no se ve, y en él a un nutrido grupo de personas y animales que va menguando por momentos y se vuelve cada vez más pequeño. «Durante un tiempo siguen con vida los hombres y los camellos». El camello puede aguantar sin beber unas tres semanas. Y recorre largas distancias: quinientos kilómetros e incluso más. Durante todo este tiempo, la camella tendrá algo de leche. Esas tres semanas son el límite extremo de supervivencia para el hombre y el animal, si se quedan solos en la tierra «¡Solos en la tierra!», exclama Hamed, y hay en ese grito suyo un timbre de terror, pues se trata precisamente de aquello que el somalí no es capaz de imaginarse: quedarse solo en la tierra. El hombre y el camello siguen viaje en busca de agua, de un pozo. Caminan cada vez más despacio y cada paso que dan les exige un mayor esfuerzo. Y es así porque la tierra que pisan ni por un momento deja de estar envuelta en las llamas del sol; el calor tórrido, que sale de todos los rincones, lo abrasa todo: las piedras, la arena y el aire. «El hombre y el camello mueren juntos», dice Hamed. Esto ocurre cuando el hombre ya no encuentra leche: las ubres de la camella están vacías. Secas y agrietadas. Por lo general, al nómada y a su animal les quedan aún fuerzas suficientes como para arrastrarse hasta alguna sombra. Se los encuentra más tarde, muertos, en algún lugar sombreado o allí donde al hombre le había parecido ver una penumbra.

–Sé de qué se trata –interrumpo a Hamed–, porque pude contemplar el fenómeno con mis propios ojos en Ogadén. Recorríamos entonces el desierto en camiones con el fin de buscar a unos nómadas amenazados de muerte por hambre y llevarlos al campamento de Gode. A mí me resultaba de lo más chocante que cada vez que encontrábamos a unos somalíes al borde de la muerte, acompañados de unos camellos en el mismo estado, aquellos hombres por nada del mundo querían separarse de sus animales, aun a sabiendas de que no los aguardaba sino una muerte segura. Estuve allí con un equipo de salvamento compuesto por gente joven, un grupo que pertenecía a la organización humanitaria Save. Tenían que emplear la fuerza para separar al pastor de su camello –ambos reducidos a meros esqueletos–, pero acababan llevando al campamento al hombre, que los insultaba y maldecía. No por mucho tiempo, sin embargo. Aquella gente recibía diariamente tres litros de agua, que tenía que bastarle para todo: beber, cocinar, lavar. Y como ración diaria de comida, medio kilo de maíz. Y también, una vez por semana, una saquito de azúcar y un trozo de jabón. Pues bien, aquellos somalíes eran capaces aun de hacer ahorros, de vender el maíz y el azúcar a los mercaderes que deambulaban por el campamento, de acumular una suma de dinero necesaria para comprar un camello y huir al desierto.

No sabían vivir de otra manera.

A Hamed no le extraña. «Nuestra naturaleza es así», dice, ni tan siquiera con resignación, sino incluso con un cierto matiz de orgullo. La naturaleza es ese algo a lo que no hay que oponerse, ni intentar mejorarla, ni hacer nada con vistas a independizarnos de

221

ella. La naturaleza nos es dada por Dios y por lo tanto es perfecta. La sequía, el calor, los pozos vacíos y la muerte en el camino también son perfectos. Sin ellos, el hombre no sentiría el goce auténtico de la lluvia, el sabor divino del agua y la dulzura vivificante de la leche. El animal no sabría disfrutar de la hierba jugosa ni embriagarse con el olor de un prado. El hombre no sabría qué es eso de ponerse bajo un chorro de agua fresca y cristalina. Ni siquiera se le ocurriría pensar que esto significa, simplemente, estar en el cielo.

Son las tres de la tarde y el calor empieza a amainar. Hamed se levanta, se enjuga el sudor y se arregla el turbante. Va a participar en un *shir*, reunión de todos los hombres adultos. Los somalíes no tienen ningún poder superior que los gobierne, ninguna jerarquía. El único poder se reduce a esta clase de reuniones, donde todo el mundo puede hacer uso de la palabra. En el *shir*, nadie se pierde los partes que aporta el servicio de espionaje infantil. Y es que los niños no descansan. Desde la mañana hacen una prospección del terreno y escudriñan la zona: ¿no habrá por casualidad en las proximidades algún clan de fuerza grande y peligrosa? ¿Dónde está el pozo más cercano hasta el cual podemos llegar los primeros? ¿Podemos seguir caminando tranquilos o se cierne sobre nosotros alguna amenaza? Todos estos asuntos serán debatidos uno tras otro. *Shir* significa jaleo, bulla, griterío y desbarajuste, pero al final se acaba por tomar la decisión más importante: por dónde seguir viaje. Entonces nos colocaremos en el orden establecido desde hace siglos y nos pondremos en marcha.

UN DÍA EN LA ALDEA DE ABDALLAH WALLO

En la aldea de Abdallah Wallo las primeras en levantarse son las muchachas, que, apenas rompe el alba, salen a buscar el agua. Es una aldea afortunada: el agua está cerca. Basta descender por un declive abrupto, escarpado y arenoso hasta el río. El río se llama Senegal. En su orilla norte está Mauritania y en la sur, el país que lleva su mismo nombre, Senegal. Nos encontramos en un lugar donde se acaba el Sáhara y empieza el Sahel, una franja de sabana estéril, semidesierta y tórrida que, siguiendo rumbo al sur, hacia el ecuador, después de unos cientos de kilómetros se convertirá en un territorio de bosques tropicales, húmedo y palustre.

Después de bajar al río, las muchachas cogen agua en altas tinajas de metal y cubos de plástico, más tarde se ayudan a colocárselos sobre la cabeza y así, charlando por el camino, trepan por la pendiente resbaladiza de vuelta a la aldea. Sale el sol y sus rayos se reflejan en el agua que llena los recipientes. El agua centellea, se mece y brilla como la plata.

Ahora se separan, dirigiéndose cada una a su casa; van hacia sus patios. Desde la mañana, desde esa excursión hasta el río, aparecen cuidadosa y esmeradamente ataviadas. Constituye su ropa un vestido de percal con profusión de estampados, amplio y holgado, que llega hasta los pies y cubre la totalidad de su cuerpo. Es una aldea islámica: nada de la vestimenta de una mujer puede sugerir que su portadora pretende seducir a un hombre.

El ruido que hacen los recipientes al ser colocados y el chapoteo del agua recién traída son como el sonido de la esquila de una pequeña iglesia parroquial: despierta a todos a la vida. De las chozas de barro —es que aquí no hay otra cosa que chozas de barro— salen enjambres de niños. Hay muchísimos, como si la aldea no fuese sino una inmensa guardería. Enseguida, en el mismo umbral, empieza la operación de orinar de estos chiquillos, una operación espontánea y refleja, donde sea, a derecha e izquierda, despreocupada y alegre, o bien, aún dormida y malhumorada. Apenas la acaban, corren hacia los cubos y las tinas, a beber. Aprovechando la ocasión, las niñas, pero sólo ellas, se pasan agua por la cara. A los niños ni se les ocurre. Ahora miran a ver qué desayunarán. Es decir, así me lo imagino yo, pues la noción de desayuno aquí no existe. Si algún crío tiene algo para comer, se lo come sin más. Puede tratarse de un pedazo de pan o un trozo de galleta, un poco de *cassava* o de plátano. Nunca se lo come solo y entero, pues los niños lo comparten todo: por lo general, la niña más grande del grupo se cuida de que todos reciban una ración justa, aunque a cada uno le toque una sola migaja. El resto del día consistirá en un incesante buscar comida. Y es que estos niños andan permanentemente hambrientos. A cualquier hora del día, en cualquier momento, engullirán en un santiamén todo lo que se les dé. Y acto seguido buscarán una nueva ocasión de poder hincar el diente.

Ahora que recuerdo las mañanas en Abdallah Wallo, me doy cuenta de que no me han acompañado ni ladridos de perros, ni cacareos de gallinas, ni mugidos de vacas. Pues claro que no: en la aldea no hay ni un solo bicho, ningún animal de los que llamamos de granja, ni ganado, ni aves de corral, ni nada de nada. Por eso mismo no existen establos, ni cuadras, ni pocilgas, ni gallineros.

En Abdallah Wallo tampoco hay plantas, ni hierba, ni flores, ni arbustos, ni huertos, ni jardines. El hombre vive aquí cara a cara con la tierra desnuda, las arenas movedizas y la arcilla quebradiza. Es el único ser vivo de estas extensiones tórridas y abrasadas, y todo el tiempo está ocupado en la lucha por la supervivencia, por mantenerse en la superficie. De modo que están el hombre y el agua. Aquí, el agua sustituye a todo. A falta de animales, es ella la que alimenta y mantiene nuestra existencia; a falta de vegetación, que proporciona sombra, es el agua la que nos refresca, y su chapoteo es como el susurro de las hojas de los arbustos y de los árboles.

Me encuentro aquí como invitado de Thiam y de su hermano Yamar. Los dos trabajan en Dakar, donde los conocí. ¿Que qué hacen? Según. La mitad de la gente de las ciudades africanas no tiene una ocupación fija y claramente definida. Compran y venden, trabajan como mozos de cuerda, como vigilantes... Están por todas partes, en alquiler, siempre disponibles, siempre a nuestro servicio. Cumplen el encargo, cobran el precio y desaparecen sin dejar rastro. Pero también pueden quedarse con vosotros durante años. Eso sólo depende de vuestro antojo y vuestro dinero. ¡Y sus ricos relatos de lo que han hecho en la vida! ¿Que qué han hecho? Miles de cosas, ¡de todo! Se aferran a la ciudad porque ésta les ofrece más y mejores posibilidades de sobrevivir, a veces incluso les permite ganar algo de dinero. Cuando entran en posesión de cuatro monedas, compran regalos y se van a la aldea, a casa, a ver a sus mujeres, hijos y primos.

A Thiam y a Yamar los encontré en Dakar precisamente en el momento en que se disponían a viajar a Abdallah Wallo. Me propusieron acompañarles. Pero yo tenía que quedarme en la ciudad durante una semana más. Aún así, si tenía ganas de visitarlos, me esperaban. Podía llegar a mi destino tan sólo en autobús. Debía acudir a la estación al alba, cuando era más fácil conseguir un asiento. Así que, pasada la semana, allí estaba yo. La Gare Routière es una plaza grande y plana, y suele estar vacía a esas horas tan tempranas. Junto a la verja aparecieron enseguida unos cuantos mocosos, que me preguntaron adónde quería ir. Les dije que a Podor, pues la aldea a la que me dirigía estaba situada precisamente en el departamento que llevaba este nombre. Me llevaron al centro de la plaza, más o menos, y allí me dejaron sin decir palabra. Como no había nadie más en aquel lugar desierto, enseguida me vi rodeado por un nutrido grupo de vendedores que tiritaban de frío (la noche era muy fresca), que intentaban endilgarme alguna de sus mercancías, ya un chicle, ya unas galletas, ya sonajeros para recién nacidos, ya cigarrillos, en cajetillas o por unidades. Yo no necesitaba nada, pero, como no tenían nada que hacer, se quedaron allí, rodeándome. Un hombre blanco, ser caído de otro planeta, es un capricho de la naturaleza tan extraño que se le puede contemplar con suma curiosidad durante un tiempo infinito. Pero, al cabo de un rato, apareció en la verja un nuevo pasajero, y tras él, otros, de modo que los vendedores, en tropel, se abalanzaron sobre ellos.

Al final llegó un autobús pequeño de la marca Toyota. Estos vehículos disponen de doce plazas, pero aquí transportan a más de treinta pasajeros. Resulta difícil describir el número y las combinaciones de todos los suplementos que llenan el interior de un autobús como aquél: barras y bancos de más, añadidos a golpe de soldador. Cuando el vehículo va lleno, para que alguien pueda subir o bajar, todos los pasajeros tienen que hacer otro tanto. La exactitud y estanqueidad de los que se encuentran en su interior equivale a la precisión de un reloj suizo, y cada individuo que ocupa una plaza tiene que contar con el hecho de que las próximas horas no podrá mover ni tan siquiera un dedo del pie. Las peores son las horas de espera, cuando, en un autobús recalentado y asfixiante, hay que quedarse sentado y quieto hasta que el conductor reúna el número completo de pasajeros. En el caso de nuestro Toyota, la espera se prolongó durante cuatro horas, y cuando ya estábamos a punto de salir, al subir, el chófer –un hombretón joven, inmenso, fornido, macizo y que atendía al nombre de Traoré– descubrió que alguien le había robado un paquete de su asiento, que contenía un vestido para su novia. Hurtos de este tipo son, en realidad, el pan de cada día en todo el mundo y, sin embargo, no sé por qué, Traoré había caído en tal estado de rabia, furia, cólera e, incluso, locura, que todos los presentes en el autobús nos encogimos hasta reducirnos al mínimo, temerosos –¡y eso que éramos inocentes!– de ser despedazados y descuartizados. En aquella ocasión vi una vez más que en África, a pesar de que los robos se repiten a cada paso, la reacción ante el ladrón entraña un rasgo irracional, rayano en la locura. Y es que desplumar a un pobre que a menudo no posee más que un cuenco de arroz o una camisa rota es, de verdad, algo inhumano; de manera que su reacción ante el robo también nos lo puede parecer. La multitud, al atrapar a un ladrón en un mercado, una plaza o una calle, es capaz de matarlo allí mismo; por eso, paradójicamente, el trabajo de la policía no consiste tanto en perseguir a los ladrones como, más bien, en defenderlos y salvarles el pellejo.

Al principio el camino conduce a lo largo del Atlántico, a través de una avenida bordeada por unos baobabs tan imponentes, enormes, altivos y monumentales que nos da la impresión de movernos entre los rascacielos de Manhattan. Como el elefante entre los animales, el baobab no tiene igual entre los árboles. Parecen proceder de una época geológica distinta, de un contexto diferente, de otra naturaleza. Sin parangón posible, no hay nada con qué compararlos. Viven para sí mismos y tienen su propio programa biológico individualizado.

Tras este bosque de baobabs que se extiende a lo largo de muchos kilómetros, la carretera tuerce hacia el este, en dirección a Mali y Burkina Faso. Traoré detiene el coche en la localidad de Dagana, que cuenta con varios restaurantes pequeños. Comeremos en uno de ellos. La gente se reúne en grupos de seis u ocho personas, que se sientan en círculo sobre el suelo del comedor. El chico del restaurante coloca en medio del círculo una palangana llena hasta la mitad de arroz, abundantemente rociado con una salsa picante de color pardo. Empezamos a comer. Se come de la manera siguiente: uno tras otro, todo el mundo alarga la mano derecha hacia la palangana, coge un puñado de arroz, exprime la salsa encima del recipiente y se mete en la boca el apelmazado mazacote. Se come despacio, con seriedad y respetando los turnos, para que nadie salga perjudicado. Hay un gran tacto y moderación en todo este ritual. Aunque todos tienen hambre y la cantidad de arroz es limitada, nadie altera el orden, ni acelera, ni engaña. Cuando la palangana está vacía, el chico trae un cubo de agua, del cual, otra vez por riguroso turno, cada uno de los comensales bebe en una taza grande. Luego se lava las manos, paga, sale y sube al autobús.

Al cabo de unos momentos volvemos a proseguir viaje. Por la tarde estamos en una localidad que se llama Mboumba. Aquí me bajo. Me esperan diez kilómetros de camino de tierra a través de una sabana seca y quemada, de arenas movedizas y tórridas, y de un calor de justicia, pesado y chispeante.

Volvamos a la mañana en Abdallah Wallo. Los niños ya se han diseminado por la aldea. Ahora, de las chozas de barro salen los adultos. Los hombres colocan sobre la arena unas alfombrillas y empiezan sus oraciones matutinas. Rezan concentrados, encerrados en sí mismos, ajenos al ajetreo de los otros: al corretear de los niños y al ir y venir de las mujeres. A esta hora, el sol ya llena del todo el horizonte, ilumina la tierra y entra en la aldea. Deja sentir su presencia enseguida, en cuestión de segundos el calor se vuelve intenso.

Ahora empieza el ritual de visitas y saludos matutinos. Todos visitan a todos. Se trata de escenas que se desarrollan en los patios; nadie penetra en el interior de las viviendas, porque las chozas sólo sirven para dormir. Thiam, después de la oración, empieza la ronda por sus vecinos más próximos. Se acerca a ellos. Comienza el intercambio de preguntas y respuestas recíprocas. «¿Cómo has dormido?» «Bien.» «¿Y tu mujer?» «Pues, igual de bien.» ¿Y los niños?» «Bien.» «¿Y tus primos?» «Bien.» «¿Y tu huésped?» «Bien.» «¿Y has soñado?» «He soñado.» Etcétera, etcétera. La ceremonia se prolonga durante mucho rato, e incluso cuantas más preguntas hacemos, cuanto más largo hacemos el intercambio de fórmulas de cortesía, más respeto por el otro demostramos tener. A esta hora resulta imposible atravesar tranquilamente la aldea, ya que cada vez que nos topamos con alguien tenemos que entrar en este juego interminable de intercambio de preguntas-saludos, haciéndolo, además, con cada cual por separado; no se puede hacer al por mayor: sería de mala educación.

Todo el tiempo acompaño a Thiam en su ritual. Y pasamos un rato muy largo antes de terminar de hacer toda la vuelta. Mientras, noto que los demás también circulan por sus órbitas matutinas; reina un movimiento febril en la aldea, por todas partes se oye el sacramental «¿Cómo has dormido?» y las tranquilizadoras y positivas respuestas de «Bien, bien». En el curso de tal ronda por la aldea se ve que en la tradición e imaginación de sus habitantes no existe la noción de espacio dividido, diversificado y segmentado. En la aldea no hay cercas ni vallas ni empalizadas, ni tampoco alambres ni mallas metálicas ni cunetas ni lindes. El espacio es uno, común, abierto e, incluso, trasparente: no tienen cabida en él cortinas extendidas ni barreras echadas, paredes ni tapias; no se ponen obstáculos a nadie ni se le impide el paso. Ahora, parte de la gente se va al campo a trabajar. Los campos están lejos, ni siquiera se ven. Las tierras en las proximidades de la aldea hace tiempo que ya están agotadas, yermas y estériles, convertidas en mero polvo y arena. Sólo a kilómetros de aquí se puede plantar algo, con la esperanza de que, si llegan las lluvias, la tierra dé fruto. El hombre posee tanta cuanta es capaz de cultivar; el problema radica en que no puede cultivar mucha. La azada es su única herramienta; no hay arados ni animales de tiro. Observo a los que se marchan al campo. Como único alimento para todo el día, se llevan una botella de agua. Antes de que lleguen a su destino, el calor se volverá insoportable. ¿Que qué cultivan? Mandioca, maíz, arroz seco. La sabiduría y la experiencia de estas gentes les hace trabajar poco y despacio, les obliga a hacer largas pausas, cuidarse y descansar. Al fin y al cabo son personas débiles, mal alimentadas y sin energías. Si alguna de ellas empezase a trabajar intensamente, a deslomarse y sudar sangre, se debilitaría aún más, y, agotada y exhausta, no tardaría en caer enferma de malaria, tuberculosis o cualquiera del centenar de enfermedades tropicales que acechan por todas partes y la mitad de las cuales acaba con la muerte. Aquí, la vida es un esfuerzo continuo, un intento incesante de encontrar ese equilibrio tan frágil, endeble y quebradizo entre supervivencia y aniquilación.

Las mujeres, a su vez, desde la mañana misma preparan el alimento. Digo «alimento» porque se come una vez al día, por lo que no se pueden usar designaciones tales como desayuno, almuerzo, comida o cena: no se come a ninguna hora establecida sino sólo cuando el alimento está preparado. Por lo general, tal cosa se produce en las últimas horas de la tarde. Una vez al día y siempre lo mismo. En Abdallah Wallo, como en toda la zona circundante, se trata de arroz, adobado con una salsa fuerte, muy picante. En la aldea viven pobres y ricos, pero la diferencia entre lo que comen no consiste en una diversificación de platos sino en la cantidad de arroz. El pobre no comerá más que un puñadito exiguo, mientras que el rico tendrá un cuenco lleno a rebosar. Aunque esto ocurre sólo en los años de buena cosecha. Una sequía prolongada empuja a todos hacia el mismo fondo: pobres y ricos comen el mismo puñadito exiguo, si es que, simplemente, no se mueren de hambre.

La preparación del alimento ocupa a las mujeres la mayor parte del día, o mejor dicho, el día entero. Lo primero que tienen que hacer es salir en busca de leña. No hay madera en ninguna parte, hace tiempo que se han talado todos los árboles y arbustos, y el buscar en la sabana astillas y trozos de ramas o palos es una ocupación pesada, ardua y sumamente lenta. Cuando la mujer por fin trae un manojo de leña, tiene que volver a marcharse, esta vez para ir a buscar un barril de agua. En Abdallah Wallo el agua está cerca, pero en otros lugares hay que caminar kilómetros para encontrarla, o, en la estación seca, esperar durante horas hasta que la traiga un camión cisterna. Provista de combustible y agua, la mujer ya puede proceder a la cocción del arroz. Bueno, no siempre. Antes tiene que comprarlo en el mercado, y pocas veces dispone de dinero suficiente como para hacer un acopio y tener en casa una cantidad excedente. En esto llega el mediodía, la hora de un calor tal que cesa todo movimiento, todo se paraliza y petrifica. También cesa el ajetreo alrededor del fuego y las ollas. La aldea se queda desierta a esta hora, la vida la abandona por completo.

Una vez hice el esfuerzo de ir al mediodía de choza en choza. Eran las doce. En todas ellas, sobre el suelo de barro o sobre esteras y camastros, estaban tumbadas personas mudas e inmóviles. Sus rostros aparecían cubiertos de sudor. La aldea era como un buque submarino en el fondo del océano: existía pero sin dar señales de vida, sin voz y sin movimiento alguno.

Por la tarde Thiam y yo nos acercamos al río. Turbio y de color metal oscuro, fluye entre unas orillas altas y arenosas. En ninguna parte se ve vegetación, no hay plantaciones ni arbustos. Claro que se podrían construir canales que regasen el desierto. Pero ¿quién habría de hacerlo? ¿Con qué dinero? ¿Para qué? El río, de cuya presencia nadie se percata ni saca provecho, parece fluir para sí mismo. Nos hemos introducido tanto por el desierto que cuando volvemos ya es de noche. En la aldea no hay luz alguna. Nadie enciende un fuego: sería desperdiciar combustible. Nadie tiene una lámpara. Tampoco una linterna. Cuando hace una noche sin luna, como hoy, no se ve nada. Sólo se oyen voces aquí y allá, conversaciones y exhortaciones, relatos que no entiendo, palabras cada vez más espaciadas y dichas en voz baja: la aldea, aprovechando esos escasos instantes de frescor, por unas horas se sume en el silencio y duerme.

LEVANTARSE DE UN SALTO EN MEDIO DE LA OSCURIDAD

Alba y crepúsculo. Son las horas más agradables en África. El sol o todavía no achicharra o ya no nos atormenta. Deja vivir, deja existir.

Las cataratas de Sabeta distan de Addis-Abeba veinticinco kilómetros. Viajar en coche por Etiopía es una especie de compromiso que se negocia a cada instante: todos saben que el camino es viejo, estrecho y lleno de gente y vehículos, pero saben asimismo que tienen que caber en él, y no sólo caber sino también moverse, trasladarse e intentar alcanzar sus destinos. A cada momento, ante todo conductor, pastor de ganado o viandante surge un obstáculo, un rompecabezas, un problema que exige solución: cómo pasar sin chocar con el vehículo que viene en sentido contrario, cómo llegar hasta las vacas, los carneros y los camellos sin pisar a los niños y a los tullidos que andan arrastrándose; cómo pasar al otro lado sin caer bajo las ruedas de un camión, sin ensartarse en los cuernos de un buey, sin arrollar a una mujer que lleva sobre la cabeza un peso de veinte kilos, etc., etc. Y, sin embargo, nadie grita a nadie, nadie se enfada, ni maldice, ni blasfema, ni amenaza: todos corren su slalom con paciencia y en silencio, hacen piruetas, esquivan choques y embestidas, maniobran y se zafan del peligro, se agolpan y, sobre todo –lo más importante–, avanzan. Si se produce un embotellamiento, todos, tranquilos y a una, tomarán parte en la operación de desatascarlo; si se forma una multitud compacta, todos, milímetro a milímetro, acabarán solucionando la situación.

El río, rápido y poco profundo, fluye por un agrietado lecho de piedras, bajando cada vez más hasta alcanzar un abrupto salto, desde el cual se precipita al abismo. Son las cataratas de Sabeta.

Arriba, en el curso alto del río, un pequeño etíope, tal vez de no más de ocho años, se gana el pan haciendo lo siguiente: se quita toda la ropa ante la mirada de los visitantes y, arrastrado por las rápidas aguas, baja sobre su culito desnudo por el pedregoso fondo hasta el borde del precipicio. Cuando se detiene junto al abismo, cuyo estruendo llega desde abajo, los espectadores lanzan dos gritos: el primero, de terror y el segundo, inmediatamente después, de alivio. El niño se levanta, se vuelve de espaldas y se inclina, enseñando el trasero a los turistas. No hay en este gesto ningún desprecio ni falta de respeto. Todo lo contrario: orgullo y deseo de tranquilizar a quienes lo miramos, mostrándonos que, al tener —¡fijaos!— la piel de las nalgas tan bien curtida, puede bajar por un lecho erizado de piedras afiladas sin hacerse daño alguno. En efecto, la piel parece tan dura como las suelas de las botas de un alpinista.

Al día siguiente, en la cárcel de Addis-Abeba. Ante la entrada, bajo un estrecho tejado de hojalata, una cola de personas esperando la hora de visita. Puesto que el gobierno es demasiado pobre como para uniformar a la policía, la guardia de las prisiones, etc., los jóvenes descalzos y apenas vestidos que deambulan junto a la verja no son sino los vigilantes de la cárcel. Debemos persuadirnos de que tienen poder, de que deciden si nos dejarán entrar, tenemos que creer en ello y esperar hasta que acaben de discutir, seguramente acerca de si nos permitirán o vetarán el paso. La vieja prisión, construida todavía por los italianos, era utilizada por el régimen promoscovita de Mengistu para encerrar y torturar a los miembros de la oposición; ahora, en cambio, el poder actual mantiene metidos entre rejas a hombres de los círculos más próximos a Mengistu, miembros del Comité Central, ministros, generales del ejército y de la policía.

233

Levantada por Mengistu, encima de la entrada se ve una gran estrella en compañía de una hoz y un martillo, y en el interior de la cárcel, en el patio, un busto de Marx (es una costumbre soviética: en las entradas de los gulags se colgaban retratos de Stalin y en el interior se erguían monumentos a Lenin).

El régimen de Mengistu, tras diecisiete años de existencia, cayó en el verano de 1991. El propio líder huyó en avión a Zimbabwe, en el último momento. Es extraordinaria la suerte que ha corrido su ejército. Con ayuda de Moscú, Mengistu construyó el ejército más poderoso de África al sur de Sáhara. Contaba con cuatrocientos mil soldados y tenía misiles y armas químicas. Estaban en guerra con él guerrilleros de las montañas del norte (Eritrea, Tigre) y del sur (Oromo). Justamente en el verano de 1991 hicieron retroceder a las fuerzas gubernamentales hasta Addis-Abeba. Una semblanza de los guerrilleros: muchachos descalzos, a menudo niños, desharrapados, hambrientos y mal armados. Los europeos, temiendo una matanza terrible tras su entrada, empezaron a huir de la ciudad. Pero sucedió otra cosa, algo que podría servir de tema para una película asombrosa y titulada *Aniquilación de un gran ejército*. Al enterarse de la huida de su líder, aquel ejército poderoso y armado hasta los dientes se desmoronó en pocas horas. Los soldados, hambrientos y desmoralizados, en un instante se convirtieron en mendigos, ante los ojos de los atónitos habitantes de la ciudad. Con un kaláshnikov en una mano, extendían la otra pidiendo algo para comer. Los guerrilleros tomaron la ciudad prácticamente sin lucha. Los soldados de Mengistu, tras dejar abandonados tanques, lanzaderas de misiles, aviones, cañones y carros blindados, se marcharon (cada uno por su cuenta) –a pie, montando mulas, en autobuses– a sus aldeas, a casa. Si alguna vez pasáis por Etiopía, en muchas aldeas y ciudades veréis a hombres sanos y fuertes sentados en los umbrales de las casas sin hacer nada o en los taburetes de los modestos bares junto a los caminos: no son sino soldados del gran ejército del general Mengistu, que había de conquistar África pero que se desmoronó en un solo día del verano de 1991.

El preso con el que hablo se llama Shimelis Mazengia y fue uno de los ideólogos del régimen de Mengistu, miembro del Politburó y secretario del Comité Central para la ideología, en una palabra, una especie de Suslov etíope. Mazengia tiene cuarenta y cinco años y es inteligente. Responde con cautela, sopesando sus palabras. Va vestido de sport, con un chándal de color claro. Aquí todos los presos van vestidos «de paisano»: el gobierno no tiene dinero para fabricarles uniformes penitenciarios. Vigilantes y presos, todos visten igual. He preguntado a uno de los guardias si los presos, al tener el mismo aspecto que cualquier otro hombre de la calle, no intentan aprovechar esta circunstancia para huir. Me ha mirado con asombro, ¿huir? Aquí por lo menos tienen un cuenco de sopa, mientras que en libertad pasarían mucha, muchísima hambre, como todo el pueblo. Son enemigos, ¡no locos!, ha subrayado. Los oscuros ojos esconden inquietud, temor incluso. Se mueven sin parar, desvían la mirada, como si su portador, atrapado, buscase febrilmente una salida. Dice que la huida de Mengistu fue una sorpresa para todos ellos, es decir, para los hombres más próximos al líder. Mengistu trabajaba día y noche; y no porque le interesasen los bienes materiales, sino el poder absoluto. El poder; con él tenía suficiente. La suya era una mentalidad cerrada, incapaz de ningún compromiso. Las matanzas del terror rojo que durante varios años había hecho estragos en el país el preso las define como «lucha por el poder». Sostiene que «las dos partes habían matado». ¿Cómo juzga su propia participación en la cúpula del poder de un régimen que, incluso al caer, había causado tanta desgracia, destrucción y muerte (por orden de Mengistu se fusiló a más de treinta mil personas, aunque hay fuentes que dan la cifra de trescientas mil)? Recuerdo que, cuando a finales de los años setenta, se recorría Addis-Abeba por la mañana, se veía en las calles los cadáveres de los asesinados (cosecha de cada noche). Me responde con filosofía: la historia es un proceso muy complejo. Comete errores, camina errática, busca y a veces entra en un callejón sin salida. Sólo el futuro lo juzgará todo y encontrará la justa medida.

Él y otros catorce hombres ligados al viejo régimen (la *nomen-klatura* etíope) llevan aquí tres años, sin saber qué será de ellos: ¿más cárcel?, ¿un proceso?, ¿fusilamiento?, ¿salida en libertad? Pero también el gobierno se plantea la misma pregunta: ¿qué hacer con ellos?

Estábamos sentados en una habitación pequeña, creo que una garita de vigilancia. Nadie escuchaba nuestra conversación, ni nadie tampoco insistió en que la acabásemos. Como suele suceder en África, lo que reinaba era un enorme desbarajuste, la gente entraba y salía y, en la mesa de al lado, no paraba de sonar un teléfono que nadie atendía.

Al final de la entrevista, dije que quería ver el lugar donde se hallaban los confinados. Me condujeron a un patio rodeado por un edificio de dos plantas, con galerías. Las celdas estaban dispuestas a lo largo de ellas de tal manera que todas las puertas daban al patio. Una multitud de presos, hacinados, no paraba de deambular por allí. Me fijé en sus rostros. Eran rostros, asomando entre las barbas y tras las gafas, de profesores de universidad, de sus ayudantes y alumnos. El régimen de Mengistu había tenido a muchos partidarios entre ellos. Se trataba, en términos generales, de heraldos de la versión albanesa del socialismo, en su variante de Enver Hoxha. Cuando se produjo la ruptura entre Tirana y Pekín, los admiradores etíopes de Hoxha disparaban en las calles de Addis-Abeba sobre sus compatriotas maoístas. Durante meses la sangre empapó las calles. Tras la huida de Mengistu, los soldados de su ejército se marcharon a sus casas, y se quedaron solos los académicos. Cazarlos y meterlos en aquel patio hacinado no supuso mayores dificultades.

Alguien trajo de Londres un número de *Hal-Abuur (Journal of Somali Literature and Culture)*, revista trimestral somalí, publicado en verano de 1993. Los conté: de entre sus diecisiete autores, científicos y escritores —intelectuales somalíes de primera fila— nada menos que quince vivían en el extranjero. He aquí uno de los problemas de África: la mayor parte de su *intelligentsia* vive fuera del continente; en los EEUU, en Londres, en París, en

Roma... En sus países, in situ, han quedado: abajo, las masas formadas por un campesinado ignorante, atemorizado y explotado hasta la última gota de sudor; y arriba, la clase de los burócratas corruptos hasta la médula o la soldadesca arrogante (el *lumpenmilitariat*, como la define el historiador ugandés Ali Mazrui). ¿Cómo puede África desarrollarse, participar en la gran transformación del mundo, sin la *intelligentsia*, sin una propia clase media culta? Además, cuando un académico o escritor africano es objeto de represalias en su patria, lo más normal es que éste no busque refugio en otro país de su continente sino, y sin dilación, en Boston, Los Ángeles, Estocolmo o Ginebra.

En Addis-Abeba, me traslado a la universidad. Es la única en todo el país. Me asomo a la librería universitaria. Es la única en todo el país. Estantes vacíos. No hay nada: ni libros ni revistas. Nada. Tal situación se presenta en la mayoría de los países africanos. Tiempo ha, lo recuerdo bien, había una buena librería en Kampala y otra (incluso tres), en Dar es Salam. Ahora, nada, en ninguna parte. Etiopía es un país cuya superficie iguala a la de Francia, Alemania y Polonia juntas. Viven allí más de cincuenta millones de personas, dentro de pocos años serán sesenta, dentro de una par de décadas, más de ochenta, etc., etc.

¿Entonces tal vez?

¿Alguien?

¿Aunque sólo fuese una sola?

En mis ratos libres voy al Africa Hall, una edificación enorme y decorativa que corona una de las colinas sobra las que se levanta la ciudad. Aquí, en mayo de 1963, se celebró la primera cumbre africana. Aquí vi a Nasser, a Nkrumah, a Haile Selassie, a Ben Bella, a Modibo Keita... Grandes nombres en aquel entonces. En el vestíbulo donde se encontraban, ahora juegan al ping-pong unos chicos y una mujer vende chaquetas de piel.

El Africa Hall es la ley de Parkinson en versión libre y triunfal. Años ha no había aquí más que un edificio, y ahora se ven varios. Cada vez que vuelvo a Addis-Abeba, siempre contemplo la misma imagen: en las proximidades del Africa Hall se alza una nueva construcción, a cual más grande y lujosa. En Etiopía, los sistemas cambian –primero el feudal autocrático, luego el marxista-leninista, actualmente, el federal-democrático–; África también cambia –se vuelve cada vez más pobre–, pero todo esto no tiene ninguna importancia: la victoriosa e inquebrantable ley que ordena seguir ampliando la sede del principal poder africano, el Africa Hall, funciona sin dependencia ni condicionamiento alguno.

El interior: pasillos, despachos, salas de reuniones; todo repleto de papeles, desde el suelo hasta el techo. Los papeles revientan armarios y archivadores, asoman de los cajones y se caen de las estanterías. Por todas partes hay aglomeraciones de mesas, a las cuales se sientan muchachas bellísimas de todos los confines de África.

Las secretarias.

Busco un documento. Se llama «Lagos Plan of Action for the Economic Development of Africa 1980-2000». En 1980 se reunieron en Lagos los líderes de África con el fin de reflexionar sobre cómo salir de la crisis en la cual se había sumido el continente, cómo salvarlo. Y elaboraron entonces dicho plan de acción, una biblia, la panacea, la gran estrategia para el desarrollo.

Mis búsquedas y preguntas no surten efecto. La mayoría ni siquiera ha oído hablar de ningún plan de acción. Otros sí han oído pero no saben nada preciso. Finalmente los hay que sí han oído y hasta saben cosas concretas, pero no tienen el texto. Pueden proporcionarme el decreto referente a cómo aumentar la producción de cacahuetes en Senegal. Cómo combatir la mosca tse-tse en Tanzania. Cómo limitar la sequía en el Sahel. Pero ¿cómo salvar a África? No, no tienen ningún plan en este sentido.

Algunas de las conversaciones mantenidas en el Africa Hall en cuestión: la primera, con Babashola Chinsman, vicedirector de la Agencia para el Desarrollo de la ONU. Joven y enérgico, procede de Sierra Leona. Es uno de esos africanos a los que el destino ha sonreído. Un representante de la nueva clase global: un Tercer

Mundo que se sienta en las organizaciones internacionales. Un chalet en Addis-Abeba (oficial), otro en Freetown (propio, alquilado a la embajada de Alemania), un piso particular en Manhattan (porque los hoteles no son santo de su devoción). Una limusina, con chófer, el servicio... Mañana, una conferencia en Madrid; dentro de tres días, en Nueva York; dentro de una semana, en Sydney. El tema, siempre el mismo; el sempiterno tema africano: cómo mitigar la situación de los hambrientos.

La conversación resulta simpática, interesante. Chinsman:

– no es verdad que África esté estancada; África se desarrolla, no sólo es el continente del hambre;

– el problema es más amplio, mundial: 150 países en vías de desarrollo presionan a 25 países desarrollados, en los cuales, por añadidura, hay recesión y cuya población no aumenta;

– es sumamente importante que se promocione en África un desarrollo de las regiones. Lamentablemente, lo obstaculiza una infraestructura atrasada: faltan medios de transporte, camiones, autobuses; los caminos son pocos y malos, y las comunicaciones deficientes;

– esta estructura de comunicaciones tan deficiente hace que el noventa por ciento de aldeas y pueblos vivan incomunicados: no tienen acceso al mercado y, por eso mismo, al dinero;

– paradojas de nuestro mundo: si calculamos los gastos de transporte, servicio, almacenaje y conservación de alimentos, el precio de una comida (por lo común, un puñado de maíz) para un refugiado de cualquier campamento, por ejemplo en Sudán, es mayor que el de una cena en el restaurante más lujoso de París;

– tras treinta años de independencia, por fin empezamos a comprender que la educación es importante para el desarrollo. El trabajo del campesino que sabe leer y escribir es diez o quince veces más rentable que el del campesino analfabeto. La sola educación, sin inversiones de ninguna clase, ya de por sí aporta beneficios;

– lo más importante es tener un *multidimensional approach to development*: desarrollar las regiones, las comunidades locales, desarrollar más bien la *interdependence*, antes que una ¡*intercompetition*!

239

John Menru, de Tanzania:

– África necesita una nueva generación de políticos que sepan pensar de la nueva manera. La presente tiene que marcharse. En lugar de pensar en el desarrollo, sólo piensa en cómo mantenerse en el poder;

– ¿una salida para África? Crear un nuevo clima político:

a) aceptar, como obligatorio, el principio del diálogo;

b) garantizar la participación de la sociedad en la vida pública;

c) respetar los derechos humanos básicos;

d) empezar la democratización.

Si hacemos todo esto, los políticos de nuevo cuño surgirán solos. Políticos que tendrán su propia visión de las cosas, clara y nítida. Una visión clara y nítida; he aquí lo que nos falta hoy;

– ¿qué es peligroso? El fanatismo étnico. Puede llevar a que el principio étnico alcance una dimensión religiosa, convirtiéndose en sustituto de la religión. ¡He ahí lo peligroso!

Sadig Rasheed, sudanés. Uno de los directores de la comisión económica para asuntos de África:

– África tiene que despertarse, espabilar;

– hay que parar el proceso, en marcha, de la marginación de África. No sé si lo conseguiremos;

– ignoro –y me temo que no– si las sociedades africanas serán capaces de adoptar una actitud autocrítica, de la que dependen tantas cosas.

Exactamente sobre el mismo tema hablo un día con A., un inglés viejo que lleva años viviendo en África. A saber: la fuerza de Europa y de su cultura, a diferencia de otras culturas, radica en su capacidad crítica y, sobre todo, en su capacidad para la autocrítica. En su arte de análisis e investigación, en sus búsquedas continuas, en su inquietud. La mente europea reconoce que tiene límites, acepta su imperfección, es escéptica, duda y se plantea interrogantes. Otras culturas carecen de tal espíritu crítico. Más aún, tienden a la soberbia, a considerar todo lo propio como perfecto; en una palabra, se muestran todo menos críticas con ellas mismas. Las culpas de cualquier mal las cargan, exclusivamente, sobre otros, sobre fuerzas ajenas (complots, espías, dominación exterior, en la forma que sea). Perciben toda crítica como un ataque maligno, como una prueba de discriminación, como racismo, etc. Los representantes de estas culturas consideran la crítica como una ofensa a sus personas, como un intento premeditado de humillarlos, incluso como una forma de ensañarse con ellos. Si se les dice que su ciudad está sucia, lo perciben como si les dijésemos que lo están ellos, que tienen sucias las orejas, el cuello, las uñas, etc. En lugar de sentido autocrítico, llevan dentro un montón de resentimientos, complejos, envidias, rencores, enojos y manías. Esto hace que, desde el punto de vista de su cultura, de su estructura, sean incapaces de progresar, de crear en ellos, en su interior, una voluntad de cambio y desarrollo.

¿Pertenecen las culturas africanas (pues son muchas, tantas como sus religiones) al grupo de las intocables y desprovistas de sentido crítico? Africanos como Sadig Rasheed empezaron a planteárselo al querer encontrar una respuesta a la pregunta de por qué, en la carrera de los continentes, África queda rezagada.

¿La imagen de África que se ha forjado Europa? Hambre, niños-esqueletos, tierra tan seca que se resquebraja, chabolas llenando las ciudades, matanzas, el sida, muchedumbres de refugiados sin techo, sin ropa, sin medicinas, sin pan ni agua.

De modo que el mundo se apresura a socorrerla.

Igual que en el pasado, África es hoy contemplada como un objeto, como reflejo de una estrella diferente, terreno de actuaciones de colonizadores, mercaderes, misioneros, etnógrafos y toda clase de organizaciones caritativas (sólo en Etiopía su número supera las ochenta).

Sin embargo, más allá de todo esto, África existe para sí misma y dentro de sí misma, como un continente aparte, eterno y cerrado, tierra de bosques de plátanos, de campos de mandioca, pequeños e irregulares, de selva, del inmenso Sáhara, de ríos que van secándose lentamente, de florestas cada vez más ralas, de ciudades monstruosas y cada vez más enfermas; como una parte del mundo cargada con una especie de electricidad inquieta y violenta.

Dos mil kilómetros a través de Etiopía. Los caminos, vacíos. Montañas y más montañas. En esta estación del año (es invierno en Europa) son verdes. Gigantescas, aparecen magníficas a la luz del sol. Todo alrededor se sume en el silencio. Pero basta detenerse, sentarse al borde del camino y aguzar el oído. Allá, a lo lejos, se oyen voces agudas y monótonas. Son cantos de niños que, desparramados por las lomas circundantes, recogen leña, vigilan rebaños y siegan hierba para el ganado. No se oyen voces de personas mayores, como si sólo se tratase de un mundo infantil.

Y así es. La mitad de la población de África aún no tiene cumplidos los quince años. Todos los ejércitos nutren sus filas con niños, los campamentos de refugiados están repletos de niños y son niños los que trabajan los campos y venden en el mercado. Y en la casa, al niño le corresponde el papel más importante: es el responsable del abastecimiento del agua. Cuando todo el mundo duerme todavía, los chicos pequeños se levantan de un salto en medio de la oscuridad y corren hacia las fuentes, los estanques y los ríos en busca de agua. La tecnología moderna ha resultado ser un gran aliado de estos críos, pues les ha regalado el bidón de plástico, ligero y barato. Hace una veintena de años, dicho bidón revolucionó la vida africana. En el trópico, el agua es la condición de supervivencia. Puesto que la canalización no es muy corriente por aquí y el agua no abunda en ninguna parte, a menudo hay que trasportarla a grandes distancias, a veces a más de quince kilómetros. Durante siglos enteros habían servido para este fin pesadas vasijas de piedra o barro. La cultura africana no conoce el transporte rodado, la gente lo lleva todo ella misma, preferentemente sobre la cabeza. Las vasijas las cargaban las mujeres, de acuerdo con el tradicional reparto del trabajo en el hogar. Además, un niño ni siquiera habría podido levantar una vasija como aquéllas, y en este mundo pobre, en una casa casi nunca había más que un solo recipiente.

Y he aquí que apareció el bidón de plástico. ¡Un milagro! ¡Una revolución! En primer lugar, es relativamente barato (aunque en algunas casas sea el único objeto de valor): cuesta unos dos dólares. Pero lo más importante es que ¡es ligero! Como también lo es el que se fabrique en varios tamaños, de modo que incluso un niño muy pequeño puede transportar unos litros de agua. ¡Todos los niños la acarrean! Ahora mismo vemos a un tropel de alborotada chiquillería que, jugando y dándose empujones, se dirige a una fuente lejana en busca de agua. ¡Qué enorme alivio para la mujer africana, agotada hasta el límite de sus fuerzas! ¡Qué cambio tan grande en su vida! ¡Cuánto tiempo ha ganado ahora para ella misma y para la casa!

Pero eso no es todo. El bidón de plástico tiene un número de virtudes ilimitado. Una de las más importantes radica en que sustituye a la persona en una cola. Había que hacerla (allí donde el agua se trae en cisternas) durante días enteros. Estar a la intemperie bajo el sol del trópico es una tortura. Antes no se podía dejar la vasija e irse a la sombra, porque la podían robar, y era demasiado cara. Ahora, en cambio, en lugar de personas, se forman colas de bidones de plástico, mientras sus dueños se refugian del sol o se van al mercado o a hacer alguna visita. Al viajar por África, se ven muchas de esas kilométricas y multicolores filas de bidones esperando a que aparezca el agua.

Unas palabras más a propósito de los niños. Basta detenernos por un momento en alguna aldea o pueblo, o incluso, sencillamente, en medio del campo, para que enseguida nos rodee un nutrido grupo de niños. Todos, indescriptiblemente harapientos. Todos, con unos inimaginables andrajos que hacen las veces de pantalones y de camisas. Como única fortuna, como único alimento, una calabaza pequeña con un poquito de agua. Todo pedazo de pan o de plátano desaparecerá, engullido, en un abrir y cerrar de ojos. Entre estos niños, el hambre es algo habitual, una forma de vida, una segunda naturaleza. Y, sin embargo, lo que piden no es pan ni fruta, ni siquiera dinero.

Piden un lápiz.

Un bolígrafo. Su precio: diez centavos. Sí, pero ¿de dónde sacarlos?

Y a todos ellos les gustaría ir a la escuela, les gustaría estudiar. A veces incluso van a la escuela del poblado (un lugar al aire libre,

243

a la sombra de un gran mango), pero no pueden aprender a escribir porque no tienen con qué hacerlo, no tienen lápiz.

En algún lugar cerca de Gonder (llegaréis a esta ciudad de los reyes y de los emperadores de Etiopía, avanzando desde el Golfo de Adén en dirección a El Obeid, Tersef, N'Djamena y el lago Chad), encontré a un hombre que caminaba del Norte al Sur. Es, en realidad, la única cosa importante que se puede decir de él: que iba del Norte al Sur. Bueno, también se puede añadir que iba en busca de su hermano.

Estaba descalzo, vestía un pantalón corto lleno de remiendos y, sobre los hombros, algo que en tiempos habría podido llamarse una camisa. Aparte de esto, tenía tres cosas: un bastón de caminante; un trozo de lienzo, que por las mañanas le servía como toalla, en las horas del peor calor, para protegerse la cabeza, y durante el sueño, para taparse; y, también, un receptáculo para agua, de madera y con cierre, que llevaba colgado del hombro. No tenía ningún dinero. Si la gente que encontraba a su paso le daba de comer, comía; si no, hambriento, seguía su viaje. Pero como había pasado hambre toda su vida, no había en ello nada de extraordinario.

Se dirigía al Sur porque tiempo atrás su hermano había partido de casa precisamente en aquella dirección. ¿Cuándo? Hacía mucho. (Hablé con él valiéndome del chófer, que sabía cuatro palabras en inglés y toda referencia al pasado la definía con una única expresión: hace tiempo.) Él también caminaba desde hacía tiempo. Había partido de algún lugar cercano a Keren, en las montañas de Eritrea.

Sabía cómo dirigirse al Sur: por la mañana tenía que ir directamente hacia el sol. Cuando se topaba con alguien, le preguntaba si no conocía a un tal Solomón (el nombre de su hermano). La gente no se extraña al oír semejante pregunta. Toda África se halla en constante movimiento, recorriendo caminos y perdiéndose. Unos huyen de la guerra, otros de la sequía, los de más allá del hambre. Huyen, deambulan, se extravían. El hombre que iba del Norte al Sur no era sino una gota anónima en una de las tantas riadas humanas que inundan los caminos del continente negro, perseguidas por el miedo o la muerte, o guiadas por la esperanza de encontrar un lugar mejor bajo el sol. ¿Por qué quería encontrar a su hermano? ¿Por qué? No comprendía la pregunta. Por una causa obvia, evidente por sí misma, que no necesitaba explicaciones. Se encogió de hombros. A lo mejor lo invadió un sentimiento de lástima por el hombre al que acababa de conocer y el cual, aunque bien vestido, era más pobre que él, porque le faltaba algo importante y preciado. ¿Sabía dónde se encontraba? ¿Que el lugar donde estábamos sentados ya no era Eritrea sino Etiopía, un país diferente? Esbozó la sonrisa del hombre que sabe mucho, en cualquier caso del hombre que sabía una cosa a ciencia cierta: que para él, en África no había fronteras ni países, tan sólo tierra quemada, en la cual un hermano buscaba a otro hermano.

Junto al mismo camino —sólo que hay que bajar hasta el fondo de una abismal hendidura entre dos abruptas laderas de la montaña— se levanta el monasterio de Debre Libanos. En el interior de la iglesia hace frío y reina la oscuridad. Después de las horas pasadas en un coche inundado por la cegadora luz del sol, la vista tarda mucho en acostumbrarse a un lugar semejante y que en un primer momento parece sumido en la oscuridad más absoluta. Al cabo de un rato se distinguen unos frescos en las paredes y también se ve que en el suelo, cubierto por esteras, yacen, boca abajo, unos peregrinos etíopes vestidos de blanco. En uno de los rincones, con voz soñolienta y que se apaga por momentos, un monje viejo canta un salmo en ge'ez, lengua hoy ya muerta. En esta atmósfera de recogimiento místico y silencioso, todo parece estar más allá del tiempo, de la medida y de la gravedad; más allá del ser.

No se sabe cuánto llevan esos peregrinos en el monasterio: a lo largo del día he salido y entrado en él varias veces y ellos seguían allí, inmóviles sobre sus esteras.

¿Un día? ¿Un mes? ¿Un año? ¿La eternidad?

EL INFIERNO SE ENFRÍA

Los pilotos aún no han apagado los motores cuando una multitud corre hacia el avión. Colocan la escalerilla. Al bajar de ella, en el acto nos vemos envueltos por un jadeante torbellino humano, por las personas que han alcanzado el avión y ahora se abren paso a codazos y nos tiran de las camisas: un asedio en toda regla. «*Passport! Passport!*», gritan unas voces muy insistentes. Y acto seguido y en el mismo tono amenazador: «*Return ticket!*» Y unas terceras, no menos autoritarias: «*Vaccination! Vaccination!*». Todas estas exigencias, todo este asalto, son tan violentos y desorientan tanto que, sitiado, asfixiado y manoseado, empiezo a cometer un error tras otro. Preguntado por el pasaporte, lo saco, obediente, de la bolsa. Y enseguida alguien me lo arrebata y desaparece con él por alguna parte. Interpelado por el billete de vuelta, enseño que lo tengo. Pero al cabo de un instante lo pierdo de vista: también él ha desaparecido. Lo mismo pasa con el libro de vacunación: alguien me lo ha quitado de la mano y se ha volatilizado acto seguido. ¡Me he quedado sin documento alguno! ¿Qué hacer? ¿Ante quién presentar una queja? ¿A quién recurrir? La multitud que me ha dado caza junto a la escalerilla de repente se ha dispersado y ha desaparecido. Me he quedado solo. Pero al cabo de un instante se me acercan dos hombres jóvenes. Se presentan: «Zado y John. Te vamos a proteger. No te las arreglarías sin nosotros.»

No les he preguntado nada. Lo único que pensé era: «¡Qué calor más espantoso hace aquí!» Eran las primeras horas de la tarde; el aire, húmedo y pesado, era tan denso y estaba tan incandescente que no tenía con qué respirar. Sólo deseaba salir de allí, llegar a algún lugar donde hubiese ¡una pizca de fresco! «¿Dónde están mis documentos?», me puse a gritar, furioso y desesperado. Había perdido el control de mis actos: en medio de un calor como aquel, la gente se vuelve nerviosa, excitada y furibunda. «Intenta calmarte», ha dicho John mientras subíamos en su coche, aparcado delante del barracón del aeropuerto, «enseguida lo comprenderás todo.»

Nos metemos por las calles de Monrovia. A ambos lados de las calzadas se ven, negros, los muñones carbonizados de las casas, quemadas y destrozadas. Aquí suele quedar muy poco de una casa derruida, pues todo, absolutamente todo, incluidos los ladrillos, las planchas de hojalata y las vigas que se han salvado de las llamas, desaparece inmediatamente, desmontado y saqueado. La ciudad alberga a decenas de miles de personas que han huido de la selva, que no tienen techo y que permanecen a la espera de que una granada o bomba destruya alguna casa. Se abalanzan enseguida sobre tamaño trofeo. Con los materiales que consigan llevarse se construirán una cabaña, o una barraca, o, simplemente, un techo que las proteja del sol y de la lluvia. La ciudad, que –a juzgar por lo que todavía se puede ver– inicialmente se componía de casas sencillas y bajas, ahora, repleta de construcciones provisionales hechas de cualquier manera, de mírame y no me toques, se ha reducido aún más, ha cobrado el aspecto de algo instantáneo y recuerda a un campamento de nómadas que se hubiesen detenido sólo un momento, para ocultarse del sol del mediodía, y que partirán enseguida, sin que se sepa muy bien hacia dónde.

Pedí a John y a Zado que me llevasen a un hotel. No sé si había dónde elegir, pero lo cierto es que sin mediar palabra me llevaron a una calle donde se levantaba un edificio desconchado de una planta, con un rótulo saliente de El Mason Hotel. Se entraba en él pasando por el bar. John abrió la puerta pero no consiguió dar un paso más. En el interior, en una artificial penumbra multicolor y un aire viciado y asfixiante, estaban, de pie, unas prostitutas. Decir «estaban, de pie, unas prostitutas» no refleja en absoluto el estado de cosas. En aquel pequeño local se había congregado un centenar de muchachas, unas pegadas a otras, sudorosas y cansadas; hacinadas, apretujadas y planchadas de tal manera que no sólo no se podía entrar, sino ni siquiera resultaba posible meter allí un brazo. El mecanismo funcionaba del modo siguiente: cuando un parroquiano abría la puerta desde la calle, la presión que se acumulaba en el interior arrojaba a una muchacha directamente, como desde una catapulta, a los brazos del sorprendido cliente. Una segunda muchacha ocupaba inmediatamente el sitio vacío. John retrocedió, en busca de otra entrada. En una pequeña garita-oficina se sentaba un libanés joven, de aspecto sencillo y agradable. Era el dueño. A él pertenecían aquellas muchachas y aquel edificio medio desmoronado, de paredes viscosas y cubiertas de moho y chorreones que, ennegrecidos, formaban una procesión muda de espectros, quimeras y espíritus alargados, flacos y encapuchados.

–No tengo documentación –confesé al libanés, quien se limitó a esbozar una sonrisa.

–No importa –dijo–. Aquí no hay muchos que la tengan. ¡Documentación! –Y soltó una carcajada, tras lo cual lanzó una mirada cómplice hacia John y Zado. A todas luces, yo era para él un visitante de otro planeta. En el que llevaba el nombre de Monrovia se pensaba más bien en cómo sobrevivir hasta el día siguiente. ¿A quién le importaban unos papelotes?–. Cuarenta dólares la noche –dijo–. Pero sin comida. Se puede comer al doblar la esquina, donde la siria.

Invité allí enseguida a John y a Zado. La mujer, entrada en años, desconfiada y que no paraba de mirar hacia la puerta, ofrecía un único plato: pinchos con arroz. No quitaba ojo de la puerta porque nunca sabía quién iba a entrar: unos clientes, para comer algo; o unos ladrones, para despojarla de todo lo que tenía.

–¿Qué puedo hacer? –nos preguntó al entregarnos sendos platos. Había perdido ya todos los nervios, como todo el dinero–. He perdido mi vida –dijo, ni tan siquiera desesperada, simplemente como quien no quiere la cosa, para que lo supiésemos. El local estaba vacío, colgaba del techo un ventilador parado, había moscas volando y en la puerta, a cada momento, aparecía un mendigo extendiendo la mano. Tras la ventana, sucia, también se apiñaban otros mendigos, con los ojos clavados en nuestros platos. Hombres zarrapastrosos, mujeres con muletas, niños a los que las minas habían arrancado piernas o brazos. Allí, sentado a la mesa e inclinado sobre aquel plato, no sabía uno cómo comportarse, dónde meterse. Guardamos silencio durante largo rato, hasta que, finalmente, les pregunté por mis documentos. Zado me contestó que al tener todos los papeles, yo había decepcionado a los servicios del aeropuerto. Lo mejor habría sido que no hubiese tenido ninguno. Las líneas aéreas ilegales se dedicaban a traer a Monrovia a pájaros de diverso pelaje. A fin de cuentas, nos hallábamos en el país del oro, los diamantes y la droga. Muchos de esos tipos no tenían visado ni libro de vacunación. Eran los que reportaban beneficios: pagaban con tal de que se les dejara entrar. De ellos vivían los hombres empleados en el aeropuerto, pues el gobierno, al no tener dinero, no les pagaba sus sueldos. No, ni siquiera se trataba de gente corrupta. Simplemente, hambrienta. También yo tendría que pagar un rescate por mis papeles. Zado y John sabían dónde y a quién. Podían arreglármelo.

Llegó el libanés con una llave para mí. Oscurecía y él se iba para casa. A mí también me aconsejaba meterme en el hotel. Por la noche, me dijo, no podría andar solo por la ciudad. Regresé, pues, al hotel y, tras entrar por una puerta lateral, subí al primer piso, donde estaba mi habitación. Abajo, junto a la entrada, y en la escalera me habían importunado unos desharrapados que me garantizaban protección durante la noche. Al decirlo, extendían la mano. Por la manera en que me miraban a los ojos deduje que si no les daba algo, durante la noche, cuando estuviese dormido, irían a buscarme y me degollarían.

Una vez en mi habitación (la número 107), vi que su única ventana daba a un estrecho patio interior, lóbrego y que despedía una peste repugnante. Encendí la luz. Las paredes, la cama, la pequeña mesa y el suelo estaban negros. Negros de cucarachas. En mis viajes por el mundo había vivido con todos los bichos imaginables e incluso había aprendido a mostrarme indiferente y resignado ante el hecho de que viviésemos entre millones y millones de moscas, mosquitos, curianas y chinches; entre incontables jabardos, escamochos y enjambres de avispas, arañas, cárabos y escarabajos; entre nubes de moscardones y zancudos, y de la voraz langosta, pero en aquella ocasión me chocó no tanto la cantidad de las cucarachas –aunque más que imponente– como su tamaño, el tamaño de todas y cada una de las criaturas allí presentes. Eran unas cucarachas gigantes, grandes como tortugas, oscuras, brillantes, peludas y bigotudas. ¿Qué era lo que había hecho que creciesen tanto? ¿De qué se cebaban? Su monstruoso tamaño tuvo en mí un efecto paralizante. Llevaba años descargando golpes mortales, sin plantearme nada, sobre toda clase de moscas y mosquitos, de pulgas y arañas, pero ahora me encontraba ante un problema nuevo: ¿cómo arreglármelas con colosos semejantes? ¿Qué hacer con ellos? ¿Cómo tratarlos? ¿Matarlos? ¿Con qué? ¿Cómo? Sólo al pensarlo me temblaba la mano. Eran demasiado grandes. Sentí que no sabría, que ni siquiera me atrevería a intentarlo. Más aún: en vista del tamaño tan extraordinario de aquellas cucarachas, empecé a inclinarme sobre ellas y a aguzar el oído a la espera de que emitiesen algún sonido, alguna voz. Al fin y al cabo, muchos seres tan grandes como ellas hablaban de las maneras más diversas –piando, chillando, croando, gruñendo–, ¿por qué, entonces, una cucaracha no habría de hacer algo parecido? Una normal es demasiado pequeña para que la oigamos, pero ¿por qué no aquellos gigantes entre los que me encontraba? ¿Emitirían alguna voz? ¿Algún sonido? Pero la habitación estaba sumida en un silencio absoluto todo el tiempo: todas callaban; cerradas, mudas y misteriosas.

Me di cuenta, sin embargo, de que cada vez que me inclinaba sobre ellas, pensando que tal vez acabaría oyéndolas, las cucarachas retrocedían a toda prisa y se apiñaban en apretados grupos. Yo repetía el gesto y su reacción invariablemente era la misma. Estaba claro que el hombre les daba asco, retrocedían ante él con aversión, lo percibían como un ser excepcionalmente desagradable y repugnante.

Podría hacer más llamativa esta escena describiendo cómo, enfurecidas por mi presencia, se abalanzan sobre mí, me atacan y trepan sobre mi cuerpo hasta cubrirlo por entero, y cómo yo, presa de la histeria, me pongo a tiritar y sufro una conmoción, pero eso sería una mentira. La verdad es que, si yo no me acercaba a ellas, se comportaban con indiferencia, moviéndose soñolienta y perezosamente. A ratos, ya caminaban de un lugar a otro, ya salían de una grieta o, por el contrario, se escondían en ella. Y aparte de eso, nada de nada.

Consciente de que me esperaba una noche difícil e insomne (es que, además, en la habitación reinaba un calor sofocante e inhumano), busqué en la bolsa mis notas a propósito de Liberia. En 1821, en un lugar que debe de encontrarse en las inmediaciones de mi hotel (Monrovia está situada en la costa atlántica, en una península que se parece a nuestro Hel, en el Báltico) atracó un barco procedente de Norteamérica que traía a bordo a un tal Robert Stockton, un agente de la American Colonisation Society. Stockton, encañonando con su pistola una sien del rey Peter, el jefe de la tribu, lo obligó a venderle –a cambio de seis mosquetones y una caja de abalorios– la tierra que la mencionada compañía americana se disponía a poblar con aquellos esclavos de las plantaciones de algodón (principalmente de los estados de Virginia, Georgia y Maryland) que habían conseguido el estatus de hombres libres. La compañía de Stockton tenía un carácter liberal y caritativo. Sus activistas creían que la mejor indemnización por las sevicias de la esclavitud consistía en enviar a los antiguos esclavos a la tierra de donde procedían sus antepasados: a África.

Desde aquel momento, año tras año, los barcos fueron trayendo de los EEUU a grupos de esclavos liberados, que fueron instalándose en la zona de la Monrovia de hoy. No constituían una gran comunidad. Cuando en 1847 proclamaron la creación de la República de Liberia, ésta no contaba más de seis mil habitantes. Es posible que su número nunca haya superado una veintena escasa de miles: menos del uno por ciento de la población del país.

Son apasionantes las andanzas y el comportamiento de aquellos colonos (que se llamaban a sí mismos *Americo-Liberians*, américo-liberianos). Apenas la víspera habían sido unos parias negros, unos esclavos despojados de todo derecho, en las plantaciones de algodón que cubrían los estados del Sur norteamericano. En su mayoría, no sabían leer ni escribir, como tampoco tenían oficio alguno. Años atrás, sus padres habían sido secuestrados en África,

251

llevados a América con grilletes y cadenas y vendidos en los mercados de esclavos. Y ahora los descendientes de aquellos infelices, también ellos mismos esclavos negros hasta hacía poco, se veían trasplantados a África, tierra de sus antepasados, a su mundo, y se encontraban entre hermanos de raíces comunes y con el mismo color de piel. Por obra de unos americanos blancos y liberales, habían sido traídos hasta allí y abandonados a sí mismos, en manos de un destino incierto. ¿Cómo se comportarían? ¿Qué harían? Pues bien: en contra de las expectativas de sus bienhechores, los recién llegados no besaban la tierra reconquistada ni se lanzaban a los brazos de los habitantes africanos.

Por experiencia propia, aquellos américo-liberianos no conocían sino un único tipo de sociedad: el de la esclavitud en que habían vivido en los estados del Sur norteamericano. De manera que tras desembarcar, su primer paso en la nueva tierra consistiría en copiar la sociedad conocida, sólo que ahora ellos, los esclavos de ayer, serían los amos y convertirían en esclavos a los miembros de las comunidades del lugar, sobre los que, una vez conquistados, extenderían su dominio.

Liberia no constituye sino la prolongación del orden establecido por el sistema de la servidumbre, impuesto por la voluntad de los propios esclavos, que no desean destruir un sistema injusto, sino que lo quieren conservar, desarrollar y usar en provecho de sus intereses personales. Salta a la vista que una mente sometida, envilecida por la experiencia de la esclavitud, una mente –en palabras de Milosz– «nacida en la no libertad, encadenada desde el alumbramiento», no sabe pensar, no sabe imaginarse un mundo libre en el que las personas, todas, también lo fuesen.

Una parte importante de Liberia está cubierta por la selva. Espesa, tropical, húmeda, palustre. La habitan unas tribus pequeñas, pobres y mal organizadas (los pueblos grandes y poderosos, con estructuras militares y de Estado fuertes, solían instalarse en las vastas y abiertas extensiones de la sabana. Las difíciles condiciones de salubridad y transporte de la selva africana han hecho que tales organismos no hayan podido formarse allí). Ahora, en estos territorios, habitados tradicionalmente por la antigua población autóctona, empiezan a establecerse visitantes llegados desde más allá del océano. Desde el principio mismo, ambas comunidades, que se entienden pésimamente, mantienen unas relaciones hostiles. Antes que nada, los américo-liberianos declaran que tan sólo ellos son los ciudadanos del país. Al resto –es decir, al noventa y nueve por ciento de la población– le niegan este estatus, este derecho. De acuerdo con las leyes que promulgan, dicho resto no se compone más que de los *tribesmen* (los hombres de las tribus), gentes sin cultura, salvajes y paganas.

Por lo general, las dos comunidades viven apartadas la una de la otra, teniendo contactos espaciados y esporádicos. Los nuevos amos se aferran a la costa y a las poblaciones que allí han construido (Monrovia es la mayor de ellas). Sólo cien años después de la creación de Liberia, su presidente (en aquella época lo era William Tubman) se aventuró a viajar al interior del país. Los llegados de América, al no poder distinguirse de los nativos por el color de la piel o su constitución física, intentan demostrar su «otredad», su superioridad, de otra manera. En el clima de calor abrasador y de humedad terrorífica, propio de Liberia, los hombres, incluso en días de cada día, visten de frac y con pantalones tipo Spencer, llevan sombrero hongo y guantes blancos. Las señoras, por lo común, permanecen en sus casas, pero cuando salen a la calle (hasta la mitad del siglo XX Monrovia no conoce asfalto ni aceras), lo hacen ataviadas con rígidas crinolinas, espesas pelucas y sombreros adornados con flores artificiales. Toda esta alta sociedad, exquisita e impenetrable ella, vive en unas casas que son copia exacta de las mansiones y de los palacetes que se construían los dueños de las plantaciones en el Sur de Norteamérica. Los américo-liberianos se encierran, también, en su propio mundo religioso, inaccesible para los africanos del lugar. Son baptistas y metodistas celosos. En la nueva tierra, levantan sus sencillas iglesias. En ellas pasan todo su tiempo libre, cantando himnos piadosos y oyendo sermones para cada circunstancia. Con el paso de los años, dichos templos acabarán convirtiéndose, también, en lugares de reunión social, en una especie de clubs cerrados al público.

Mucho antes de que los afrikáners blancos introdujesen el *apartheid* (es decir, un sistema de segregación basado en la dominación) en Sudáfrica, este sistema ya lo habían inventado y llevado a la práctica, a mediados del siglo XIX, los descendientes de esclavos negros: los amos de Liberia. La propia naturaleza y la espesura de la selva hicieron que entre los aborígenes y los desembarcados existiese una frontera natural que los separaba y que facilitaba la segregación, un espacio deshabitado, una tierra de nadie. Pero no era suficiente. En el pequeño y mojigato mundillo de Monrovia rige la prohibición de unas relaciones estrechas con la población oriunda y, sobre todo, de los matrimonios mixtos. Se hace todo lo posible para que «los salvajes conozcan su lugar». Con este fin el gobierno de Monrovia asigna un territorio a cada una de las tribus (que son dieciséis), en el que se le permite permanecer: esos *homelands* típicos, que los blancos racistas de Pretoria crearían para los africanos tan sólo al cabo de varias décadas. Todo el que se opone a ello es severamente castigado. Allí donde se declara una rebelión, envía Monrovia expediciones de castigo compuestas por militares y policías. Los líderes de los pueblos sublevados son decapitados in situ; la población insumisa, asesinada o encarcelada; sus poblados, destruidos, y sus cosechas, incendiadas, son pasto de las llamas. De acuerdo con la costumbre que de antiguo se ha practicado en el mundo, también aquí todas estas expediciones, incursiones y guerras locales no tienen sino un solo objetivo: proveerse de esclavos. Y es que los américo-liberianos necesitan mano de obra. Y, en efecto, ya en la segunda mitad del siglo XIX empezarán a emplear en sus haciendas y talleres a sus propios esclavos. Como también a venderlos a otras colonias, principalmente a Fernando Poo y a las Guayanas. A finales de la segunda década del siglo XX, la prensa mundial revela este proceder, oficialmente practicado por el gobierno de Liberia. La intervención de la Liga de las Naciones no se hace esperar. Bajo su presión, el entonces presidente, Charles King, se ve obligado a dimitir. Pero el proceder, sólo que a partir ahora a escondidas, seguirá practicándose.

Desde los primeros días de su asentamiento en Liberia, los negros llegados de América no piensan sino en cómo conservar y fortalecer su posición dominante en el nuevo país. Lo primero que hacen es no permitir la participación en el gobierno de los habitantes autóctonos, privándolos así de sus derechos civiles. Cierto que les dejan vivir, pero sólo en los territorios tribales que les asignan. Luego, van más lejos: inventan el sistema de partido único.

Un año antes del nacimiento de Lenin, esto es en 1869, se crea en Monrovia el True Whig Party, que detentará el monopolio del poder en Liberia a lo largo de ciento once años, es decir, hasta 1980. Los dirigentes de este partido, que forman su buró político –A National Executive–, lo deciden todo desde el principio: quién será presidente, quién se sentará en el gobierno, qué política llevará dicho gobierno, qué empresa extranjera obtendrá concesiones, quién será nombrado jefe de la policía, quién, jefe de correos, etc., minuciosamente, hasta los peldaños más bajos del escalafón. Los sucesivos líderes del partido en cuestión se convertían en presidentes de la república, o al revés: los dos cargos eran tratados como indistintos e intercambiables. Sólo siendo miembro del partido se podía llegar a conseguir algo. Sus adversarios o estaban encarcelados o vivían en el exilio.

A su líder William Tubman, que al mismo tiempo era presidente de Liberia en los años sesenta, lo conocí personalmente.

El encuentro se produjo en la primavera de 1963, en Addis-Abeba, durante la primera Conferencia de Jefes de Estado Africanos. Tubman tenía entonces casi setenta años. Nunca en su vida había viajado en avión: por miedo. Un mes antes de la Conferencia, salió de Monrovia a bordo de un barco que lo trasladó a Djibuti, y de allí siguió viaje en tren, hasta Addis-Abeba. Era un hombrecillo bajo, menudo y jovial, con un puro entre los labios. Respondía a las preguntas incómodas con una carcajada larga y sonora que acababa en un ataque de hipo ruidoso, seguido, a su vez, por uno de ahogo, silbante y convulsivo. Su cuerpo temblaba y sus húmedos ojos se le salían de las órbitas. El interlocutor, desconcertado y asustado, se callaba al no atreverse a seguir preguntando. Entonces Tubman sacudía la ceniza de su ropa y, ya tranquilo, volvía a esconderse tras la espesa cortina de humo de su cigarro puro.

Fue presidente de Liberia durante veintiocho años. Pertenecía a la categoría, hoy ya escasa, de caciques que gobiernan a sus países como lo hace el terrateniente en su finca: conocen a todos y lo deciden todo. (Leónidas Trujillo, coetáneo de Tubman, fue dictador de Santo Domingo durante treinta años. Bajo su régimen, la Iglesia organizaba bautizos colectivos: Trujillo llevaba a la pila los niños que nacían en el país. Con el tiempo, se había convertido en el padrino de todos sus súbditos. La CIA no lograba encontrar voluntarios dispuestos a atentar contra la vida del dictador: nadie quería levantar la mano contra su padrino.)

Tubman recibía diariamente a unas sesenta personas. Él mismo había designado a todos los cargos de Liberia, decidía a quién se otorgaba una concesión y a qué misioneros se dejaba entrar en el país. Enviaba a sus hombres por todas partes y tenía una policía particular que le informaba de todo lo que pasaba: en esta aldea, en aquélla y en la de más allá. No es que pasaran muchas cosas. El país no era más que una provincia de África, pequeña y olvidada. En las polvorientas callejuelas de Monrovia, a la sombra de unas casas medio derruidas, dormitaban tras sus puestos unas vendedoras gruesas y por todas partes deambulaban perros atormentados por la malaria. A veces, ante la verja del palacio sede del gobierno desfilaba un grupo de personas portando una pancarta gigantesca en la que se podía leer: «Multitudinaria manifestación de gratitud por el progreso que se ha logrado en el país gracias a la Inigualable Administración del Presidente de Liberia, Dr. W. V. S. Tubman.» Delante de la misma verja también se detenían conjuntos musicales, llegados de las provincias para cantar la grandeza del presidente: «Tubman es el padre de todos nosotros, / lo es del pueblo entero. / Él nos construye caminos, / nos trae el agua. / Tubman nos da de comer, / nos da de comer, / ¡ye, ye!» Aplaudían a los alborozados entusiastas unos guardias metidos en sus garitas donde se ocultaban del sol.

Sin embargo, el más grande de los respetos se lo granjeaba al presidente el hecho de que lo protegiesen los buenos espíritus, los cuales, también, lo habían dotado de poderes sobrenaturales. Si alguien hubiese intentado servirle una bebida envenenada, el vaso que la contenía habría estallado en el aire. Tampoco habría podido alcanzarle la bala de un terrorista: se habría fundido durante el trayecto. El presidente tenía unas hierbas que le permitían ganar todas las elecciones. Y también un aparato a través del cual podía verlo todo, ocurriese donde ocurriese; una oposición no tenía ningún sentido: habría sido descubierta antes de fraguarse.

Tubman murió en 1971. Lo sustituyó en el cargo William Tolbert, vicepresidente y buen amigo suyo. Tanto como el poder a Tubman, a Tolbert lo fascinaba el dinero. Era la corrupción personificada. Traficó con todo: desde el oro hasta los coches, y en los ratos libres vendía pasaportes. Siguió su ejemplo toda la élite, los famosos descendientes de los esclavos negros americanos. Tolbert mandaba disparar sobre la gente que se lanzaba a la calle para clamar por pan y por agua. Su policía mató a cientos de personas.

En la madrugada del 12 de abril de 1980, un grupo de soldados irrumpió en la residencia presidencial y descuartizó a Tolbert en la cama. Le sacaron las entrañas y las arrojaron al patio, para que las devorasen los perros y los buitres. Eran diecisiete soldados. Al mando estaba Samuel Doe, un sargento de veintiocho años. Doe era un joven que apenas sabía leer y escribir. Procedía de una tribu pequeña, la krahn, que vivía en la selva profunda. Hombres como él, expulsados por la miseria de sus aldeas, llevaban años llegando a Monrovia en busca de trabajo y dinero. A lo largo de treinta años (entre 1956 y 1986), la población de la capital de Liberia se había multiplicado por diez: de cuarenta y dos mil había pasado a cuatrocientos veinticinco mil. Y aquel salto demográfico se produjo en una ciudad carente de industria y de transportes, en la que pocas casas tenían luz eléctrica y las menos aún, agua corriente.

Una excursión desde la selva hasta Monrovia exige muchos días de marcha a través de unos territorios sin caminos y en las difíciles condiciones del trópico. De modo que sólo podían emprenderla hombres jóvenes y fuertes. Y eran precisamente ellos los que se plantaban en la ciudad. Pero no los esperaba nada: ni un trabajo ni un techo. Desde el primer día, se convertían en unos *bayaye*, ese ejército de jóvenes parados que deambulaba (y sigue deambulando) sin nada que hacer, por todas las calles y plazas de las ciudades africanas. La existencia de este ejército es una de las causas de los disturbios que se producen en el continente: es entre sus filas donde, por unas monedas, a menudo sólo por una promesa de darles de comer, los jefecillos locales reclutan a hombres para sus ejércitos privados con los que luego lucharán por el poder, organizarán golpes de Estado y desatarán guerras civiles.

Doe, igual que Amín en Uganda, era un *bayaye* de aquéllos. E igual que a Amín, le tocó la lotería: consiguió entrar en el ejército. Se podría pensar que había alcanzado la cima de su carrera. Resultó, sin embargo, que tenía planes más ambiciosos.

En el caso de Liberia, el golpe de Doe no fue un simple cambio de un cacique burócrata y corrupto por un semianalfabeto con uniforme. Al mismo tiempo, fue una revolución sangrienta, cruel y caricaturesca de unas masas esclavizadas de la selva africana en contra de sus denostados soberanos, antiguos esclavos de las plantaciones americanas. Se produjo una especie de giro de ciento ochenta grados dentro del mundo de la esclavitud: los nuevos esclavos se habían rebelado contra los antiguos, que les habían impuesto su voluntad. Todo aquel acontecimiento pareció demostrar la tesis más pesimista y trágica de que –en cierto sentido, aunque fuera de índole mental o cultural– no existe una salida de la esclavitud. O, si la hay, resulta extremadamente difícil y a largo plazo. Siempre.

Doe se proclamó presidente de inmediato. Enseguida mandó matar a trece ministros del gobierno de Tolbert. Las ejecuciones se prolongaron durante mucho tiempo ante los ojos de un populacho curioso y ávido de espectáculo que había acudido multitudinariamente a la plaza.

El flamante presidente a cada momento hacía público un nuevo atentado contra su persona. Acabó diciendo que habían sido treinta y cuatro. Y fusilaba a los autores de aquellos atentados. El hecho de que a pesar de todo estuviese con vida y siguiese gobernando era prueba fehaciente de que lo protegían los conjuros y los poderes invencibles obra de los brujos de su aldea. Se le podía disparar sin miedo: las balas, simplemente, se detenían en el aire y luego caían al suelo.

Poco se puede decir de su gobierno. Lo ejerció durante diez años. El país, simplemente, se paró. No había luz, las tiendas estaban cerradas y cesó todo movimiento en los pocos caminos que existen en Liberia.

En realidad, Doe no sabía muy bien qué debía hacer como presidente. Como tenía una cara infantil y mofletuda, se compró unas gafas de sol con marco de oro, para ofrecer el aspecto de un hombre serio y acomodado. Como era bastante perezoso, se pasaba días enteros sentado en su residencia, jugando a las damas con sus subordinados. También pasaba mucho tiempo en el jardín, donde las mujeres de los miembros de su guardia presidencial preparaban comidas al fuego o lavaban la ropa. Charlaba con ellas, se hacía el gracioso, a veces se llevaba a alguna a la cama. Sin saber qué más se podía hacer ni cómo protegerse de la venganza después de matar a tantas personas, vio como única salida el rodearse por hombres de su propia tribu. Por eso, a cada momento, hacía traer a Monrovia una nueva partida de krahn. El poder de los ricos, mundanos y bien asentados américo-liberianos (que mientras tanto habían conseguido huir del país) pasó ahora a manos de una tribu selvática, mísera, analfabeta y asustada ante su nueva situación, los krahn, que, repentinamente sacados de sus cabañas hechas de esparto y hojas trenzadas, por primera vez en su vida veían cosas como una ciudad, un coche o unos zapatos. Comprendían, eso sí, que la única manera de sobrevivir consistía en aterrorizar o en liquidar a sus enemigos, reales y potenciales, es decir, a todos los no krahn. De modo que el puñado de los míseros de ayer, ignorantes y perdidos, al querer mantenerse en el lucrativo poder que les ha caído en las manos como el maná, desde un principio procura aterrorizar a la población. Golpea, maltrata y ahorca a la gente sin motivo alguno. «¿Por qué se han ensañado contigo tanto?», preguntan los vecinos a un hombre cubierto de moraduras. «Han llegado a la conclusión de que no soy un krahn», contesta el infeliz.

Se comprende que ante tal situación el país sólo espera el momento en que podrá librarse de Doe y su gente. En su ayuda acude un tal Charles Taylor, antiguo hombre de confianza de Doe, que, según afirmaba el presidente, le había robado un millón de dólares, se había marchado a los Estados Unidos y allí, tras dejarse pillar en algún negocio turbio, había dado con sus huesos en la cárcel. Pero había huido, y ahora se encontraba en Costa de Marfil. Desde allí, con un grupo de sesenta hombres, en diciembre de

1989 empieza una guerra contra Doe. Doe podría destruirlo fácilmente, pero envía contra él a un ejército de sus krahn descalzos, los cuales, en lugar de luchar contra Taylor, se lanzan a una rapiña y pillaje indiscriminados. La noticia del avance de aquel ejército de saqueadores se extiende rápidamente por la selva, y la población, aterrada y con esperanza de salvarse, empieza a engrosar las filas de Taylor. Su ejército crece a una velocidad vertiginosa, y tan sólo al cabo de seis meses se planta en las afueras de Monrovia. En ese momento estalla una riña en su seno: quién debe conquistar la ciudad y quién se hará con el botín. El jefe del Estado Mayor, Prince Johnson, también antiguo hombre de confianza de Doe, rompe con Taylor y crea su propio ejército. Ahora, los tres ejércitos –el de Doe, el de Taylor y el de Johnson– luchan entre sí en y por la ciudad. Monrovia se convierte en una ruina, arden barrios enteros y las calles se cubren de cadáveres.

Finalmente, intervienen los países del África Occidental. Nigeria envía, en barcos, a destacamentos de paracaidistas, que en el verano llegan al puerto de Monrovia. Doe se entera de ello y decide visitar a los nigerianos. Se rodea por sus guardaespaldas y, en un Mercedes, se dirige al puerto. Es el 9 de septiembre de 1990. El presidente atraviesa una ciudad exhausta, devastada, saqueada y desierta. Cuando llega al puerto, ya lo están esperando los hombres de Johnson. Abren fuego. Caen fulminados todos los guardaespaldas. Él mismo recibe varios balazos en las piernas: no puede huir. Lo atrapan, le atan las manos a la espalda y lo arrastran hacia el lugar del suplicio.

Johnson, ávido de publicidad, ordenó filmar detalladamente toda la escena. En la pantalla vemos a un Johnson sentado y tomándose una cerveza. A su lado está una mujer, de pie, que lo abanica y le enjuga el sudor de la frente (hace mucho calor). En el suelo, vemos a Doe, atado y cubierto de sangre. Tiene el rostro masacrado; apenas si se le ven los ojos. Alrededor se apiña una multitud de hombres de Johnson, fascinada por la visión del dictador torturado. Es un destacamento que recorre el país desde hace ya medio año, saqueando y matando, y, aun así, la vista de la sangre, una y otra vez, vuelve a sumirlo en un estado de éxtasis, de locura. Jóvenes muchachos se abren paso a codazos: todos quieren verlo, saciar sus ojos. Doe está sentado en medio de un charco de sangre, desnudo, empapado en sangre, en sudor y con el agua que echan sobre él para que no se desmaye; la cabeza hinchada por los golpes. «¡Prince!», balbucea Doe, dirigiéndose a Johnson (lo llama por su nombre de pila, porque al fin y al cabo son compañeros: los que luchan unos contra otros y destruyen el país –Doe, Taylor y Johnson– no son sino compañeros). «Ordena tan sólo que me aflojen las cuerdas de las manos. Lo diré todo, ¡ordena tan sólo que me las aflojen!» Por lo visto, le han atado las manos con tanta fuerza que éstas le producen más dolor que las piernas, cosidas a balazos. Pero Johnson se limita a gritar a Doe; grita en su dialecto local criollo del que no se puede comprender gran cosa, excepto una: que Doe revele el número de su cuenta bancaria. En África, cada vez que atrapan a un dictador, toda la investigación, las palizas y las torturas giran, invariablemente, en torno a una misma cosa: el número de su cuenta bancaria particular. En la opinión pública local, político es sinónimo de jefe de un gang de delincuentes que hace negocios con el tráfico de drogas y de armas, y pone el dinero a buen recaudo en cuentas abiertas en bancos extranjeros, porque sabe que su carrera no durará mucho, que él mismo acabará teniendo que huir y necesitará medios de vida.

–¡Cortadle las orejas! –grita Johnson, furioso porque Doe no quiere hablar (aunque Doe dice que ¡sí quiere!). Los soldados tumban al presidente en el suelo, lo inmovilizan con las botas y uno de ellos, con su bayoneta, le corta una oreja. Se oye un inhumano alarido de dolor.

–¡La otra oreja! –grita Johnson. Se organiza un tremendo alboroto, todos están excitados, se enzarzan en riñas: todos y cada uno quiere cortar la oreja al presidente. Se vuelve a oír un alarido.

Incorporan al presidente. Doe está sentado; su espalda aguantada por la bota de un soldado; su cabeza, sin orejas y cubierta de sangre, se balancea. Ahora Johnson, en realidad, no sabe qué más debe hacer. ¿Mandar cortarle la nariz? ¿Un brazo? ¿Una pierna? Salta a la vista que no se le ocurre nada. Empieza a aburrirse.

–¡Lleváoslo de aquí! –ordena a sus soldados, que lo someterán a nuevas torturas (también filmadas).

Doe, apaleado y masacrado, aún vivió varias horas. Murió desangrado. Cuando estuve en Monrovia, el casete que mostraba cómo se había torturado al presidente era el producto más atractivo en el mercado de medios de comunicación. En la ciudad, sin embargo, había pocos vídeos y, además, a menudo se repetían los cortes de luz. Para contemplar la tortura (la película entera dura dos horas), la gente tenía que hacerse invitar por los vecinos más acomodados o acudir a aquellos bares donde el casete estaba puesto siempre.

Los que escriben sobre Europa tienen una vida cómoda. El escritor puede, por ejemplo, detenerse en Florencia (o situar allí a su protagonista). Y el resto se lo hace por él la historia. Le proporcionan temas inagotables las obras de los arquitectos antiguos que levantaron las iglesias florentinas, o las de los escultores que erigieron estatuas extraordinarias, o las de los burgueses ricos que se pudieron permitir construirse unas casas renacentistas de piedra, ricamente adornadas. Se puede describir todo esto sin moverse de sitio o dando un breve paseo por la ciudad. «Me detuve en la Piazza del Duomo», escribe el autor que se ha encontrado en Florencia. A continuación, puede seguir una descripción, de muchas páginas, de la riqueza de objetos, obras, maravillas del arte, productos del genio y buen gusto humanos que lo rodean por todas partes, que ve allí donde dirija la mirada, en los que está sumergido de lleno. «Y ahora camino por Il Corso e il Borgo degli Albizi en dirección al museo de Miguel Ángel, para no perderme, de ninguna manera, el bajorrelieve de la Madonna della Scala», escribe nuestro autor. ¡Qué buena vida la suya! Basta con que camine y mire. El mundo que lo rodea se le coloca él solo bajo la pluma. Puede crear todo un capítulo a propósito de un breve paseo. Tiene a su disposición una gran riqueza, ¡una abundancia infinita! Tomemos a Balzac. Tomemos a Proust. Página tras página, se suceden listas, catálogos y enumeraciones de objetos inventados y fabricados por miles de ebanistas, tallistas, bataneros y canteros; cosas hechas por incontables manos hábiles y sensibles que, con sumo mimo, han construido en Europa ciudades y calles, levantado casas y decorado sus interiores.

Monrovia coloca al recién llegado en una situación del todo diferente. Sus casuchas, descuidadas, pobres y de idéntico aspecto, forman filas kilométricas, una calle desemboca en otra y un barrio se convierte en el siguiente de un modo tan imperceptible que sólo el cansancio, que notaremos muy pronto en este clima, nos informará de que hemos pasado de una parte de la ciudad a otra. También el interior de las casas (con la excepción de los pocos chalets propiedad de los hombres adinerados y de los dignatarios) resulta igualmente mísero y monótono. Una mesa, un par de sillas o taburetes, una cama de matrimonio metálica, esteras de rafia o de plástico para los niños, clavos en la pared para colgar el vestido y unas estampas de colorines, por lo general recortadas de alguna revista. Una olla grande, para hervir el arroz, y otra más pequeña, para cocer la salsa, y tazas, para el agua y el té. Una palangana de plástico, para lavarse, la cual, en el caso de tener que huir (necesidad que, en vista de las luchas continuas, últimamente se ha repetido a menudo), se convierte en una especie de maleta que siempre se tiene a mano y que las mujeres llevan sobre la cabeza.

¿Y eso es todo?

Pues, más o menos, sí.

Lo más fácil y barato es construirse una casa de hojalata de cinc ondulada. Sustituye la puerta una cortina de percal, los agujeros que hacen las veces de ventanas son pequeños y durante la estación de las lluvias, que aquí es larga y pesada, se tapan con trozos de cartón o de contrachapado. Una casa como ésta, durante el día arde como un horno, sus paredes queman y vomitan fuego, el techo chisporrotea y se funde bajo el sol; de modo que desde el alba hasta el anochecer, nadie se atreve a entrar en ella. Apenas empieza a clarear, el primer haz de la aurora expulsa a todos sus habitantes, aún medio dormidos, al patio y la calle, donde se quedarán hasta la noche. Empapados en sudor, mientras salen al exterior se rascan las ampollas producto de las picaduras de los mosquitos y de las arañas y echan un vistazo al interior de la olla, a ver si ha quedado allí algún resto del arroz del día anterior.

Miran la calle, las casas de los vecinos, sin curiosidad, sin expectativas.

A lo mejor habría que hacer algo.

Pero ¿qué? ¿Qué hacer?

Por la mañana me voy a pasear por la Carrey Street, junto a la cual está mi hotel. Es el centro de la ciudad, su barrio comercial. No se puede ir muy lejos. Por todas partes, apoyados contra las paredes, se sientan grupos de *bayaye*, muchachos hambrientos sin nada que hacer, sin esperanza alguna, sin oportunidades para una vida diferente. Me abordan ya para preguntarme de dónde soy, ya para decirme que serán mis guías, ya para pedirme que les consiga una beca en Norteamérica. Ni siquiera quieren un dólar para un panecillo, no, apuntan mucho más alto: Norteamérica.

Después de cien metros ya me veo rodeado por niños pequeños de caras hinchadas y ojos cansados, algunos sin un brazo o sin una pierna. Mendigan. Son los soldados de las Small Boys Units de Charles Taylor, las más terribles de sus unidades. Taylor recluta a niños pequeños y les da armas. También les da drogas, y cuando se hallan bajo sus efectos, empuja a esos niños al ataque. Los chiquillos, atontados, se comportan como kamikazes, se lanzan al fragor de la lucha, van directamente al encuentro de las balas, estallan junto con las minas. Cuando su dependencia crece hasta tal punto que dejan de ser útiles, Taylor los expulsa. Algunos llegan hasta Monrovia y acaban su breve vida en alguna cuneta o basurero, comidos por la malaria o por el cólera o por los chacales.

En realidad, no se sabe por qué Doe fue al puerto (provocando así su muerte). Es posible que se hubiese olvidado de que era presidente. Había llegado a serlo diez años atrás, a decir verdad, por casualidad. Él y un grupo de dieciséis compañeros, suboficiales profesionales como él, fueron a la residencia del presidente Tolbert para preguntar cuándo se les pagaría la soldada atrasada. No se toparon con ningún guardaespaldas, y Tolbert dormía. Aprovecharon la ocasión para coserlo a bayonetazos. Y Doe, el mayor del grupo, ocupó su lugar. Por regla general, en Monrovia nadie respetaba a los suboficiales, y he aquí que de repente todo el mundo había empezado a saludarlo, a aplaudirlo y a abrirse paso a codazos con tal de estrecharle la mano. Eso le gustó. Aprendió de prisa varias cosas. Que si la multitud aplaude, hay que levantar los brazos en un gesto de saludo y victoria. Que para diversos tipos de salidas nocturnas, en lugar del uniforme de campaña, hay que ponerse un traje cruzado de color oscuro. Que si en alguna parte aparece un adversario, enseguida hay que darle caza y matarlo.

Pero no lo aprendió todo. No sabía, por ejemplo, qué hacer si sus antiguos compañeros –Taylor y Johnson– le tomaban todo el país, la capital incluida, y empezaban a sitiar su residencia. Tanto Taylor como Johnson, que tenían sus respectivas hordas compitiendo el uno con el otro, ambicionaban el poder (que seguía en manos de Doe). En semejantes ambiciones, por supuesto, no había lugar para cosas tales como un programa, la democracia o la soberanía. Sólo se trataba de controlar la caja. Doe lo había hecho durante diez años. Los otros estaban en su derecho de considerar que era más que suficiente. Más aún: ¡se lo decían en la cara! «Sólo pretendemos», repitieron en decenas de entrevistas «deponer a Samuel Doe. Al día siguiente habrá paz.»

Doe no supo reaccionar ante algo así: simplemente, se perdió a sí mismo. En lugar de actuar –con armas o por medios pacíficos–, no hizo nada. Encerrado en su residencia, no sabía muy bien lo que ocurría a su alrededor, aunque desde hacía tres meses la ciudad era escenario de encarnizadas batallas. Y un buen día alguien le informa de que unas tropas nigerianas habían llegado al puerto. Como presidente de la república, estaba en su derecho de preguntar oficialmente en razón de qué unas tropas extranjeras entraban en el territorio de su país. Pudo haber exigido que el comandante de dicho ejército compareciese en su residencia con una explicación. Pero Doe no hizo nada de esto. Se despertó en él la naturaleza del suboficial de reconocimiento, del sargento-explorador. ¡Ya vería él mismo de dónde soplaba el viento¡ Así que sube al coche y va al puerto. Pero ¿no sabe acaso que esta parte de la ciudad está ocupada por Johnson, que quiere descuartizarlo? ¿Y que no es costumbre que el presidente de un país vaya a presentarse al comandante de un ejército extranjero?

O, a lo mejor, realmente no lo sabía. O tal vez sí, pero la imaginación le jugó una mala pasada; o no se lo había planteado y actuó de forma irreflexiva. La historia a menudo es producto de la irreflexión. Es una hija bastarda de la estupidez humana, el fruto de unas mentes onnubiladas, de la idiotez y de la locura. En casos tales, la escriben personas que no saben lo que hacen, más aún, que no quieren saberlo; rechazan tal posibilidad con furia y repugnancia. Vemos cómo avanzan hacia su propia aniquilación, cómo preparan sus propias trampas, cómo se atan la soga al cuello, con qué celo y diligencia comprueban si esas trampas y sogas son lo bastante fuertes, si resistirán y serán eficaces.

La últimas horas de Doe nos permiten contemplar la historia en el punto y el instante en que ésta se desmorona en su caída total. La diosa digna y altiva, en un momento así, se convierte en su propia caricatura, sangrienta y penosa. He aquí a unos sicarios de Johnson que hieren al presidente en las piernas, para que no pueda escapar, lo atrapan y, tras inmovilizárselas dolorosamente, le atan las manos. Aún lo torturarán más, durante casi una veintena de horas. Y todo esto ocurre en una ciudad en la que, al fin y al cabo, funciona todavía un gobierno legal. ¿Dónde están sus ministros? ¿Qué hacen los demás funcionarios? ¿Dónde se ha metido la policía? Se tortura al presidente junto al edificio que acaban de ocupar los soldados nigerianos que han acudido a Monrovia para proteger el poder legal. Y esos soldados, ¿qué? ¿Nada? ¿No les atañe en absoluto la cuestión? ¡Pero aún hay más! A pocos kilómetros del puerto estacionan varios cientos de soldados pertenecientes a la selecta guardia presidencial, cuyo único cometido y sentido de su existencia consiste en proteger al jefe del Estado. Y dicho jefe ha salido por la mañana para hacer una breve visita al puerto, pero pasan las horas y no hay de él ni rastro. ¿Ni siquiera se preguntan, aunque sea por curiosidad, qué le habrá pasado? ¿Dónde se habrá metido?

Volvamos, sin embargo, a la escena en que Johnson interroga al presidente. Johnson quiere averiguar dónde tiene Doe su cuenta bancaria. Doe gime, las heridas le ocasionan dolor; hace una hora ha recibido entre diez y quince balazos. Balbucea algo, no se sabe qué. ¿Dice acaso el número de la cuenta? A todo esto, ¿seguro que tiene una? Johnson, furioso, ordena cortarle las orejas inmediatamente. ¿Por qué? ¿Es una decisión juiciosa? ¿No comprende Johnson que desde ese momento la sangre tapará los conductos auditivos del presidente y que la conversación con él será aún más difícil? Está claro que ninguno de estos hombres consigue hacerse con las riendas de los acontecimientos, cómo los supera la situación, cómo, a fuerza de chapuzas, estropean, una tras otra, las cosas. Y cómo luego, ciegos de rabia, intentan arreglarlas. Pero ¿se puede acaso arreglar algo pegando gritos? ¿O ensañándose? ¿O matando a otros?

La muerte de Doe no interrumpió la guerra. Taylor luchaba contra Johnson, y ambos, contra lo que quedaba de las fuerzas armadas liberianas, y contra todos ellos, los ejércitos de intervención de varios países africanos, los cuales, bajo el nombre de ECOMOG, debían imponer el orden en Liberia. Tras prolongados combates el ECOMOG ocupó Monrovia y las afueras de la ciudad, dejando el resto del país en manos de Taylor y de otros jefecillos de su misma calaña. Se podía uno mover por la capital, pero después de recorrer unos veinte o treinta kilómetros, de repente se topaba en el camino con un puesto de soldados de Ghana, de Guinea o de Sierra Leona, que paraban a todo el mundo: no se podía seguir viaje.

Lo que había más allá era un infierno al que ni siquiera aquellos soldados armados hasta los dientes tenían valor de asomarse. Se trataba de un territorio controlado por los jefecillos liberianos, jefecillos (que tanto siguen abundando también en otros países africanos) que recibían en África el nombre de señores de la guerra, *warlords*.

El *warlord* no es sino un antiguo oficial, ministro o miembro destacado del partido gobernante, o bien otro personaje fuerte e implacable, ávido de poder y de dinero, falto de escrúpulos y que, aprovechando el desmoronamiento del Estado (a lo que él mismo ha contribuido y sigue haciéndolo), pretende recortar para sí un miniestado propio, no oficial, donde ejercer un poder dictatorial. Por lo general, el *warlord* usa para este fin la tribu o el clan al que

267

pertenece. Y no son sino los señores de la guerra los que siembran en África el odio racial y tribal. Aunque, eso sí, sin reconocerlo jamás. Siempre se proclamarán líderes de un movimiento o partido de carácter nacional. Lo más común es que se hable de un Movimiento de Liberación de Esto y Aquello, o de un Movimiento en Defensa de la Democracia o de la Independencia. Nada por debajo de tamaños ideales.

Una vez elegido el nombre, el *warlord* procede al reclutamiento de su ejército. Esto no supone ningún problema. En cada uno de los países, en todas las ciudades, hay miles de muchachos hambrientos y sin trabajo que sueñan con formar parte de un grupo así. El líder, al fin y al cabo, les entregará un arma y, también –cosa igualmente importante–, el sentimiento de pertenecer a algo. En la mayoría de los casos, el caudillo no les pagará nada. Les dirá: «Tenéis un arma, alimentaos vosotros mismos.» Con este visto bueno tienen suficiente: ya sabrán qué hacer.

El armamento tampoco es problema. Es barato y lo hay en abundancia por todas partes. Además, los *warlords* tienen dinero. Bien porque lo han robado a las instituciones estatales (en su antigua calidad de ministros o generales), bien porque sacan unos beneficios, en tanto que ocupantes, de aquellas partes del país que tienen un valor económico, es decir, de territorios donde hay minas, fábricas, bosques por talar, puertos marítimos, aeropuertos, etc. Por ejemplo, Taylor en Liberia y Savimbi en Angola ocupan territorios en que se hallan minas de diamantes. Muchas de las guerras africanas podrían recibir el nombre de la preciosa piedra. Como la de la provincia congoleña de Kasai o la de Sierra Leona, que, siempre por la misma causa, los diamantes, se prolonga desde hace años. Aunque no sólo las minas reportan dinero. Los caminos y los ríos también constituyen una buena fuente de ingresos: se puede apostar en ellos a unos soldados y cobrar peaje a todo el mundo.

Otra fuente inagotable de ganancias para los *warlords* la constituye la ayuda humanitaria que el mundo destina a la población africana mísera y hambrienta. Los señores de la guerra se llevan de cada transporte tantos sacos de grano y tantos litros de aceite como necesitan. Y es que aquí rige una ley que dice: el que tiene un arma es el primero en comer. Los hambrientos sólo pueden llevarse lo que quede. He ahí un problema para las organizaciones internacionales: si no entregan su parte a los facinerosos, éstos no dejarán pasar ningún transporte con ayuda y los hambrientos morirán. De modo que se les entrega a los jefecillos lo que quieren, con la esperanza de que algún resto acabe llegando a las víctimas de las hambrunas.

Los *warlords* son, al mismo tiempo, causa y efecto de la crisis en que se han sumido muchos países del continente en la época poscolonial. Si oímos que algún país africano empieza a tambalearse, podemos estar seguros de que no tardarán en aparecer los *warlords*. Angola, Sudán, Somalia, El Chad; están en todas partes y en todas partes ejercen su dominio. ¿Que qué hace un *warlord*? Teóricamente, lucha contra otros *warlords*. Aunque no siempre tiene que ser así. Lo más común es que se dedique a saquear a una población indefensa, la de su propio país. Es lo contrario de Robin Hood. Robin Hood quitaba a los ricos para dárselo a los pobres. El *warlord* quita a los pobres para enriquecerse él mismo y para alimentar a su horda. Nos movemos en un mundo en que la miseria condena a muerte a unos y convierte en monstruos a otros. Los primeros son las víctimas y los segundos, los verdugos. No hay nadie más.

El *warlord* tiene a sus víctimas al alcance de la mano. No necesita ir lejos en su busca: son los habitantes de aldeas y pueblos vecinos. Sus bandas, compuestas de condotieros semidesnudos y calzados con zapatillas de deporte rotas, no paran de merodear por el territorio de su *warlord* en busca de botín. Para estos desgraciados –hambrientos, embrutecidos y a menudo drogados– todo puede ser objeto de pillaje. Un puñado de arroz, una camisa vieja, un trozo de manta o una olla de barro son cosas sumamente deseadas, son piezas de valor que hacen vibrar y encienden chispas en los ojos. Pero la gente ha adquirido ya cierta experiencia. Basta con la noticia de que se aproximan las hordas de algún *warlord* para que todo el mundo se ponga a hacer las maletas y emprenda la huida. Es precisamente esa gente formando kilométricas columnas a la que ven en sus televisores los habitantes de Europa y de América.

Observémoslas. Por lo general, se trata de mujeres y niños. Y es que las guerras de los *warlords* van dirigidas contra los más débiles. Contra los que no pueden defenderse. Ni saben hacerlo ni tienen con qué. Fijémonos, también, en lo que llevan ellas: un hatillo sobre la cabeza o una palangana que contiene las cosas más imprescindibles, es decir, un saquito de arroz o de mijo, una cuchara, un cuchillo y un trozo de jabón. Nada más tienen. Ese hatillo, esa palangana, es su único tesoro, la fortuna que han amasado durante toda su vida, la riqueza con la que entrarán en el siglo XXI.

El número de *warlords* va en aumento. Es una nueva fuerza, una nueva clase de soberanos. Al apropiarse de los bocados más suculentos, de las partes más ricas de sus países, hacen que el Estado, aunque consiga mantenerse a flote, siempre será débil, pobre e impotente. Por eso muchos de ellos intentan defenderse creando alianzas y asociaciones que les permitan luchar por su supervivencia, que les permitan seguir existiendo. Por eso mismo África es tan infrecuente escenario de guerras interestatales: a los países del continente los une una misma desgracia; inseguros de su destino, comparten un futuro incierto. Por el contrario, abundan las guerras civiles, es decir aquellas en cuyo curso los *warlords* se reparten el país entre ellos y saquean a sus habitantes y se adueñan de las tierras y de las materias primas.

Aunque también sucede a veces que los *warlords* lleguen a la conclusión de que todo lo que había por robar ya ha sido rapiñado y se ha agotado la fuente de sus ingresos. Entonces empiezan lo que llaman un proceso de paz. Convocan una conferencia de las facciones en lucha (la llamada *warring factions conference*), firman un acuerdo y fijan una fecha para unas elecciones. En respuesta, el Banco Mundial les concederá todos los préstamos y créditos que soliciten. Entonces los *warlords* serán todavía más ricos de lo que han sido, pues al Banco Mundial se le puede arrancar mucho más que a unos compatriotas muertos de hambre.

John y Zado han venido al hotel. Me llevarán a la ciudad. Pero primero iremos a tomar un trago, pues desde por la mañana el calor no para de atormentarnos. Incluso a esta hora, el bar está lleno: la gente tiene miedo de salir a la calle, aquí se siente más segura. Áfricanos, europeos, hindúes... Conocí a uno de ellos en una ocasión anterior. Es James P., un funcionario de ferrocarril jubilado. ¿Qué hace aquí? No contesta; sonríe y hace un gesto indefinido con la mano. En torno a las mesas, torcidas y pegajosas, se sientan unas prostitutas sin nada que hacer. Negras, medio dormidas, muy guapas. El dueño libanés se inclina por encima de la barra y me dice al oído:

–Todos éstos son unos ladrones. Su deseo es hacer dinero y marcharse a América. Todos trafican con diamantes. Los compran por nada a los *warlords* y se los llevan a Oriente Medio en aviones rusos.

–¿Rusos? –pregunto, sorprendido.

–Sí –contesta–. Ve al aeropuerto. Allí verás estacionados unos aviones rusos. Son los que llevan diamantes a Oriente Medio. Al Líbano, al Yemen y, mayormente, a Dubay.

Durante nuestra charla el bar se ha quedado desierto. De repente se ha hecho más amplio y espacioso.

–¿Qué ha pasado? –pregunto al libanés.

–Han visto que tienes una cámara fotográfica y han preferido largarse: no quieren ser captados por un objetivo.

Nosotros también salimos al exterior. Enseguida nos notamos envueltos por un aire húmedo y tórrido. No sabe uno dónde meterse. Dentro del edificio, un calor de justicia; fuera, otro tanto. No se puede caminar, ni tampoco quedarse sentado, ni tumbado, ni viajar en coche. Una temperatura semejante mata todas las energías, sensaciones y curiosidad. ¿En qué se piensa? En cómo llegar hasta el final del día. ¡Vaya!, ya ha pasado la mañana. ¡Vaya!, ya son más de las doce. Por fin empieza a atardecer. Pero el atardecer tampoco trae mejoría alguna, no suprime el aplastante peso del bochorno. La tarde resulta igual de sofocante, viscosa y pegajosa. ¿Y el anochecer? El anochecer despide los vahos de una niebla tórrida y asfixiante. ¿Y la noche? La noche nos envuelve en una sábana caliente y mojada.

Por suerte muchos asuntos se pueden resolver en las inmediaciones del hotel. Así, en primer lugar: cambiar dinero. No circula más que un billete: cinco dólares liberianos, que equivalen a unos cinco centavos americanos. Se apilan fajos de esos billetes de cinco dólares sobre unas mesas pequeñas colocadas en la calle: cambio de moneda. Para comprar algo, uno tiene que llevar una bolsa llena de dinero. Pero nuestra transacción resulta fácil: en una mesa lo cambiamos y en la siguiente compramos combustible. La gasolina se vende en botellas de un litro; las gasolineras están cerradas y sólo funciona el mercado negro. Me fijo en las cantidades que compra la gente: un litro o dos. No hay dinero para más. Como John es rico, compra diez.

Ponemos el coche en marcha. Espero a ver qué quieren enseñarme John y Zado. Resulta que primero tengo que ver cosas imponentes. Imponentes quiere decir americanas. En las afueras de Monrovia, después de unos pocos kilómetros de viaje, empieza un gran bosque de metal. Mástiles y más mástiles. Altos y macizos, salen de ellos unas extremidades y ramificaciones que llegan aún más alto, redes enteras de antenas, varas y alambres. Estas construcciones se prolongan durante muchos kilómetros; en un momento dado tenemos la impresión de que nos encontramos en un mundo de ciencia ficción, cerrado, incomprensible, perteneciente a otro planeta. Es la emisora de la Voz de América para Europa, África y Oriente Medio, construida en la época anterior a los satélites, durante la Segunda Guerra Mundial, ahora inactiva, abandonada y comida por la corrosión.

Luego vamos al otro extremo de la ciudad, a un lugar desde el cual se abre ante nosotros una llanura inmensa, unas praderas lisas e infinitas que se ven cortadas por una pista de despegue, hecha de cemento. Es el aeropuerto de Robertsfield, el más grande de África y uno de los mayores del mundo. Ahora cerrado, aparece vacío y destruido (funciona sólo el pequeño aeropuerto de la ciudad, donde aterrizó mi avión). La terminal está devastada por un bombardeo y la pista de despegue, llena de cráteres por efecto de bombas y proyectiles.

Finalmente, el objetivo más grande, un Estado dentro de otro Estado: la plantación de caucho de la Firestone. Sólo que no resulta nada fácil llegar hasta allí, pues a cada momento nos topamos con un puesto militar. Todos ellos están provistos de una barrera ante la cual es obligatorio detenerse. Detenerse y esperar. Pasado un tiempo, de una garita sale un soldado. De una garita o de detrás de unos sacos de arena, según. Empieza a preguntar: ¿quién?, ¿qué? La lentitud de sus movimientos, sus espaciados monosílabos, su mirada opaca y misteriosa, la reflexión y meditación que se reflejan en su rostro, todo pretende conferir seriedad y autoridad a la persona y cargo de vigilante. «¿Podemos seguir?» Antes de contestarnos, el soldado se enjugará la sudor de la cara, mejorará la colocación de su arma, mirará el coche desde todos los ángulos, antes de, antes de... Finalmente, John decide dar media vuelta: no llegaremos a destino antes de la noche y a partir del crepúsculo todos los caminos están cerrados; no tendremos dónde meternos.

Estamos de vuelta en la ciudad. Me llevan a un pequeño parque en el que, esparcidos por el suelo y ya cubiertos por la maleza, se ven los pedazos del monumento que saltó por los aires, erigido al presidente Tubman. Fue Doe quien había ordenado volarlo, para demostrar que la época del dominio de los antiguos esclavos americanos se había acabado y que el poder había pasado a manos del oprimido pueblo de Liberia. Aquí, si algo se destruye, destroza o hace añicos, así se queda para siempre. Si al borde de un camino encontramos los restos de una carrocería oxidados y empotrados en un tronco, quiere decir que años ha un coche se había estrellado contra un árbol y sus restos siguen ahí hasta hoy. Si un árbol cae en medio de una carretera, no lo moverán; harán un rodeo por el campo hasta que trillen un camino nuevo. Si una casa no se acaba de construir, así se quedará; la que está hecha una ruina, también lo seguirá estando para siempre. El monumento corre la misma suerte. No piensan reconstruirlo, pero tampoco recogerán los pedazos. Es el propio acto de la destrucción lo que da el carpetazo al asunto: si queda algún vestigio material, éste ya no tiene ninguna importancia, ni peso, de modo que no merece la pena prestarle más atención.

Un poco más allá, más cerca del puerto y del mar, nos detenemos en un lugar desierto, delante de una montaña de basura que apesta horrores. Se ven ratas correteando entre la inmundicia. En

273

lo alto, unos buitres vuelan en círculos. John salta del coche y desaparece entre las cabañas circundantes, hechas una ruina. Al cabo de un rato se presenta en compañía de un anciano. Lo seguimos. Me sacude un estremecimiento de asco, pues las ratas, sin miedo, no paran de pasearse entre nuestros pies. Me tapo la nariz con los dedos, casi hasta la asfixia. Al final el anciano se detiene para señalar hacia una pendiente putrefacta del vertedero. Dice algo.

–Dice –me traduce Zado– que aquí arrojaron el cadáver de Doe. Es por aquí, aquí mismo.

Para respirar un aire más puro, hicimos un paseo más: al río de San Pablo. El río marcaba la frontera entre Monrovia y el mundo de los *warlords*. Había un puente tendido sobre él. Por el lado de Monrovia se extendían, infinitas, las cabañas y guaridas de un campo de refugiados. También había allí un mercado muy grande, reino multicolor de unas vendedoras excitadas y febriles. Los del otro lado del río, los que vivían en el interior del infierno de los *warlords*, en un mundo donde imperaban el terror, el hambre y la muerte, podían pasar a nuestra orilla para hacer compras, sólo que antes de enfilar el puente debían dejar las armas. Me puse a mirarlos y vi cómo, una vez cruzado el mismo, se detenían, desconfiados e inseguros, sorprendidos de que existiese un mundo normal. Y cómo extendían las manos, como si se tratase de algo material, algo que se pudiera tocar.

También vi allí a un hombre que iba desnudo, pero con un kaláshnikov al hombro. La gente se apartaba a su paso y hacía un rodeo para evitarlo. Seguramente era un loco. Un loco con un kaláshnikov.

UN RÍO PEREZOSO

En Yaundé me espera un joven misionero, Stanisław Gurgul, dominico. Me llevará a los bosques del Camerún. «Pero antes», dice, «iremos a Bertúa.» ¿A Bertúa? No tengo ni la menor idea de dónde está. Nunca he estado allí. ¡Ni siquiera he oído hablar de su existencia! Nuestra tierra, nuestro planeta, no son sino miles, decenas de miles de lugares que llevan sus nombres correspondientes (escritos y pronunciados, por añadidura, de las maneras más diversas, según una u otra lengua, lo que aumenta su número aún más), y existen en una cantidad tan inconmensurable que, al viajar, la persona no es capaz de recordar ni aun el uno por ciento. O, como sucede a menudo, nuestra memoria está repleta de nombres de localidades, regiones y países a los que no somos capaces de asociar con ninguna imagen, vista o paisaje, con ningún rostro ni acontecimiento. Por añadidura, todo se confunde en nosotros, se difumina y se borra. Ubicamos el oasis de Sodori en Libia en lugar de en el Sudán; el pueblo de Tefe, en Laos, en lugar de en el Brasil; el pequeño puerto pesquero de Galle, en Portugal, en vez del lugar donde realmente está, es decir, en Sri Lanka. La unidad del mundo, tan difícil de conseguir en la realidad empírica, se consuma en nuestros cerebros, en las capas de una memoria enmarañada y confusa.

Para llegar a Bertúa desde Yaundé hay que recorrer trescientos cincuenta kilómetros de una carretera que lleva al este, en dirección a la República Centroafricana y al Chad, y que atraviesa unas colinas verdes y suaves, cubiertas por plantaciones de café, cacao, plátanos y piñas. Por el camino, como es habitual en África, a cada momento nos topamos con controles de policía. Stanisław detiene el coche, asoma la cabeza por la ventanilla y dice: «*Évêché Bertoua!*» (¡Obispado de Bertúa!). Sus palabras tienen un efecto inmediato y mágico. Cualquier cosa relacionada con la religión, con fuerzas sobrenaturales, con el mundo del rito y del espíritu, con algo que no se puede ver ni tocar, pero que existe y existe, además, de una manera mucho más real que toda la materia exteriorizada, provoca aquí una reacción inmediata de respeto, seriedad, intimidación y de hasta un cierto temor. Sabemos cómo acaba todo intento de jugar con lo supremo y misterioso, con lo omnipotente e inescrutable: siempre acaba mal. Sin embargo, el meollo del asunto consiste en algo más profundo. Se trata, nada menos, que de la cuestión de la fuente y esencia del ser. La manera de pensar de los africanos, al menos de los que he conocido a lo largo de muchos años, se revela como profundamente religiosa. «*Croyez-vous en Dieu, monsieur?*» (¿Cree usted en Dios?). Siempre esperaba esa pregunta porque sabía que me la acabarían haciendo; me la habían hecho ya tantas veces... Y sabía que el que me la hacía, a partir de aquel momento me observaría con sumo cuidado, sin perderse ni el más leve gesto mío. Me daba perfecta cuenta de la importancia del momento y del sentido que éste entrañaba. También presentía que mi manera de responder sería decisiva para nuestras mutuas relaciones, en cualquier caso, para la actitud que mi interlocutor adoptaría hacia mí, eso seguro. Y cuando le contestaba «*Oui, je crois en Dieu*», veía qué gran alivio se dibujaba en su rostro, cómo se descargaba en su interior la tensión e inquietud que acompañaban la escena, cómo este hecho lo hermanaba conmigo y permitía romper la barrera del color de la piel, del estatus y de la edad. Los africanos siempre han apreciado y gustado de unirse con el otro en ese plano de contacto tan distinto que a menudo se resiste a ser verbalizado y definido, pero cuya existencia y valor presienten todos, instintiva y espontáneamente.

Por lo general, no había necesidad de que se tratase de ningún Dios concreto, de uno que se pudiera nombrar y cuyo aspecto y rasgos se pudiesen describir de una u otra forma. Se trataba, más bien, de otra cosa: de una fe inquebrantable en la existencia de un Ser Supremo, un ser que crea y reina y, también, confiere al hombre esa sustancia espiritual que lo eleva por encima del mundo irracional de los animales y los objetos muertos. Esta fe, humilde al tiempo que ferviente, en el Ser Supremo hace que a sus emisarios y representantes en la Tierra también los rodee una aceptación particularmente seria y llena de reverencia. Aquí, el privilegio en cuestión se extiende sobre los sacerdotes, muy numerosos, de los ritos más diversos, de las diferentes Iglesias y comunidades religiosas, entre las cuales los misioneros católicos constituyen un porcentaje mínimo. No perdamos de vista que África cuenta con auténticas masas de *mullahs* y morabitos islámicos, con ministros de cientos de sectas y de fracciones cristianas y, también, con sacerdotes al servicio de dioses y objetos de culto africanos. A pesar de cierto espíritu competitivo, la tolerancia que impera en este medio es envidiable y el respeto de que goza lo religioso entre la gente sencilla, generalizado.

Por eso, cuando el padre Stanisław detiene el coche y dice a los policías «*Évêché Bertoua!*», éstos no piden la documentación, ni registran el vehículo, ni exigen un rescate, sino que sonríen e indican con un permisivo gesto de la mano: pueden seguir viaje.

Después de una noche pasada en el edificio que el obispado tiene en Bertúa, nos dirigimos a una aldea que se llama Ngura y que está situada a ciento veinticinco kilómetros. Sin embargo, medir distancias en kilómetros aquí resulta confuso y dice poco. Si damos con un tramo bien asfaltado, tal distancia se puede recorrer en una hora, pero si nos las tenemos que ver con espacios abandonados y sin caminos, necesitaremos un día entero, y en la estación de las lluvias, dos o tres. Por eso, en África no suele preguntarse: «¿A cuántos kilómetros?», sino: «¿Cuánto tiempo nos llevará?», y, además, en un momento así yo siempre miro al cielo, automáticamente; si brilla el sol, nos bastarán unas tres o cuatro horas, pero si se aproximan nubes, cosa que anuncia que nos pillará un aguacero, de veras no sabemos cuándo llegaremos al destino.

Ngura es la parroquia del misionero Stanisław Stanisławek, el cual nos guía hasta este punto en su coche, que nos precede. En realidad, sólo gracias al religioso podremos llegar hasta allí. En

África, si nos apartamos de alguna de las pocas rutas principales, estamos perdidos. No hay indicadores, ni inscripciones, ni señales. Tampoco mapas detallados. Por añadidura, los mismos caminos siguen itinerarios diferentes, dependiendo de la estación del año, del tiempo atmosférico, del nivel de las aguas, del alcance de los incendios, aquí sempiternos.

La única salvación está en un lugareño, alguien que conoce la zona y sabe leer en un paisaje que para nosotros no es más que una colección de símbolos y señales que nada nos dicen, tan incomprensibles y misteriosos como la escritura china. Veamos:

–¿Qué te dice este árbol?

–¡Nada!

–¿Nada? Pero si dice que ahora tienes que torcer a la izquierda porque si no, te perderás. ¿Y esta piedra?

–Nada, ¡tampoco!

–¿Nada? ¿No ves que esta piedra te indica que tienes que torcer inmediatamente a la derecha, un giro brusco a la derecha, porque lo que sigue más allá son espacios sin caminos y sin personas donde no te espera sino la muerte?

De esta manera, el lugareño, ese humilde y descalzo conocedor de la escritura del paisaje, ese lector avezado de sus misteriosos jeroglíficos, se convierte en nuestro guía y salvador. Cada uno de ellos lleva en la memoria su propia pequeña geografía, su particular cuadro del mundo que lo rodea, un conocimiento y arte de lo más preciados, pues en tiempo de las peores tormentas y de las oscuridades más profundas le permite encontrar el camino a casa y, lo que es lo mismo, salvar la vida.

Como el padre Stanisławek lleva aquí muchos años, nos conduce sin el menor problema a través de los complicados vericuetos de la zona. Finalmente llegamos a su parroquia. Se trata de un pobre barracón, de esos de mírame y no me toques, sede a la vez de la escuela rural, cerrada por falta de maestro. Una de las dos aulas alberga la vivienda del cura: una cama, una mesa, un fogón y una lámpara de petróleo. La capilla ocupa la segunda aula. Junto al barracón se ven las ruinas de una pequeña iglesia, que se ha derrumbado. Y ahora, la tarea del párroco, su principal ocupación, consiste en hacer posible la construcción de una nueva iglesia. Un trabajo arduo y de muchos años. Faltan dinero, mano de obra, materiales, transporte... Toda la esperanza está en el viejo coche. Que no se estropee, que no se haga pedazos, que no se pare. En tal caso todo quedaría suspendido: la construcción de la iglesia, la enseñanza del Evangelio, la salvación de las almas.

Luego, yendo por las cimas de las colinas (abajo, a nuestros pies, se extendía una llanura cubierta por el verde manto de un tupido bosque, llanura inmensa, infinita, como el mar, como el Atlántico), nos trasladamos hacia el lugar donde se levantaba un asentamiento de los buscadores de oro que esperaban encontrar el preciado metal en el fondo del Ngabadi, un río perezoso y lleno de meandros. Era ya la tarde, y como aquí no existe el crepúsculo y la oscuridad puede engullirlo todo en un instante, primero nos dirigimos al lugar donde trabajaban los buscadores.

Por el fondo de un abrupto barranco fluye un río. Tiene un lecho poco profundo, cubierto de arena y grava. Ha sido excavado hasta el último centímetro, por todas partes se ven grandes cráteres, hoyos, agujeros y surcos. En este paisaje de después de una batalla se arremolina un enjambre de hombres negros, semidesnudos, empapados en sudor y agua, febriles y en trance. En trance, porque este lugar tiene un clima propio, una atmósfera impregnada de lo sensacional, del deseo, la avaricia y el azar de un oscuro casino de juego. Como si en algún sitio cercano girase el brazo caprichoso de una ruleta invisible pero cuya presencia se percibe por doquier. Pero, sobre todo, se oye en el barranco el sordo golpear de las azadas que cavan en la gravilla, el susurro de la arena que cae a través de unas cribas sacudidas por brazos humanos y los sones monótonos de algo que está a medio camino entre llamadas y cantos, y que emiten los hombres que trabajan en el fondo del desfiladero. No se ve que los buscadores encuentren algo: no apartan nada. Mecen sus cajones, los llenan de agua, criban, contemplan la arena, ya sobre la palma de la mano, ya a contraluz, y vuelven a tirarlo todo al río.

No obstante, a veces encuentran algo. Basta con mirar hacia la cima del barranco, hacia las laderas de las colinas que éste atraviesa. Precisamente allí, a la sombra de los mangos, bajo los parasoles de las traslúcidas acacias y las deshilachadas palmeras, se ven tiendas de árabes. Son mercaderes de oro que vienen del Sáhara, del vecino Níger, de N'Djamena y de Nubia. Ataviados con *galabiyas* blancas y tocados con turbantes del color de la nieve hermosamente atados, se sientan, inactivos, ante las entradas de las tiendas, toman té y fuman en adornados narguiles. De vez en cuando, del fondo del hacinado barranco trepa hacia ellos alguno de los buscadores negros, agotado y de venas abultadas. Se pone en cuclillas ante un árabe, saca un papelito y lo desenrolla. En su fondo arrugado aparecen varios granos de arena dorada. El árabe los contempla con indiferencia, reflexiona y calcula. Dice un precio. El negro y embadurnado camerunés, amo de esta tierra y de este río —al fin y al cabo es su país, así que también debería ser suyo el oro—, ni tan sólo puede discutir, no tiene sentido que intente subir el precio. Otro árabe le pagaría la misma miseria. Y el siguiente, también. Hay un solo precio. Es un monopolio.

Llega la oscuridad y el barranco se queda vacío y silencioso; ya no se ve su interior: ahora es un abismo negro y apagado. Nos dirigimos, a pie, a un asentamiento que se llama Colomine. Es un pueblo levantado de prisa y corriendo, y de aspecto tan provisional y chapucero que sus habitantes lo abandonarán sin sentir pena el día que en el río se acabe el oro. Una cabaña pegada a otra, un cubículo junto a otro, así se forman callejas de chabolas que van a desembocar en la calle principal, con bares y tiendas, escenario de la vida vespertina y nocturna. No hay electricidad. Por todas partes arden lamparillas, mechas, bujías y velas, y en el suelo, troncos y astillas. Lo que su brillo saca de la oscuridad aparece inestable e intermitente. Por aquí se deslizan unas siluetas y por allí se asoma un rostro, un ojo despide un destello y aparece una mano. Este trozo de hojalata es un tejado, el objeto que ha brillado es un cuchillo y aquella tabla de madera cortada no se sabe de dónde ha salido ni para qué sirve. Nada se une, ni compone, ni forma un todo. Sólo sabemos que la oscuridad que nos rodea se mueve, que tiene sus formas y emite voces. Con ayuda de la luz podemos sacar a la superficie su mundo interior y verlo, pero en cuanto la luz se apague, todo esto se nos escapará y desaparecerá. Vi en Colomine cientos de rostros, oí decenas de conversaciones, me topé con muchas personas que caminaban o se afanaban en algo o estaban sentadas. Sin embargo, a causa de lo intermitente de aquellas imágenes en la llama trémula de las lamparillas, debido a lo fragmentario y al ritmo con que cambiaban, no soy capaz de dotar a nadie de ningún rostro ni unir ninguna voz con una persona concreta de las que allí conocí.

Por la mañana partimos al sur, al Gran Bosque. Pero antes hemos tenido que atravesar el río Kadei, que se abre paso por entre la selva (es un afluente del Sangha, que a la altura de Bolobo desemboca en el Congo). De acuerdo con el principio aquí reinante y según el cual una cosa estropeada jamás se reparará, nuestro ferry ofrecía el aspecto de algo que sólo servía para el desguace. Sin embargo, deambulaban por allí tres niños que supieron obligar a aquel monstruo a ponerse en marcha. El ferry: una caja inmensa, rectangular y plana. Encima de él, de una orilla del río a otra, está tendido un cable de acero. Dando vueltas a una manivela que chirría, aplicando la técnica de tensar y aflojar el cable, los chicos desplazan el ferry (con nosotros y nuestro coche a bordo) –lenta, muy lentamente– de una orilla a la otra. Por supuesto, tal operación sólo puede acabar en éxito cuando la corriente del agua se muestra remolona y soñolienta. Bastaría con se moviese, se animase un poco, para que, arrastrados por el Kadei, el Sangha y el Congo, acabásemos desembocando en el Atlántico.

El viaje que sigue consiste en sumergirse en el Gran Bosque, hundirse en él, bajar hasta el fondo, hasta los laberintos, túneles y espacios subterráneos de otra realidad, verde, tenebrosa e inescrutable. El Gran Bosque tropical no se puede comparar con ninguno europeo ni tampoco con la selva ecuatorial. Los bosques de Europa son ricos y hermosos, pero tienen una dimensión mediana, y sus árboles, una altura moderada: podemos imaginarnos a nosotros mismos subiendo a la punta del fresno o el roble más alto. La selva, por su parte, es una maraña, un enredo de ramas, raíces, arbustos y lianas atados en un nudo gigantesco; es la biología que no para de multiplicarse en medio de la asfixia y el hacinamiento, un cosmos verde.

El Gran Bosque es diferente. Monumental, sus árboles tienen treinta, cincuenta e incluso más metros de altura; son gigantescos, idealmente rectos y crecen espaciados, guardando entre sí una marcada distancia y saliendo de una tierra prácticamente desprovista de follaje. Y ahora, al adentrarme en este Gran Bosque, entre las encumbradas secuoyas, caobas, sapellis e irokos, me da la impresión de entrar en una catedral inmensa, de abrirme paso para penetrar en el interior de una pirámide egipcia o de detenerme en medio de los rascacielos de la Quinta Avenida.

El viaje por los caminos que atraviesan este territorio a menudo se convierte en una tortura. Hay unos tramos tan llenos de baches y vericuetos que, a decir verdad, resulta imposible conducir; el coche se tambalea como una barca sacudida por la tempestad y cada metro se convierte en un suplicio. Los únicos vehículos que se las arreglan sin apuros con tales firmes son las gigantescas máquinas, dotadas de motores semejantes a las barrigas de las locomotoras de vapor, con que los franceses, italianos, griegos y holandeses sacan de aquí la madera que luego llevan a Europa. Y es que el Gran Bosque es talado noche y día, su superficie mengua y sus árboles desaparecen. A cada paso se encuentra uno con grandes claros en cuya tierra desnuda se ven unos tocones enormes, aún frescos. El chirrido de las sierras se oye a lo largo de kilómetros, repetido por el silbido de su penetrante eco.

En alguna parte de este bosque, donde todos parecemos tan diminutos, viven sus habitantes de siempre, todavía más bajitos que nosotros. Raras veces se dejan ver. Por el camino, se pasa junto a sus chozas de paja, pero no se ve a nadie en los corrales. Sus dueños están en algún lugar remoto del bosque. Cazan pájaros, recogen bayas, persiguen lagartijas, buscan miel. Delante de cada choza aparecen, pendiendo de un palo o colgadas de una cuerda tendida, plumas de búho, garras de oso hormiguero, una cola de escorpión o un colmillo de serpiente. El secreto radica en la manera en que se han colocado todas estas cosas. Seguramente informan del lugar donde hay que buscar a los dueños.

En plena noche, distinguimos una sencilla iglesia de pueblo y, junto a ella, una casa modesta, la rectoría. Habíamos llegado a destino. En una de las estancias ardía una lámpara de petróleo: un resplandor suave y movedizo, tras salir por la puerta abierta, se posaba sobre el zaguán. Penetramos en el interior, fresco y sumido en la penumbra. Sólo al cabo de unos momentos salió a recibirnos un hombre alto y esbelto, ataviado con un hábito de color claro. Era el padre Jan, del sur de Polonia. Tenía el rostro demacrado y bañado en sudor, y sus grandes ojos ardían. Lo atormentaba la malaria, saltaba a la vista que lo consumía la fiebre y se podía adivinar el temblor y los escalofríos que recorrían su cuerpo. Agotado, exhausto y apático, hablaba en voz baja. Quería darnos la bienvenida agasajándonos con algo, pero, a juzgar por sus gestos y sus idas y venidas sin orden ni concierto, se veía que no tenía con qué, ni tampoco sabía cómo. Llegó de la aldea una mujer y se puso a calentar arroz para nosotros. Bebíamos agua, pero más tarde un chico trajo una botella de cerveza de plátano. «¿Por qué sigue aquí, padre?», le pregunté. «¿Por qué no se marcha?» Él daba la impresión de ser un hombre dentro del cual algo se había apagado. Algo lo había abandonado. «No puedo», respondió. «Alguien tiene que cuidar de la iglesia.» Y señaló con la mano la forma negra que se veía a través de la ventana.

Me fui a la habitación de al lado, a acostarme. No podía conciliar el sueño. Y, de repente, empezaron a acudir a mi memoria las palabras de mi remota función de monaguillo: *Pater noster, qui es in caellis... Fiat voluntas tua... sed libera nos a malo...*

A la mañana siguiente, el chico que yo había visto por la noche aporreaba con un martillo un tapacubos abollado que colgaba de un alambre tendido. El tapacubos hacía la veces de campana. En la iglesia, Stanisław y Jan decían la misa matutina. Misa que sólo oíamos aquel chico y yo.

283

MADAME DIUF VUELVE A CASA

Al principio nada hace prever lo que sucederá más adelante. De madrugada, la estación de ferrocarril de Dakar aparece desierta. En la vía sólo se ve un tren, que antes del mediodía partirá con destino a Bamako. De todos modos, las llegadas y salidas de trenes son una rareza. En todo Senegal no hay más que una sola línea internacional –a Bamako, la capital de Malí– y una nacional, corta, a Saint Louis. El tren de Bamako circula dos veces por semana y el de Saint Louis hace una salida al día. Por lo tanto, lo más habitual es que en la estación no haya nadie. Incluso resulta difícil encontrar al taquillero, que, según dicen, también es el jefe de la estación.

Sólo cuando el sol brilla ya sobre la ciudad aparecen los primeros viajeros. Aquí, los vagones son más pequeños que en Europa; las vías, más estrechas, y los compartimentos, más angostos. Aunque en principio no faltan asientos. Un poco antes, en el andén, he conocido a una pareja de jóvenes escoceses de Glasgow que atraviesan África Occidental desde Casablanca hasta Niamey. «¿Por qué de Casablanca a Niamey?» La pregunta les causa cierto apuro. Simplemente, porque así lo han decidido. Están juntos, y esto parece bastarles. ¿Qué han visto en Casablanca? En realidad, nada. ¿Y en Dakar? A decir verdad, tampoco gran cosa. No les interesan las visitas turísticas. Sólo quieren recorrer mundo. Avanza que te avanza. Para ellos, lo importante es el camino, un camino extraordinario, y la experiencia de recorrerlo juntos. Se parecen mucho: tez clara –que en África da la impresión de transparente–, pelo de color castaño claro y muchas pecas. Su inglés resulta muy escocés, es decir, que no los entiendo demasiado bien. Los tres llevamos ya un tiempo sentados en el compartimento, pero justo antes de partir se nos une una mujer corpulenta y enérgica, ataviada con un *bou-bou* (vestido del lugar, largo hasta los tobillos) amplio, bullón y de colores chillones. «¡Madame Diuf!», se presenta y se sienta cómodamente en el banco.

Nos ponemos en marcha. Al principio, el tren bordea el viejo Dakar colonial. Hermosa ciudad costera de colores pastel, pintoresca, levantada, entre playas y terrazas, sobre una península diminuta, recuerda un poco a Nápoles y otro poco a los barrios residenciales de Marsella o a las primorosas afueras de Barcelona. Palmeras, jardines, cipreses, buganvillas... Calles-escaleras, setos vivos, céspedes, fuentes... Boutiques parisienses, hoteles italianos, restaurantes griegos... Al acelerar la marcha, el tren acaba por salir de esta ciudad-escaparate, ciudad-enclave, ciudad-sueño. Y entonces, de repente, en un instante, el compartimento se vuelve oscuro y en el exterior se oye un estruendo espantoso y unos gritos desgarradores. Me abalanzo sobre la ventanilla, que Edgar (el mencionado muchacho escocés) intenta cerrar, sin éxito, para detener las espesas nubes de polvo, tierra y suciedad que nos invaden.

¿Qué ha pasado? Veo que los exuberantes jardines en flor han desaparecido, se los ha tragado la tierra, para dar paso al desierto, pero un desierto poblado, lleno de cabañas y chozas; a arenas en las que se extienden los barrios de la miseria, un caótico amasijo de chabolas, una lóbrega *bidonville* típica, de las que rodean a la mayoría de las ciudades africanas. Y como en nuestra *bidonville* se vive muy apretado, sus cubículos, agolpados y aglomerados, casi se suben uno encima de otro, y el único sitio libre donde poner el mercado son el terraplén y las vías del ferrocarril. Así que hay aquí un movimiento febril desde la madrugada. Las mujeres exponen sus mercancías directamente en el suelo o en palanganas, bandejas y taburetes. Sus plátanos, tomates, jabón y velas. Estrechamente juntas, una se pone al lado de otra, hombro a hombro, como manda la costumbre africana. Y de pronto se acerca el tren. Desbocado, se acerca con estrépito y a toda velocidad y lanzando silbidos. Y entonces, presa de pánico y terror, todo el mundo, gritando, se pone a recoger todo lo que puede, lo que le dé tiempo de salvar, y empieza a huir en desbandada. No pueden apartarse antes, porque nunca se sabe a ciencia cierta en qué momento aparecerá el tren y, por añadidura, desde lejos no se lo ve venir, pues aparece de repente saliendo de una curva. De modo que no queda otro remedio que salvarse en el último momento, en ese instante en que el desbocado monstruo de metal se abalanza sobre las cabezas de la gente mientras corre como un mortífero cohete. A través de la ventanilla veo a una multitud que huye en desbandada, veo rostros asustados, brazos que se extienden en un gesto reflejo de defensa, veo cómo las personas se caen, ruedan terraplén abajo y se protegen la cabeza. Y todo esto, en medio de nubes de polvo, bolsas de plástico, jirones de papel, trapos y cartones que vuelan.

Tardamos mucho en atravesar el mercado, dejando atrás gruesas nubes de un polvo que se posa sobre el maltrecho paisaje del reciente campo de batalla. Y también a la gente que, con toda seguridad, ahora intenta devolver cierto orden a las cosas. Entramos en la sabana, vasta, tranquila, desierta y cubierta por acacias y arbustos de endrino. Madame Diuf dice que el momento en que el tren destruye el mercado –parece incluso que lo haga saltar por los aires– es el sueño de los ladrones, que sólo esperan a que se produzca. Ocultos tras la cortina de polvo que levantan las ruedas de los vagones, aprovechan la confusión para abalanzarse sobre las mercancías diseminadas por el suelo y robar cuanto puedan.

–*Ils sont malins, les voleurs!* –exclama casi con admiración.

Digo a los jóvenes escoceses que en las últimas dos o tres décadas ha cambiado el carácter de las ciudades africanas. Lo que acaban de ver –el hermoso Dakar mediterráneo y el terrible Dakar del desierto– ilustra muy bien el fenómeno que se ha producido en las ciudades. En tiempos fueron centros administrativos, comerciales e industriales. Un organismo funcional que cumplía el cometido de producir y crear. Pequeñas por regla general, las ciudades estaban habitadas sólo por aquellos que tenían en ellas un trabajo. Lo que queda de aquellos centros antiguos hoy no constituye más que un jirón, una fracción, un exiguo fragmento de las ciudades nuevas, que, incluso en países pequeños y poco poblados, han crecido hasta dimensiones monstruosas y se han convertido en auténticos mastodontes. Es verdad que las ciudades crecen a un ritmo acelerado en todo el mundo –pues la gente asocia a ellas la esperanza de una vida mejor–, pero en el caso de África se añaden otros factores que han intensificado aún más ese hiperurbanismo. El primero de ellos fue la catástrofe de la sequía que azotó el continente en los años setenta, y luego, en los ochenta. Se secaban los campos y perecía el ganado. Millones de personas murieron de hambre. Millones de otras habían empezado a buscar salvación en las ciudades, que ofrecían más posibilidades de supervivencia: allí se distribuía la ayuda extranjera. Como en África el transporte resulta demasiado difícil y caro para que aquélla llegue al campo, los habitantes de las aldeas tienen que caminar hasta la ciudad para poder beneficiarse de la misma. Pero el clan que abandona sus campos y pierde sus rebaños jamás podrá permitirse el lujo de recuperarlos. A partir de ese momento, aquella gente estará condenada a la ayuda externa y vivirá hasta que alguien la interrumpa.

La ciudad tentaba también con la ilusión de paz y seguridad. Sobre todo en países escenario de guerras civiles y del terror de los *warlords*. Los más débiles e indefensos huían hacia las ciudades, con la esperanza de encontrar medios de supervivencia. Recuerdo las pequeñas urbes de Kenia –Mandera o Garissa– en tiempos de la guerra somalí. Al atardecer, los somalíes bajaban de los pastos con sus rebaños y se agrupaban alrededor de aquellos villorrios, que de noche se veían rodeados por un anillo luminoso: los recién llegados encendían sus lámparas, teas y velas de sebo. Junto a una ciudad se sentían más tranquilos y seguros. Dicho anillo se apagaba por la madrugada. Los somalíes se dispersaban; con sus rebaños, se iban lejos, hacia pastos remotos.

Así que la sequía y la guerra, al expulsar a la ciudad a sus habitantes, despoblaban el campo. El proceso, que se prolongó durante años, afectó a millones, decenas de millones, de personas. En Angola y en Sudán, en Somalia y en Chad. En realidad, en todas partes. ¡Ir a la ciudad! Había en ello una esperanza de salvación, aunque también era reflejo de la desesperación. Al fin y al cabo, nadie las esperaba, nadie las había invitado. Iban hacia allí perseguidas por el miedo, con sus últimas fuerzas, con tal de esconderse en alguna parte, de salvar la vida.

Estoy pensando en el campamento que hemos dejado atrás al salir de Dakar, en el sino de sus habitantes. En lo provisional de su existencia, en las preguntas acerca de su finalidad y sentido, preguntas que, por lo demás, tampoco plantean a nadie, ni siquiera a sí mismos. Si el camión no trae comida, morirán de hambre. Si la cisterna no trae agua, morirán de sed. No tienen para qué ir a la ciudad, y en cuanto al campo, no tienen por qué volver. No cultivan nada, no crían nada, no producen nada. Tampoco estudian. No tienen una dirección, ni dinero, ni documentación. Todos han perdido sus casas; muchos, a sus familias. No tienen a quién acudir para quejarse ni a nadie de quién esperar algo.

Se vuelve cada vez más importante para el mundo la pregunta no de cómo alimentar a la humanidad –hay comida suficiente; a menudo sólo se trata de organización y transporte–, sino de qué hacer con la gente. Qué hacer con la presencia en la Tierra de millones y millones de personas. Con su energía sin emplear. Con el potencial que llevan dentro y que nadie parece necesitar. ¿Qué lugar ocupa esa gente en la familia humana? ¿El de miembros de pleno derecho? ¿El de prójimos maltratados? ¿El de intrusos molestos?

El tren aminoraba la marcha: llegábamos a una estación. Vi cómo venía corriendo hacia los vagones un tropel de personas, cómo se abalanzaba sobre ellos como si se tratase de una muchedumbre de suicidas que de un momento a otro se lanzaría bajo las ruedas. Eran mujeres y niños que vendían plátanos, naranjas, maíz asado, dátiles... Se agolpaban bajo las ventanillas de los vagones, pero como acarreaban sus productos en unas bandejas que llevaban sobre la cabeza, no se veían ni los vendedores ni sus rostros, sino montañas de plátanos que, apiñándose, desplazaban a los pequeños montones de dátiles y a las pirámides de sandías, y echaban a los lados a las naranjas, que se caían y desparramaban.

Con su imponente silueta, Madame Diuf ocupó enseguida todo el hueco de la ventanilla. Se puso a manosear y escoger entre las montañas de frutas y verduras que se movían por encima del andén. Regateó y discutió. A cada momento se volvía hacia nosotros para enseñarnos ya un racimo de plátanos verdes, ya una pa-

paya madura. Sopesaba el trofeo en su mano blanda y regordeta y decía triunfante: «*A Bamako? Cinq fois plus cher! A Dakar? Dix fois plus cher! Voilà!*» Y colocaba la fruta que acababa de comprar en el suelo y sobre los estantes. Pero los compradores no eran muchos. El mercado de frutas fluía ante nuestros ojos prácticamente intacto. Me pregunté de qué vivía toda aquella gente que nos asediaba. El tren siguiente pasaría por allí al cabo de varios días. En las proximidades no se veía ninguna población. Así que ¿a quién vendían sus productos? ¿Quién se los compraba?

Tras una sacudida, el tren se puso en marcha y Madame Diuf se sentó, contenta. Pero se sentó de tal manera que su tamaño había aumentado visiblemente. Lo que hizo no fue un simple sentarse, sino que se repanchigó a sus anchas, como si decidiese liberar la masa de su cuerpo de los corsés que la agobiaban y que para nosotros permanecían invisibles, como si quisiese permitirle descansar y devolverle la libertad. El compartimento se llenó de Madame, cada vez más voluminosa, jadeante y bañada en sudor, y cuyos hombros y caderas, brazos y piernas nos dominaron por completo, desplazando a Edgar y a Clare (su compañera) hacia un rincón y a mí, hacia el otro; con el agravante de que a mí apenas me quedaba sitio.

Quería salir del compartimento para estirar las piernas, pero mi pretensión resultó imposible. Era la hora de la oración y los pasillos estaban ocupados por hombres que, arrodillados sobre sus alfombrillas, se inclinaban e incorporaban rítmicamente. El pasillo era el único lugar donde podían rezar. Y eso que el mero hecho de ir en tren ya de por sí creaba un problema litúrgico: se sabe que el islam obliga a los fieles a rezar de cara a La Meca, y nuestro tren, en cambio, no paraba de dibujar curvas y recodos y de cambiar de dirección, con lo cual a veces se colocaba peligrosamente en tal ángulo que era posible que los piadosos hiciesen sus reverencias dando la espalda a los lugares sagrados.

A pesar de que el tren no cesaba de dar vueltas y más vueltas, el paisaje siempre era el mismo. El Sahel: una llanura seca, de un marrón claro, pardo a ratos, cubierta por la arena y quemada por el sol. Aquí y allá asomaban de la arena y aparecían entre las piedras manojos de una hierba seca, afilada y amarilla como la paja.

También se veían unos bérberos rosa y tamariscos azules y lacios. Y también las sombras pálidas y escasas que proyectaban sobre los arbustos, la hierba y la tierra las allí omnipresentes acacias, llenas de nudos y espinas. Silencio. Vacío. El aire blanco y trémulo de un día siempre tórrido.

En la gran estación de Tambacounda se estropeó la locomotora. Se habían roto unas válvulas y un chorro de aceite se deslizaba por el terraplén. Los chiquillos del lugar llenaban con él a toda prisa sus latas y botellas. Aquí nada se malgasta. Si se desparrama un cereal, será recogido hasta el último grano; si se rompe un recipiente con agua, será recuperada y bebida hasta el último trago. Todo indicaba que nos quedaríamos parados un buen rato. En poco tiempo se reunió un nutrido grupo de curiosos de la ciudad. Animé a los escoceses a que bajásemos para echar un vistazo y charlar con la gente. Se negaron en redondo. No querían conocer y hablar con nadie. Se negaban a entablar relación alguna y no visitarían a nadie. Si se les acercaba alguien, daban la vuelta y se alejaban. Lo mejor que harían sería huir, y de buena gana. Esa actitud suya era resultado de una experiencia breve pero mala. Se habían convencido de una cosa: si hablaban con alguien, su interlocutor siempre acababa pidiéndoles algo, dando por descontado diversas cosas: que le conseguirían una beca, le encontrarían un trabajo o le darían dinero. Ese alguien siempre tenía a los padres enfermos, a unos hermanos pequeños que mantener y él mismo llevaba varios días sin probar bocado. Este tipo de quejas y lamentos pronto había empezado a repetirse. No sabían cómo reaccionar. Se sentían impotentes. Finalmente, decepcionados y vencidos, habían tomado una decisión: nada de contactos, encuentros y charlas. Y se mantenían fieles a su determinación.

Les explico a los escoceses que las demandas de sus interlocutores son consecuencia de la convicción, que comparten muchos africanos, de que el blanco lo tiene todo. En cualquier caso, que tiene mucho más que el negro. Y si en su camino aparece un blanco, es como si la gallina le pusiera al africano un huevo de oro. Tiene que aprovechar la oportunidad, no puede dormirse, dejar pasar la ocasión. Tanto más cuanto que mucha de esa gente realmente no tiene nada, necesita de todo y anhela muchas cosas.

Aunque también hay en todo ello una gran diferencia de costumbres y de expectativas.

La africana es una cultura del intercambio. Tú me das algo y es mi obligación corresponderte. Y no sólo una obligación. Lo exige mi dignidad, mi honor y mi humanidad. En el curso del intercambio, las relaciones interpersonales adoptan su forma más elevada. La unión entre dos jóvenes que a través de su descendencia alargan la presencia del hombre sobre la Tierra y garantizan nuestra existencia, que aseguran la continuación de la vida, esa unión se crea, precisamente, en el acto del trueque: la mujer a cambio de una serie de bienes materiales que necesita su clan. En semejante cultura, todo cobra la forma de un regalo que exige ser recompensado. El regalo no devuelto pesa sobre aquel que no ha correspondido al mismo, le quema en la conciencia e, incluso, puede causarle una desgracia, la enfermedad o la muerte. Por eso recibir un regalo es una señal, un estímulo para una acción inmediata en el sentido inverso, que vuelva a poner las cosas en equilibrio: ¿He recibido? ¡Devuelvo!

Surgen muchos malentendidos cuando una de las partes no comprende que son susceptibles de intercambio valores de naturaleza diversa, por ejemplo, que los simbólicos se cambien por los materiales y viceversa. Si un africano se acerca a unos escoceses, no deja de colmarlos con un sinfín de regalos: los agasaja con su persona y atención, al prevenirles de los ladrones les ofrece información, les proporciona seguridad, etc. Es lógico que hombre tan generoso espere ahora que se le corresponda, que se le ofrezca una recompensa que satisfaga sus expectativas. Sin embargo, ve, atónito, que los escoceses ponen cara de vinagre o que, incluso, ¡le dan la espalda y se marchan!

Reemprendimos el viaje al caer la tarde. El aire se había vuelto más fresco, ya se podía respirar. Íbamos hacia el este, hacia el Sahel profundo, hacia el corazón de África. La vía férrea pasaba por Goudiri, Diboli y, finalmente, Kayes, una ciudad de cierto tamaño, ya en el lado de Malí. Madame Diuf había hecho compras en todas las estaciones. El compartimento estaba lleno a rebosar de naranjas, sandías, papayas e, incluso, uva. Ahora compraba taburetes tallados, candelabros de latón, toallas chinas y jabón de tocador francés. Durante todo el tiempo lanzaba exclamaciones de triunfo: «*Voilà, m'sieurs dames! Combien cela coûte à Bamako? Cinq fois plus cher! Et à Dakar? Dix fois! Bon Dieu! Quel achat!*» Ahora ya había tomado posesión de todo el banco. Yo había perdido mi asiento por completo, aunque a los escoceses tampoco les quedaba más que un trocito en el lado opuesto del compartimento, lleno hasta el techo de fruta, detergentes, blusas, manojos de hierbas secas y saquitos de semillas, mijo y arroz.

Tenía la impresión –cierto que estaba un poco soñoliento y notaba que me invadía la fiebre– de que el cuerpo de Madame no cesaba de aumentar, que crecía por momentos, llenándolo todo cada vez más. Su amplio *bou-bou* atrapaba el viento que entraba por la ventana, se abombaba, se hinchaba como una vela, ondeaba y emitía sonoros frufrús. Regresaba a casa, a Bamako, orgullosa de unas compras tan baratas. Satisfecha y triunfante, su corporeidad llenaba todo el compartimento.

Contemplando a Madame Diuf, su omnipresencia, su dinámico reinado, su monopolio y su poder absoluto e incuestionable, me di cuenta de hasta qué punto África había cambiado. Me acordé de un viaje que había hecho años atrás con el mismo tren. En aquella ocasión estaba solo en el compartimento: nadie osaba turbar la paz y limitar la comodidad de un europeo. Y ahora la propietaria de un puesto de mercado en Bamako, dueña y señora de esta tierra, sin que le temblase un párpado, había arrinconado y echaba del compartimento a tres europeos, haciéndoles ver que allí no había sitio para ellos.

Llegamos a Bamako a las cuatro de la madrugada. La estación estaba llena de gente; una densa multitud se congregaba en el andén. Como un vendaval, entró en nuestro compartimento un nutrido y febril grupo de muchachos. Era el equipo de Madame, que había acudido para cargar con las compras del ama. Cuando me bajé del vagón, oí el grito de un hombre. Me abrí paso en su dirección. Vi a un francés con la camisa desgarrada y que, sentado en el andén, gemía y maldecía. Cuando bajaba del vagón, en un segundo le habían robado todo. En la mano no le había quedado más que el asa de la maleta y con aquel jirón de skai descuajado profería ahora insultos al mundo.

En Bamako, me alojo en un albergue que se llama Centre d'Accueil. Lo regentan unas monjas españolas. Por un precio muy módico, se les puede alquilar una habitación cuyo mobiliario consiste en una cama con mosquitera. La mosquitera en cuestión es lo más importante; sin ella, los mosquitos devorarían vivo a todo el mundo. (Cuando piensa en África, la gente imagina, con horror, peligros tales como encontrarse cara a cara con un león, un elefante o una serpiente; sin embargo, aquí, los verdaderos enemigos son apenas perceptibles para el ojo o del todo invisibles.) El lado negativo del Centre d'Accueil consiste en que hay una sola ducha para las diez habitaciones que se alquilan. Para más inri, siempre la ocupa un joven noruego que ha venido aquí sin haber caído en la cuenta del terrible calor que hace en Bamako. El interior de África, en efecto, siempre arde con fuego abrasador. Es una llanura constantemente expuesta al sol, un sol que aquí parece estar suspendido justo encima de la tierra: basta dar un paso irreflexivo, salir de la sombra, para quemarse en el acto. Sobre los visitantes europeos también actúa aquí un factor psicológico: saben que se encuentran en el centro del infierno, lejos del mar, de tierras con un clima más moderado, y esa sensación de saberse a tanta distancia, encerrados, encarcelados, hace que su vida se vuelva aún más difícil de soportar. En cualquier caso, el mencionado noruego, medio asfixiado y cocido al cabo de varios días de estancia, ha decidido abandonarlo todo y regresar a casa, pero tiene que esperar el avión. Habrá creído que podrá sobrevivir hasta ese momento sólo a fuerza de no salir de la ducha.

Y es verdad. En la estación seca reina aquí un aplastante calor de justicia. La calle donde vivo se sume en el letargo desde la misma mañana. Junto a las paredes, en los portales y pasadizos se ve, inmóviles, a personas sentadas. Se sientan a la sombra de los eucaliptos y de las mimosas que crecen por aquí, bajo la amplia copa de un mango enorme y de una buganvilla de ardiente carmesí. O en un largo banco delante del bar de un mauritano y sobre las cajas vacías junto a la tienda de la esquina. A pesar de que las he observado en varias ocasiones y durante un buen rato, no sabría decir qué hacen allí sentadas aquellas personas. En realidad, no hacen nada. Ni siquiera hablan. Recuerdan a las que se pasan horas en la sala de espera de un médico. Aunque la comparación no es muy afortunada, ya que el médico, finalmente, acabará apareciendo. Aquí, en cambio, no aparece nadie. Ni viene ni se va. Sólo el aire vibra, ondula y se mueve inquieto, como encima de una caldera llena de agua hirviendo.

Un buen día llegó al albergue de las monjas Jorge Esteban, un paisano suyo, de Valencia. Tenía en su ciudad una agencia de viajes, y recorría África Occidental en busca de materiales para un anuncio publicitario. Jorge era un hombre agradable, alegre y enérgico. El clásico tipo de animador de la fiesta. En todas partes se sentía como en su casa y estaba a gusto con todo el mundo. Sólo pasó un día entre nosotros. No prestó atención al sol de justicia; su fuego abrasador parecía infundirle fuerzas. Deshizo una bolsa llena de cámaras fotográficas, objetivos, filtros y rollos de película y luego se puso a caminar por la calle, a charlar con las personas que allí estaban sentadas, a contarles chistes y a prometerles cosas. Luego colocó su Canon sobre un trípode. Sacó un silbato potente, de los de fútbol, y empezó a silbar. Yo, que contemplaba la escena a través de la ventana, no podía dar crédito a mis ojos. En un instante, la calle se llenó de gente, que no tardó ni un segundo en formar un círculo. Luego, todos se pusieron a bailar. No sé de dónde habrían salido los niños. Llevaban unas latas vacías que golpeaban ahora, marcando el ritmo. De hecho, lo marcaban todos, batiendo palmas y arrastrando los pies según los pasos de la danza. La gente había despertado de su letargo, su sangre había empezado a fluir y el vigor se apoderó de ella. Se veía hasta qué punto la danza divertía a todos, lo contento que estaban de haber descubierto vida en su interior. Algo había empezado a suceder en aquella calle, en su medio, dentro de ellos mismos. Las paredes de las casas se movieron y se despertaron las sombras. A cada momento se agregaba un nuevo miembro al círculo, que no cesaba de crecer, abombarse y acelerar el ritmo de la danza. Bailaba también la multitud de curiosos, la calle entera, todo el mundo. Se mecían los *bou-bou* multicolores, las *galabiyas* blancas y los turbantes azul celeste. Como allí no había –y sigue sin haber– ni asfalto ni empedrado, encima de las cabezas empezaron a levantarse enseguida nubes de polvo, oscuras, densas, incandescentes y asfixiantes. Parecidas a las que levanta un incendio, atraían a más gentes de la vecindad; de repente, todo el barrio se había puesto a bailar, a marcar el compás y a divertirse ¡en la peor, en la más tórrida y mortífera hora del mediodía!

¿Divertirse? No, se trataba de algo distinto; de algo más, algo mucho más sublime e importante. Bastaba con fijarse en los rostros de los danzantes. Se dibujaban en ellos atención y concentración sumas, y todos sus sentidos estaban puestos en aquel ruidoso ritmo que los niños sacaban de las latas para que armonizasen con él sus majestuosos *pas*, el balanceo de caderas y hombros y los movimientos de la cabeza. Pero también había en ellos una firme determinación y se notaba que comprendían la importancia de un momento en el cual podían expresarse a sí mismos y dar testimonio de su presencia y participación. Inactivos y superfluos durante días enteros, de repente se volvían visibles, necesarios e importantes. Existían. Creaban.

Jorge sacaba fotos. Necesitaba unas en que se viese que la calle de una ciudad africana se divertía y bailaba, alentaba e invitaba. Finalmente, ya cansado, terminó y, con un gesto de la mano, dio las gracias a los bailarines. Éstos se detuvieron, se ajustaron la ropa y se pusieron a enjugarse el sudor. Hablaban, intercambiaban opiniones y reían. Luego empezaron a dispersarse, a buscar la sombra y a desaparecer en el interior de sus casas. La calle volvió a sumirse en el vacío tórrido e inmóvil.

Fui a Bamako porque quería coincidir con algún episodio de la guerra con los tuaregs, los eternos errantes. Aunque ¿realmente se les puede llamar así? Errante es aquel que deambula por el mundo en busca de un lugar propio, de una casa, de una patria. El tuareg tiene una casa y una patria propia en la que lleva viviendo mil años y que no es otra que el corazón del Sáhara. Sólo que su casa es distinta de la nuestra. No tiene paredes, ni techo, ni puertas, ni ventanas. No la rodean valla ni tapia alguna, nada que separe ni marque unos límites. El tuareg desprecia toda delimitación, intenta destruir todo obstáculo y romper toda barrera. Su patria es inconmensurable; son miles y miles de kilómetros de arena y rocas que queman, un vasto espacio de tierra estéril y traicionera a la que todos temen y hacen lo posible por evitar. La frontera de esa tierra-patria está allí donde acaban el Sáhara y el Sahel y empiezan los campos verdes de las comunidades sedentarias, enemigas de los tuaregs, con sus aldeas y casas.

Unos y otras llevan siglos enzarzándose en guerras. Y es que muchas veces la sequía en el Sáhara es tan tremenda que desaparecen todos los pozos, y entonces los tuaregs se ven obligados a caminar con sus camellos más allá del desierto, hacia los territorios verdes, hacia el río Níger y el lago Chad, para alimentar y abrevar sus rebaños, y de paso, comer algo ellos mismos.

Los sedentarios campesinos de África perciben estas visitas como una invasión, un ataque, una agresión y una hecatombe. El odio mutuo que se profesan campesinos y tuaregs es terrible, habida cuenta de que estos últimos no sólo les queman las aldeas y se quedan con sus ganados, sino que, además, los convierten en esclavos suyos. Para los tuaregs, bereberes de piel clara, los africanos negros pertenecen a una vil raza inferior de infrahombres miserables. Estos últimos, en cambio, consideran a los tuaregs como bandidos, parásitos y terroristas a los que —ojalá para siempre— debería tragarse el Sáhara. En esta parte de África, los sedentarios bantúes han luchado contra dos colonialismos: el francés, impuesto desde fuera, desde Europa a través de París; y el colonialismo interno, «propio», el de los tuaregs, que existe desde hace siglos. Las dos comunidades, la sedentaria y agrícola bantú y la rauda y errante tuareg, siempre se han regido por filosofías opuestas. Para los bantúes, la tierra, sede de sus antepasados, constituye la fuente de su fuerza, incluso de la vida. Sepultan a sus muertos en los campos que cultivan, a menudo en las proximidades de sus casas o incluso bajo el suelo de la choza en que viven. De esta manera, el que ha muerto sigue compartiendo, aunque sólo sea simbólicamente, la existencia de los vivos, a los que protege, aconseja, concilia, bendice o castiga. La tierra de la tribu, de la familia, no sólo es una fuente de sustento sino también un valor sagrado, el lugar del que ha nacido el hombre y al que volverá.

El tuareg –errante–, hombre de espacios abiertos y confines infinitos, el veloz jinete de la caballería ligera, el cosaco del Sáhara, muestra una actitud muy diferente hacia los antepasados. El que muere desaparece de la memoria de los vivos. Los tuaregs entierran a sus muertos en el desierto, en cualquier lugar, obedeciendo a una sola regla: no volver por allí nunca más.

En esta parte de África, entre los hombres del Sáhara y las sedentarias tribus del Sahel y de la sabana, existió durante siglos un intercambio de mercancías que se conoce por el nombre de comercio mudo. Los hombres del Sáhara proporcionaban sal y a cambio recibían oro. Esa sal (un producto buscado y precioso, sobre todo en el trópico) la traían sobre la cabeza los esclavos negros de los tuaregs y de los árabes, desde el interior del Sáhara seguramente hasta las orillas del río Níger, donde se llevaba a cabo toda la transacción: «Cuando los negros alcanzan las aguas del río», relata Alvise da Ca'da Mosto, un mercader veneciano del siglo XV, «cada uno de ellos hace un montículo con la sal que ha traído y lo marca, tras lo cual se alejan todos de la ordenada fila de esos montículos, retrocediendo a una distancia de medio día, en la misma dirección de donde han venido. Entonces llegan unos hombres de otra tribu negra, hombres que nunca enseñan nada a nadie y con nadie hablan: llegan a bordo de grandes barcas, seguramente desde alguna isla, desembarcan en la orilla y, al ver la sal, colocan junto a cada montículo una cantidad de oro, tras lo cual se marchan, dejando la sal y el oro. Una vez se han ido, regresan los que han traído la sal y si consideran suficiente la cantidad de oro, se lo llevan, dejando la sal; si no, dejan sin tocar la sal y el oro, y vuelven a marcharse. Entonces los otros vienen de nuevo y se llevan la sal de aquellos montículos junto a los cuales no hay oro; junto a otros, si lo consideran justo, dejan más oro o no se llevan la sal. Comercian precisamente de esta manera, sin verse las caras y sin hablar unos con otros. Tal cosa dura ya desde hace mucho tiempo, y aunque todo el asunto parece inverosímil, os aseguro que es verdad.»

Leo el relato del mercader veneciano en el autobús que me lleva de Bamako a Mopti. «¡Ve a Mopti!», me han aconsejado unos amigos. A lo mejor de allí consiga llegar a Tombuctú, es decir, hasta el mismo umbral del Sáhara, justo donde empieza el territorio de los tuaregs.

Los tuaregs van desapareciendo; su existencia tiene los días contados. Del propio Sáhara los expulsan unas sequías terribles y constantes. Además, parte de ellos vivía en tiempos del saqueo de caravanas, que hoy ya son escasas y van bien armadas. De modo que se ven obligados a trasladarse a tierras mejores, allí donde hay agua, pero todos estos espacios ya están ocupados. Los tuaregs viven en Malí, Argelia, Libia, Níger, Chad y Nigeria, aunque también aparecen en otros países saharianos. No se consideran ciudadanos de ningún Estado ni piensan someterse al gobierno de nadie, a poder alguno.

Hoy en día no queda más que medio o tal vez un millón.

Nunca nadie ha contado los miembros de esta comunidad en constante movimiento, misteriosa y que evita contactos con otros. Los tuaregs viven apartados, y no sólo física sino también mentalmente, encerrados en su inaccesible Sáhara. No les interesa el mundo exterior. No se les pasa por la cabeza cosas como navegar por mares desconocidos, como los vikingos, o hacer turismo, visitando Europa o América. Cuando un viajero europeo, al que habían atrapado, les dijo que quería llegar hasta el Níger, no se lo podían creer: «¿Para que necesitas el Níger? ¿Acaso no hay ríos en tu país?» A pesar de que los franceses ocuparon el Sáhara durante más de medio siglo, los tuaregs no quisieron aprender francés; no les interesaba Descartes ni Rousseau, como tampoco Balzac o Proust.

A mi vecino de autobús, comerciante de Mopti que atiende al nombre de Diawara, los tuaregs le caen muy mal. Incluso les tiene miedo y está contento de que, en Mopti, el ejército haya podido con ellos. «Poder con ellos» significa que una parte de los tuaregs ha caído asesinada y otra, ha sido expulsada hacia una zona tal de desierto que, por falta de agua, no tardará en morir. Cuando alcancemos nuestro destino (el viaje en este autobús dura un día entero), Diawara pedirá a un primo suyo, un tal Mohamed Koné, que me enseñe la huella que han dejado los tuaregs. Mopti es un puerto del Níger, y el Níger, a su vez, es uno de los tres ríos más grandes de África (después del Nilo y del Congo). Durante dos mil años se ha discutido en Europa por dónde pasaba el Níger y en qué lago o río o mar desembocaba. La causa de esa controversia radica en su estrafalario curso, el cual empieza cerca de la costa oeste africana, en el territorio de Guinea, luego se dirige hacia el centro del continente, rumbo al corazón del Sáhara, hasta que, de repente, como si no pudiese con la infranqueable barrera del gran desierto, tuerce en sentido contrario, hacia el sur, y desemboca en el Golfo de Guinea, en el territorio de la actual Nigeria, cerca de Camerún.

Visto desde la alta orilla en que se levanta Mopti, el Níger es un río ancho, pardo y de lento fluir. La vista resulta extraordinaria si se considera que alrededor no se extiende sino un desierto tórrido, y que aquí, de repente, en un lecho pedregoso, ¡surge tal abundancia de agua! Por añadidura, al contrario que otros ríos saharianos, el Níger no se seca nunca, y la imagen de su corriente eterna atravesando unas arenas infinitas infunde en las gentes tal respeto y devoción que consideran sus aguas milagrosas y sagradas.

Mohamed Koné resultó ser un joven muchacho sin una ocupación definida, un *bayaye* típico que vivía de lo que podía. Era amigo de un tal Thiema Djenepo, dueño de una barca (más tarde me dio su tarjeta de visita: Thiema Djenepo. Piroguer. BP76. Mopti. Mali), que nos llevó –remando con dificultad pues navegábamos contracorriente– hasta una de las pequeñas islas donde se veían los restos de unas chozas de barro diseminadas, ahora reducidas a escombros: rastro de una reciente incursión de los tuaregs a una aldea de pescadores de Malí. *«Regardez, mon frère»*, me dijo Mohamed en tono de confianza, y añadió una explicación con voz solemne: *«Ce sont les activités criminelles des Tuaregs!»* Le pregunté dónde podía encontrarlos, al oír lo cual Mohamed soltó una risa llena de lástima: consideró que mi pregunta equivalía a una petición de consejo de cómo suicidarse de la manera más eficaz.

Una vez en Mopti, lo más difícil resultó ser llegar a Tombuctú. El camino a través del desierto estaba cortado por el ejército porque en alguna parte de la zona seguían librándose combates. Aunque no era imposible llegar hasta aquellos parajes, la hazaña exigía semanas. Quedaba el pequeño avión de Air Mali que volaba de manera irregular, de vez en cuando, una vez por semana o por mes. En esta parte del mundo, el tiempo no tiene medida alguna, ningún punto de referencia, tampoco unos contornos o un *tempo*. Se funde, se deslavaza, resulta difícil atraparlo, imponerle una forma. Aún así, sobornando al jefe del aeropuerto de Mopti, conseguí una plaza en el avión. Vuela uno por encima de un Sáhara lunar, irreal, lleno de líneas y signos secretos. El desierto claramente nos dice algo, nos comunica cosas, pero ¿cómo comprenderlo? ¿Qué significan esas dos líneas rectas que han aparecido de repente sobre la arena y que desaparecen acto seguido, de manera igual de repentina? ¿Y los círculos? ¿Toda esa cadena de círculos tan simétricamente dispuestos? ¿Y esos zigzags, triángulos y rombos quebrados y luego esas líneas elípticas y enrolladas? ¿Serán huellas de caravanas perdidas? ¿Asentamientos humanos? ¿Campamentos? Pero ¿cómo se puede vivir en esta plataforma ardiente? ¿Qué camino tomar para llegar hasta allí? ¿Por dónde huir?

En Tombuctú, tomamos tierra encarando directamente los cañones de las piezas de artillería antiaérea que vigilaban la pista de aterrizaje. Tombuctú es hoy una pequeña ciudad de chozas de barro levantadas sobre la arena. Puesto que el barro y la arena tienen el mismo color, la ciudad aparece como parte inseparable del desierto: un fragmento del mismo que, formando bloques rectangulares, se eleva por encima del Sáhara. El calor es tal que, prácticamente, resulta imposible moverse. El sol coagula la sangre, entumece y paraliza. En las callejuelas de Tombuctú, angostas, recónditas y llenas de arena, no encontré ni un alma. Pero sí una casa en la que se leía la información de que allí, desde septiembre de 1853 hasta mayo de 1854, había vivido Heinrich Barth. Barth, uno de los más grandes viajeros del mundo. Viajó en solitario por el Sáhara durante cinco años y escribió un diario en el que dejó una descripción de este desierto. Enfermo y perseguido por los ladrones, se había despedido de la vida en varias ocasiones. Amenazado de muerte por la sed, se cortaba las venas y, para no morir de sed, bebía su propia sangre. Regresó a Europa, donde nadie supo valorar la hazaña que había llevado a cabo. Amargado a causa de ello, aunque también agotado por las penalidades del viaje, murió en 1865, a los cuarenta y cuatro años de edad, sin haber comprendido que la imaginación humana no había sido capaz de alcanzar la frontera que él había traspasado en el Sáhara.

ALLÁ VA EL SEÑOR CABALGANDO
SOBRE NUBE LIGERA

Cuando entré, el interior aparecía ya repleto de fieles. Todos estaban de rodillas, aunque de espaldas al presbiterio, y apoyaban sus cuerpos inmóviles contra unos bancos sencillos, sin respaldos ni pupitres. Mantenían agachadas las cabezas y cerrados los ojos. Reinaba un silencio total.

–Confiesan sus pecados para sus adentros y muestran humildad ante Dios para aplacar la ira del Supremo –susurró el hombre que me había conseguido el permiso para entrar y que ahora me acompañaba.

Nos encontrábamos en Port Harcourt, ciudad situada en el tórrido y húmedo delta del Níger. El templo en que yo acababa de entrar pertenecía a una comunidad que se llamaba Iglesia de la Fe Apostólica. Se trataba de una de esas sectas cristianas que a centenares actúan en Nigeria del Sur. Al cabo de unos instantes iba a empezar la misa dominical.

Al forastero no le resulta nada fácil conseguir el acceso a uno de tales ritos. Lo había intentado en vano en otras poblaciones y comunidades (uso aquí indistintamente términos como secta, comunidad, congregación e Iglesia, porque es así como se emplean en África). Las sectas llevan una política un tanto contradictoria: por un lado, cada una de ellas intenta atraer al máximo número de fieles, pero, por otro, la aceptación de todo miembro nuevo va precedida por un proceso de selección largo, vigilante, atento y cauteloso. Tal proceder no sólo se debe a rigores de índole doctrinal; no menos importante resulta el lado material del asunto. La mayoría de estas sectas tiene sus sedes centrales en los Estados Unidos, en las Antillas y otras islas del Caribe, o en Gran Bretaña. Precisamente de allí salen, con destino a sus filiales y misiones africanas, las dotaciones económicas, la ayuda para la medicina y la enseñanza. En vista de ello, la pobre África es una cantera inagotable de aquellos que desean engrosar las filas de las sectas. Éstas, a su vez, cuidan mucho de que sus adeptos ocupen una determinada posición social y económica. Por eso no aceptan a pobres diablos muertos de hambre. Ser miembro de una secta significa todo un ennoblecimiento. África alberga a muchos miles de tales comunidades y sus miembros se cuentan por millones.

Eché un vistazo al interior del templo. Se trataba de una nave amplia y muy grande y que recordaba a un inmenso hangar. En las paredes aparecían unas aberturas anchas para que en el interior pudiese penetrar aire fresco y formar allí sus aliviadoras corrientes, tanto más cuanto que el tejado, hecho de hojalata ondulada, irradiaba un calor intenso y agobiante. No vi altares en ninguna parte. Tampoco había esculturas ni imágenes. Dentro del presbiterio, sobre una plataforma elevada, habían ocupado sus puestos las varias decenas de miembros de una orquesta que contaba con dos grandes secciones: de trompetas y de tambores. Detrás de la orquesta, sobre una rampa superior, aparecía, de pie, un coro mixto, vestido de negro. El centro del proscenio lo ocupaba un púlpito macizo, hecho de madera de caoba.

El sacerdote que acababa de subir y colocarse ante él era un nigeriano corpulento, de pelo entrecano y de algo más de cincuenta años. Apoyó las manos sobre la barandilla y miró a los fieles. Éstos, que ya se habían levantado de su prosternación, ahora estaban sentados y tenían la vista clavada en él.

Todo empezó cuando el coro cantó aquel fragmento de la profecía de Isaías en que Dios anuncia que castigará a los egipcios con una gran sequía:

Allá va el Señor cabalgando sobre nube ligera y entra en Egipto; se tambalean ante él los ídolos de Egipto...
Se secarán las aguas del mar, el río quedará seco y árido; apesta-

304

*rán los canales, los arroyos menguarán y se secarán, se marchitarán
cañas y juncos.*

*La hierba de la orilla del Nilo y los sembrados junto al Nilo se se-
carán, barridos por el viento desaparecen.*

*Gimen los pescadores, se lamentarán los que echan el anzuelo en
el Nilo, y los que extienden las redes en el agua desfallecen.*

El texto estaba elegido con acierto si de lo que se trataba era
sumir a los fieles en un estado de miedo, terror y apocalipsis, pues
eran gentes del lugar, de una tierra donde el poderoso Níger se ra-
mifica en decenas de ríos menores y de ramales y canales, que, haciendo meandros, forman el delta más grande de África. Esa red
fluvial les había proporcionado alimento desde hacía generaciones, y la bíblica visión de ríos que se secan y desaparecen podía
despertar en los congregados los peores miedos y presentimientos.
A continuación el sacerdote abrió una Biblia de gran tamaño
y encuadernada en piel roja, esperó un rato largo y empezó a leer:

*El Señor me dirigió la palabra: «¿Qué ves, Jeremías?» Respondí:
«Veo una rama de alerce.»*

Paseó la vista por los congregados y prosiguió la lectura:

*De nuevo me dirigió la palabra: «¿Qué ves?» Respondí: «Veo una
olla hirviendo.» Y dijo: «Y tú cíñete, en pie, diles lo que yo te mande.
No les tengas miedo.»*

Colocó la Biblia a un lado y, señalado hacia los congregados,
exclamó:
—¡Yo tampoco os tengo miedo! ¡No he venido aquí para teme-
ros sino para deciros la verdad y purificaros!
En realidad, desde el primer momento de su sermón, desde
sus primeras palabras y frases, se le veía exultante, lleno de acusaciones, de ira, ironía y furia. No tardó en retomar el hilo:
—El cristiano, sobre todo, tiene que ser puro. Puro por dentro.
¿Sois puros vosotros? Y tú ¿eres puro? —y señaló hacia el fondo de la
sala, pero como no había indicado a nadie en concreto, todo el gru-

po de personas que se congregaban en aquel lugar, como pillado con las manos en la masa, se encogió en una actitud de humildad.

»A lo mejor tú te crees puro, ¿eh? –y paseó el dedo índice por otro rincón de la sala, y las personas, a su vez, que allí estaban se encogieron y, avergonzadas, ocultaron sus rostros–. ¡No, no eres puro! ¡Te falta mucho para serlo! –dijo categórico, casi triunfante. En aquel momento irrumpió con estruendo la orquesta, se oyeron las trompetas, los trombones, las cornetas y los cuernos. Los acompañaba el estrépito sordo de los tambores y los caóticos gemidos del coro.

»Y, seguramente, incluso pensáis que sois cristianos, ¿eh? –Habló al cabo de unos momentos, esta vez con voz burlona–. Podría jurar que pensáis eso. Que estáis seguros de ello. Cada uno de vosotros camina orgulloso por ahí, sacando pecho y declarando: ¡soy cristiano! Miradme, fijaos y admirad: ¡he aquí un cristiano! Uno verdadero, tanto que en todo el mundo ¡no hay cristiano más verdadero! Así es como pensáis. Os conozco muy bien. ¡Cristianos! ¡Ja, ja, ja! –Y estalló en una risa sonora, nerviosa y cáustica, tan sugestiva que el estado de ánimo que reinaba en la sala empezó a apoderarse incluso de mí, y sentí escalofríos recorriéndome la espalda.

Los presentes, estigmatizados, permanecían turbados y confusos. ¿Quiénes eran, si no podían ser considerados cristianos? ¿Qué debían hacer con ellos mismos? ¿Dónde meterse? Cada nueva frase del sermón los aplastaba y pulverizaba. Hallándome en medio de aquella multitud concentrada, estremecida y fulminada, no podía ponerme a observar la sala todo lo a menudo e insistentemente como quería. Bastaba con que era blanco: eso ya llamaba la atención. Aun así, con el rabillo del ojo veía que las mujeres que estaban junto a mí tenían gotas de sudor en las sienes y cómo les temblaban las manos, cruzadas sobre el pecho. Tal vez el peor de sus temores era que el sacerdote señalase con el dedo a una de ellas en concreto, que las declarase deshonradas e indignas, que les negase el derecho a llamarse cristianas. Yo notaba que, afianzado en su púlpito, el sacerdote tenía sobre ellas un poder inmenso e hipnótico y que se había arrogado el derecho a pronunciar sentencias de lo más severas y condenatorias.

–¿Sabéis lo que significa ser cristiano? –preguntó. La gente, que hasta ese momento había permanecido abrumada y en actitud humilde, ahora pareció despertar, expectante de una respuesta, un consejo, una receta o una definición–. ¿Sabéis qué significa? –repitió, y se notaba que entre los fieles crecía la tensión. Sin embargo, antes que la respuesta, se oyó la orquesta. Sonaron las tubas, los fagots, los saxófonos... Irrumpieron también los tambores con un estrépito ensordecedor. El sacerdote se sentó en el sillón que tenía a su lado y apoyó la cabeza sobre las manos: descansaba. La orquesta acabó su actuación y el sacerdote volvió a ponerse en pie ante su púlpito de caoba.

»Ser cristiano –dijo– significa oír dentro de uno la voz del Señor. Oír cómo el Señor pregunta: ¿Qué ves, Jeremías?

Después de la palabra «Señor» los fieles empezaron a cantar:

Oh, Señor,
Tú eres mi Señor,
oh, sí,
oh, sí, sí, sí,
oh, sí,
Tú eres mi Señor.

La multitud empezó a balancearse y ondear rítmicamente, levantando del suelo densas nubes de polvo de ladrillo. Luego todos cantaron el salmo *Alabad al Señor con címbalos sonoros...*

La tensión amainó un poco, la atmósfera se volvió más benigna y la gente, aliviada, se relajó, aunque no por mucho tiempo: el sacerdote no tardó en retomar la palabra. Dijo:

–Pero vosotros no podéis oír la voz del Señor. Vuestros oídos son sordos. Vuestros ojos no ven. Porque dentro lleváis el pecado. Y el pecado os hace sordos y ciegos.

Se hizo un silencio absoluto. En una sala llena de gente sentada y quieta ahora sólo se movían –y con sumo sigilo, casi de puntillas– unos hombres jóvenes, apuestos y de complexión fuerte. Vestían trajes oscuros idénticos, camisas blancas y corbatas negras. Yo ya los había contado antes: eran veinte. Me había topado con ellos por primera vez en la puerta de entrada al patio de la iglesia:

vigilantes, comprobaban quién acudía. Luego, justo antes de la misa, se habían dispersado por la sala, colocándose junto a los bancos, de tal manera que cada uno de ellos pudiese observar un sector del templo. Observar, intervenir y guiar. Sus movimientos, su comportamiento se caracterizaban por una discreción absoluta y una clara determinación. Nada del desorden africano, del tópico pasotismo; todo lo contrario: una actitud firme, alerta y eficaz. Controlaban la situación, y se veía que ése era su cometido.

Después de las palabras del sacerdote en el sentido de que el camino del ideal cristiano estaba obstruido por el pecado que los congregados llevaban dentro, y no sólo eso sino que, por el mero hecho de albergarlo, lo seguían perpetuando, se hizo un silencio que encerraba un profundo significado. La gente de la sala procedía de la comunidad ibo, cuya religión tradicional, al igual que las de la mayoría de las sociedades africanas, no conoce la noción de pecado. La cuestión radica en la diferencia con que contemplan el tema de la culpa la teología cristiana y la tradición africana. En esta última no existe la noción del mal metafísico, abstracto, el mal en sí mismo. La acción sólo adquiere rasgos de mala cuando, en primer lugar, se descubre; y, en segundo lugar, cuando una comunidad o una persona la consideren como tal. Además, el criterio no es axiomático sino práctico, concreto: el mal es aquello que perjudica a otros. No existen malas intenciones (ni pensamientos, ni deseos), porque el mal no lo es hasta que se materializa, hasta que cobra una forma activa. Sólo existen malas acciones.

Si deseo que mi enemigo caiga enfermo, no hago ningún mal, ni cometo pecado. Sólo cuando mi enemigo realmente caiga enfermo, podré ser acusado de una mala acción: de que le he inoculado la enfermedad (porque en África no se cree que las causas de las dolencias sean biológicas, sino que proceden de los embrujos que nos echan nuestros adversarios).

Sin embargo, tal vez lo más importante radique en el hecho de que el mal no descubierto no es ningún mal, con lo cual tampoco despierta un sentimiento de culpa. Puedo engañar con la conciencia limpia durante todo el tiempo que transcurra hasta que alguien se dé cuenta de que lo he estado engañando y me señale con el dedo. La tradición cristiana, por el contrario, interioriza la culpa: nos duele el alma, la conciencia nos quema y nos atormentan los remordimientos. Nos sumimos en ese estado en que notamos el peso del pecado y el martirio de su presencia, constante y torturadora. La cosa resulta muy diferente en las sociedades en que el individuo existe no para sí mismo, sino en tanto que elemento de una comunidad. Al librarle ésta de la responsabilidad personal, hace que la culpa individual desaparezca y, con ella, el sentimiento de pecado. Además, vivir con el sentimiento de pecado se prolonga en el tiempo: he hecho algo malo, sé que he cometido un pecado, me atormenta el haberlo hecho y ahora busco la manera de purificarme, de expiarlo, borrarlo, confesarlo, etc. Todo eso es un proceso que necesita tiempo. Pues bien: la manera africana de afrontar el problema planteado no contempla ese tiempo: en el tiempo africano no hay lugar para el pecado. Una de dos: o no hago nada malo –puesto que no se ha descubierto–, o bien, cuando el mal es revelado, enseguida, en ese mismo instante, es castigado y, por lo mismo, aniquilado. Es que la culpa y el castigo van de la mano, forman un *iunctim* inseparable que no deja entre la una y el otro ningún resquicio, ningún espacio libre. En la tradición africana no hay lugar para las cavilaciones y el drama de Raskólnikov.

–El pecado os hace sordos y ciegos –repitió haciendo hincapié el sacerdote. La voz empezó a temblarle ligeramente–. ¿Sabéis, empero, lo que espera a aquellos que no escuchan y no ven? ¿A los que creen que pueden vivir alejados del Señor?

Volvió a coger la Biblia y, levantando una mano a lo alto –como si la convirtiese en una antena por la cual bajaría del cielo la palabra del Señor–, exclamó:

El Señor me dijo: «Despáchalos, que salgan de mi presencia. Y si te preguntan adónde han de ir, diles: "Así dice el Señor:
El destinado a la muerte, a la muerte; el destinado a la espada, a la espada; el destinado al hambre, al hambre; el destinado al destierro, al destierro.
Os daré cuatro clases de verdugos: la espada para matar, los perros para despedazar, las aves del cielo para devorar, las bestias de la tierra para destrozar."»

Se oyó un sordo redoblar de tambores. El coro y la orquesta, sin embargo, permanecían mudos. Luego se hizo silencio. Todos los presentes, ahora de pie, tenían los rostros vueltos hacia arriba. Vi con el rabillo del ojo cómo se deslizaban por ellos gruesas gotas de sudor. Vi también sus rasgos, tensos; cuellos estirados y brazos extendidos hacia arriba en un gesto dramático, algo entre la súplica de salvación y la autodefensa refleja, como si esperasen a que de un momento a otro les fuese a aplastar una roca inmensa.

Pensé que los presentes en aquella misa debían de vivir un conflicto interno, tal vez incluso una tragedia, que no sabía hasta qué punto les resultaba comprensible. Se trataba, en su mayoría, de jóvenes habitantes de una ciudad africana industrial, representantes de la nueva clase media nigeriana. Pertenecían a una capa que tomaba como modelo a unas élites —europea y americana— cuya cultura, en su esencia, es cristiana. Aceptándolo, querían conocer aquella cultura y aquella fe, penetrar en su naturaleza e identificarse con ella. Por eso habían ingresado en una de las congregaciones cristianas, la cual sí los había aceptado, pero no sin imponerles unas exigencias de índole doctrinal y ética que eran desconocidas en su cultura propia. Una de ellas se refería a la enseñanza del pecado, es decir, de un peso y un delito que desconocían. Y ahora, como adeptos de la nueva fe, debían reconocer la existencia del pecado o, lo que es lo mismo, tragarse esa sustancia tan amarga y estupefaciente. Y al mismo tiempo, buscar maneras de deshacerse de ella de una vez para siempre, condición imprescindible para convertirse en cristianos puros y auténticos. Durante todo el tiempo, el sacerdote les hacía ver lo grande y doloroso que era el precio que debían pagar. En eso consistía su sermón: en amenazarles y humillarlos. Ellos, a su vez, aceptaban, celosos y resignados, su condición de portadores de los más terribles pecados y culpas, asustados con el espectro del castigo expiatorio que los aguardaba y dispuestos a ponerse el saco de penitente en cualquier momento.

Su celosa aceptación de todos los gruñidos, calumnias y acusaciones del sacerdote también se debía al hecho de que merecía la pena aceptarlos como pago por el derecho a permanecer en la iglesia, a participar en un acto que daba a los adeptos la sensación de pertenecer a una comunidad. El ibo se defiende de la soledad, a la que teme y percibe como una maldición y una condenación. Y ser miembro de una secta incluso ofrecía algo más: muchas comunidades africanas han tenido desde siempre sus propias asociaciones secretas, una especie de masonería étnica, es decir, un grupo secreto y cerrado, y, al mismo tiempo, importante e influyente. De ahí que en África las sectas a menudo intenten asemejarse a aquellas instituciones tradicionales, al crear una atmósfera secreta y exclusiva y al introducir un alfabeto propio de signos y lemas, y una liturgia aparte.

Puesto que no habría sido decoroso dedicarme a observar la sala durante el ritual, mucho de cuanto sucedía en ella lo percibía no tanto a través de la vista como sintiéndolo. Mi mirada no abarcaba más que a las personas que se hallaban cerca de mí. A pesar de que no veía a los demás, su presencia me resultaba casi palpable. Y es que aquella congregación destilaba una atmósfera tan cargada, omnipresente y sobrecogedora, tan llena de viva y extática emoción, que era imposible que no penetrase y no conmoviese a todo el mundo. Había en aquellas gentes tanta espontaneidad, tanta sinceridad y exaltación, tanta voluntad solícita y tensa al tiempo que sentimientos libremente exteriorizados, que uno podía comprender y saber todo lo que sucedía a sus espaldas, lejos de uno mismo.

Cuando, una vez terminado el servicio, me dirigía al exterior, tuve que fijarme con atención en dónde ponía los pies, pues la multitud, con los rostros ocultos ante los demás, volvía a estar de rodillas, inmóvil y de espaldas al presbiterio. Reinaba un silencio absoluto. El coro no cantaba ni tampoco tocaba la orquesta. El sacerdote, cansado, exhausto incluso, seguía de pie en su púlpito, con los ojos cerrados y mudos los labios.

EL AGUJERO DE ONITSHA

¡Onitsha! Siempre había querido verla. Existen nombres mágicos que hacen aflorar asociaciones atractivas y multicolores: Tombuctú, Lalibela, Casablanca... También pertenece a ellos el nombre de Onitsha. Es una pequeña ciudad de Nigeria oriental que alberga el mercado más grande de África, o tal vez incluso del mundo.

En África se ve muy clara la diferencia entre el mercado-mercado y lo que solemos llamar una gran superficie o un centro comercial o un mercado municipal. El centro comercial es una construcción fija, algo que tiene una forma arquitectónica, una estructura más o menos planificada, un grupo estable de comerciantes y una clientela medianamente asidua. También tiene puntos de referencia que perduran en el tiempo: rótulos de conocidas empresas, placas con apellidos de comerciantes famosos, anuncios de colores y escaparates atractivamente decorados. El mercado, en cambio, es un mundo del todo diferente. Es el mundo de los elementos, de la espontaneidad y de la improvisación. Es una fiesta popular, un concierto al aire libre. Dominio y reino de las mujeres, el pensar en el mercado no las abandona ni por un momento. Todavía en casa, en la aldea o en la ciudad, piensan en su ida a él. Irán allí para comprar o para vender algo. O lo uno y lo otro. Por lo general, el mercado está lejos —la excursión supone por lo menos un día— y el camino de ida, y luego la vuelta, proporciona tiempo para la conversación (ya que caminan en grupo), un intercambio de comentarios y de chismes.

¿Y el mercado en sí? Además de comprar y vender, también es un lugar de encuentro. Es la huida de la monotonía de la vida cotidiana, un momento de descanso, una reunión social. Para ir al mercado las mujeres se visten con sus mejores ropas, no sin antes cuidarse de su peinado, que, laboriosamente, se hacen unas a otras. Y es que en África, al mismo tiempo que las compras, hay un permanente desfile de moda, discreto, involuntario e improvisado. Si uno se fija en lo que venden y compran estas mujeres, le resulta difícil resistirse a la impresión de que la mercancía no es más que un pretexto para entablar y mantener una relación con otras personas. He aquí, por ejemplo, a una mujer que pone a la venta tres tomates. O varias mazorcas de maíz. O un cuenco de arroz. ¿Qué beneficio sacará? ¿Qué podrá comprar con él? Y, sin embargo, se pasa en el mercado todo el día. Observémosla con atención. Sentada, no para de hablar con sus vecinas, discute con ellas, mira la ondulante multitud que pasa ante sus ojos, expone sus opiniones y hace comentarios. Luego, sintiendo hambre, las mujeres intercambian los productos y los guisos que han traído para la venta y los consumen allí mismo. Tiempo atrás, en un viaje que había hecho a Malí, observé, en Mopti, un mercado de éstos, el de pescado. En una pequeña plaza cubierta de arena, bajo un sol asesino, permanecían sentadas unas doscientas mujeres. Cada una de ellas ponía a la venta unos cuantos peces pequeños. No vi a nadie que quisiera comprárselos. Ni tan siquiera mirarlos o preguntar por su precio. Y, sin embargo, las mujeres se mostraban contentas, charla que te charla, mantenían un debate animado, ocupadas en ellas mismas y ausentes para el mundo. Creo que si hubiese aparecido allí algún cliente, no lo habrían recibido de buena gana, pues les habría estropeado la diversión.

Un gran mercado significa una ingente cantidad de personas, una tremenda multitud. La gente se agolpa, unos empujan a otros, se apretujan y asfixian. Hasta donde alcanza la vista, se ve un mar de negras cabezas, como esculpidas uniformemente en basalto, y de ropas de colores chillones.

Por si fuera poco, en medio de todo esto se meten los camiones. Sí, porque tienen que distribuir las mercancías. Las normas de la circulación de estos vehículos –que los obligan a moverse de

tal manera que no maten a nadie ni se lleven nada por delante–
están fijadas por un código establecido por la tradición. Al principio, el camión no se introduce en la multitud más que un metro.
Entra lenta, muy lentamente, centímetro a centímetro, paso a
paso. Las mujeres que están sentadas en medio de la ruta del vehículo recogen sus mercancías en cestas, palanganas y hatillos, y,
repartiendo empellones entre las vecinas que están de pie o sentadas detrás de ellas, retroceden obedientes y sin decir palabra ante
el parachoques del camión que avanza, para, un segundo después,
volver a su puesto anterior, como las olas hendidas por la proa de
un barco.

El mercado africano es un gran amontonamiento de baratijas
de diverso pelaje. Una mina de chucherías y trastos chapucera-
mente hechos. Montañas de birrias y de pegotes kitsch. Nada de
lo que hay aquí tiene valor alguno, nada llama la atención, ni despierta admiración, ni tienta, ni hace que uno desee poseerlo. En
un extremo se apilan montañas de cubos y palanganas de plástico,
iguales, rojos y amarillos; en otro, forman una maraña miles de
idénticas camisetas y zapatillas de deporte, y en un tercero se levantan pirámides de telas de percal multicolor y brillan hileras de
vestidos y chaquetas de nailon. Sólo en un sitio así se ve hasta qué
punto el mundo está inundado por cosas de última fila, cómo se
hunde en un océano de kitsch, de baratija, de sin-gusto y de sin-
valor.

Y un buen día, por fin se presentó la ocasión de ir a Onitsha.
Una vez en el coche, intentaba imaginarme el cuadro que encon-
traría, sólo que monstruosamente multiplicado y aumentado repe-
tidamente hasta alcanzar el tamaño del mercado más grande del
mundo. Mi conductor atendía al nombre de Omenka y, criado en
la riqueza de la cuenca petrolífera del lugar, pertenecía a esa clase
de personas listas y astutas que saben el valor del dinero y cómo
sacárselo a sus clientes. El día en que nos conocimos, al despedir-
me de él, no le di nada. Se alejó sin decir ni tan siquiera «adiós».
Me sentí apenado, porque no me gustan unas relaciones frías y
formales entre las personas. La vez siguiente le di cincuenta *nairas*
(moneda local). Dijo «adiós» e incluso esbozó una sonrisa. Animado, la vez siguiente le di cien *nairas*. Dijo «adiós», esbozó una son-

risa y me dio la mano. En vista de ello, en la siguiente despedida le di ciento cincuenta. Dijo «adiós», esbozó una sonrisa, me transmitió un saludo y, cordialmente y con las dos manos, estrechó la mía. La vez siguiente aumenté la tarifa y le pagué doscientas *nairas*. Dijo «adiós», esbozó una sonrisa, me dio un fuerte abrazo, transmitió un saludo para mi familia y, en tono preocupado, me preguntó varias veces por mi salud. No quiero seguir con esta historia por más tiempo, pero las cosas habían alcanzado tal punto que, yo colmándolo de *nairas* y él aceptándolas, al final no podíamos separarnos. A Omenka, embargado por la emoción, siempre le temblaba la voz y siempre con lágrimas en los ojos me juraba su total fidelidad y entrega. Yo ya tenía lo que quería, incluso de sobra: cordialidad, bondad, calor humano.

Así que ahora Omenka y yo viajábamos rumbo a Onitsha, es decir, en dirección norte (tomando como punto de referencia el golfo de Benín), pasando junto a pequeñas ciudades como Aba, y luego Owerri e Ihiala. Por aquellos parajes –verdes, palustres y húmedos– el país está densamente poblado. Parte de la población trabaja en la extracción del petróleo, parte cultiva parcelas de mandioca y de *cassava*, parte hace caer el fruto de los cocoteros y lo vende, y, finalmente, parte destila plátanos y mijo para obtener un aguardiente de fabricación casera. Y todos ellos, a un tiempo, se dedican al comercio. Cierto que en África existe la división en agricultores y pastores de ganado, en soldados y oficinistas, en sastres y mecánicos; es un hecho. Pero lo más importante radica en otra cosa, en lo común y compartido: en que todo el mundo comercia.

La diferencia entre la sociedad africana y la europea consiste, entre otras, en que en esta última reina la división del trabajo, en que actúa la ley de la especialización, lo que hace que las profesiones y los oficios estén claramente definidos y determinados. Tales principios funcionan en África en un grado bastante exiguo. Aquí, sobre todo hoy en día, la persona se lanza a decenas de ocupaciones, hace un montón de cosas, por lo general no por mucho tiempo y –así son las cosas– sin demasiada seriedad. Sea como fuere, resulta muy difícil no toparse con alguien que no haya rozado el elemento y la pasión más arrebatadora de África: el comercio.

Y precisamente el mercado de Onitsha es ese punto al que llevan todos los caminos y senderos del África de la compraventa; aquí se encuentran y se cruzan.

Onitsha me ha fascinado también porque es el único caso de mercado que conozco que haya creado y desarrollado su propia literatura: la Onitsha Market Literature. En la ciudad viven y trabajan decenas de escritores nigerianos cuyas obras son editadas por docenas de editoriales del lugar, que tienen en el mercado sus propias imprentas y librerías. Se trata de una literatura muy variada: folletines de amor, poemas y sainetes (que más tarde se representan por las numerosas minicompañías de teatro que allí mismo actúan), comedias de bulevar, vodeviles y farsas populares. También abundan las historias didácticas y las guías prácticas del tipo *¿Cómo enamorarse?* o *¿Cómo desenamorarse?*, así como novelones como *Mabel o la dulce miel que se ha evaporado* o *Juegos amorosos y después... la desilusión*. Todo con el fin de conmover y arrancar las lágrimas, aunque también para enseñar y dar consejos desinteresados. La literatura tiene que cumplir una función, consideran los autores de Onitsha, y en su mercado encuentran un enorme auditorio que busca experiencias y sabiduría. Quien no tiene dinero para comprarse el folleto con una obra maestra (o, simplemente, no sabe leer) puede escuchar su mensaje por un céntimo, pues ése es el precio de la entrada a las veladas con el autor, que a menudo se celebran a la sombra de los tenderetes con naranjas o con batatas y cebollas.

Varios kilómetros antes de Onitsha, la carretera, dibujando un suave arco, torcía hacia la ciudad. Ya en aquel arco se veían muchos coches parados: estaba claro que teníamos delante un embotellamiento y, por lo tanto, una paciente espera, sobre todo habida cuenta de que, viniendo desde donde veníamos, aquélla era la única entrada al lugar. Se trataba de la Oguta Road, que terminaba mucho, pero que mucho más adelante, precisamente al llegar al célebre mercado. Pero, de momento, estábamos parados detrás de unos camiones, en medio de una larga fila de coches. Pasaron treinta minutos, luego una hora. Estaba claro que los conductores del lugar conocían la situación, pues, tan tranquilos, se habían aposentado en la cuneta junto al camino. Pero yo tenía prisa: aquel mismo día debía regresar a Port Harcourt, distante trescientos kilómetros. La carretera era estrecha, de un solo carril, y nuestro coche, encajonado entre otros, no tenía ninguna posibilidad de maniobra. Así que, solo, me puse a caminar hacia adelante para averiguar la causa de aquella inmóvil caravana. Hacía un calor tremendo, como siempre en África a mediodía, con lo cual anduve a paso de tortuga. Al final llegué a mi destino, que resultó encontrarse ya en la ciudad. A ambos lados de la calle había casas de ladrillo, bajas y cubiertas por oxidadas planchas de hojalata ondulada, y tiendas de una sola planta; a la sombra de anchos porches se veía a sastres sentados ante sus máquinas de coser y a mujeres lavando y tendiendo ropa. Un lugar de la calle aparecía lleno a rebosar de gente febrilmente afanada; rugían los motores y se oía mucho bullicio, así como gritos e imprecaciones. Una vez me hube abierto paso entre la muchedumbre, vi que en medio de la calle se abrían las fauces de un agujero enorme. Inmenso: ancho y de varios metros de profundidad. De bordes perpendiculares y abruptos, aparecía en su fondo un depósito de turbia agua estancada. A aquella altura, la calle era tan estrecha que no había manera de rodear el agujero y todo aquel que quisiese entrar en la ciudad con su vehículo antes tendría que meterse de cabeza en aquel abismo y sumergirse en el lodazal, y luego esperar que alguien se las ingeniase para sacarlo de tan incómodo aprieto.

Así estaban las cosas. En el fondo del agujero y sumergido hasta la mitad, se veía un inmenso camión, cargado con sacos de cacahuetes. Lo descargaba un nutrido grupo de chicos semidesnudos que trepaban, saco al hombro, hacia la calle. Otro grupo fijaba al camión unas cuerdas para intentar sacarlo del hoyo. Otro iba y venía en medio del agua, intentando colocar tablas y vigas de madera bajo las ruedas. Aquellos cuyas fuerzas les abandonaban subían a la superficie para descansar. Arriba ya los esperaba una fila de mujeres que vendían platos calientes: arroz con salsa de especias, tortas de *cassava*, batatas asadas, sopa de cacahuetes... Otras comerciaban con la limonada local, el ron y la cerveza de plátanos. Unos niños vendían cigarrillos y chicles. Al final, cuando ya lo habían preparado todo y descargado los cacahuetes, los equipos procedieron al rescate del camión. Parte de los chicos, al son de los gritos apurándolos, tiraba de las cuerdas mientras otros empujaban el camión con los brazos. El vehículo se resistía, reculaba y casi se ponía vertical. Pero finalmente, gracias al común esfuerzo, acabó rescatado y puesto sobre el asfalto. Los curiosos aplaudían y se daban palmaditas de alegría en la espalda y los niños bailaban y batían palmas alrededor de él.

No había transcurrido ni un minuto cuando otro vehículo, el siguiente de la cola, se hundía en el fondo del abismal agujero. Noté, sin embargo, que esta vez el rescate corría a cargo de personas del todo diferentes. Habían traído sus propias cuerdas, cadenas, palas y tablas de madera. Las que habían trabajado con el vehículo anterior se habían esfumado. Esta vez el trabajo se anunciaba lento y difícil: les había tocado un camión especialmente pesado, un enorme Bedford. Tuvieron que sacarlo poco a poco, a plazos. Todas y cada una de las paradas empezaban con una larga discusión acerca de los métodos de salvamento, de cuáles serían los más eficaces. El Bedford se escurría, rugía su motor como enloquecido y la caja de carga se inclinaba peligrosamente hacia un lado.

A medida que iban pasando los automóviles el agujero se volvía cada vez más profundo. Su fondo se había convertido en un barrizal pegajoso desde el cual las ruedas, que patinaban y giraban sobre sus ejes, levantaban montones de lodo y chorros de gravilla con los que salpicaban a todo el mundo. Pensé que nos aguardaban dos o tres días de espera antes de que nos tocase el turno de encontrarnos en el fondo del viscoso agujero. Y me pregunté cuánto nos cobrarían por sacar de él nuestro vehículo. Pero en aquel momento había una pregunta más acuciante: ¿cómo salir de aquella trampa? Había dejado ya de pensar en el mercado de Onitsha, en aquel variopinto elemento y su folletinesca literatura de tenderete. Como tenía que regresar a Port Harcourt, deseaba alejarme de allí. Pero antes me puse a escudriñar los alrededores de nuestra agujereada y embotellada Oguta Road. A ver qué aspecto tenían. A enterarme de cosas. A escuchar qué decía la gente.

Desde el primer momento saltaba a la vista que las proximidades del enorme socavón se habían convertido en el centro de la vida vecinal, que atraían a la gente, despertaban su curiosidad y la impelían a actuar y mostrar su iniciativa. En un lugar que en condiciones normales no es más que un quieto y soñoliento rincón de las afueras, con hombres en paro dormitando en las calles y manadas de perros sin amo enfermos de malaria, había surgido de manera repentina y espontánea, gracias al dichoso agujero, todo un barrio lleno de movimiento y bullicio. El agujero había proporcionado trabajo a los parados, que creaban equipos de salvamento y ganaban dinero sacando del hoyo a los coches. También había proporcionado consumidores a las mujeres, dueñas de las móviles cocinas populares. Gracias a la existencia de un agujero que frenaba la circulación y bloqueaba la calle, en las pequeñas tiendas de los aledaños, vacías hasta entonces, aparecían clientes a su pesar: pasajeros y conductores de los coches que esperaban su turno para pasar. También habían encontrado compradores de sus productos los vendedores ambulantes de cigarrillos y refrescos.

Más aún. Sobre las casas vecinas vi, recién puestos, unos trozos de cartón con la palabra «Hotel» garabateada por mano inexperta: estaban destinados a aquellos que se verían obligados a pasar allí la noche mientras esperaban su turno en el agujero. Habían revivido los talleres locales de reparación de automóviles: aprovechando la parada, los conductores tenían tiempo para arreglar las pequeñas averías, hinchar las ruedas y cargar la batería. Tenían más trabajo los sastres y los zapateros, habían aparecido peluqueros y también vi deambular por allí a unos cuantos curanderos que ofrecían hierbas, pieles de serpiente y plumas de gallo, y que estaban dispuestos a curar a todo el mundo en un instante. En África, todas estas profesiones las ejercen personas que siempre están en camino, que buscan al cliente yendo de un lado para otro; y cuando aparece una ocasión —como el socavón de Onitsha—, acuden allí enseguida y en masa. La vida social también se había animado: los alrededores del agujero se habían convertido en lugar de encuentro, charla y discusión; y para los niños, de juego.

La maldición de los conductores que se dirigían a Onitsha se había convertido en bendición para los habitantes de la Oguta Road, de todo aquel barrio cuyo nombre desconozco. Sólo se había confirmado que todo mal encontrará siempre sus defensores, pues en todas partes hay personas que necesitan del mal para alimentarse, que es su oportunidad e, incluso, la razón de su existencia.

La gente impidió durante mucho tiempo que se arreglase el agujero. Me consta porque, cuando años más tarde conté en Lagos mi extraña aventura, en respuesta oí que alguien con un tono de indiferencia en la voz me decía:

—¿Onitsha? Allí siempre es así.

Asmara, cinco de la madrugada. Todo está oscuro y hace frío. De repente, por encima de la ciudad, se elevan, al mismo tiempo, dos sonidos: la poderosa y grave voz de la campana de la catedral, situada en la Vía de la Independencia, y el lánguido y melodioso llamamiento del almuédano, desde la mezquita que se levanta cerca de la catedral. Durante unos minutos estos dos sonidos llenan todo el espacio, se juntan y fortalecen creando un armonioso y triunfal dúo ecuménico que ahuyenta el silencio de las callejuelas dormidas y despierta a sus habitantes. La voz de la campana, que sube y baja, parece constituir un acompañamiento sonoro, un sublime y fresco *allegro*, que se funde con las ardientes suras coránicas con las que el almuédano, oculto en la oscuridad, llama a los fieles a la primera oración, que empieza el día, y se llama *salad assubh*.

Aturdido por esta música matutina, helado y hambriento, recorro las calles desiertas en dirección a la estación de autobuses, porque hoy quisiera ir a Massawa. Incluso en los mapas de África grandes, la distancia entre Asmara y Massawa no supera el tamaño de una uña, y en efecto, no es larga en absoluto: ciento diez kilómetros; pero para recorrerla el autobús necesita cinco horas, en las que baja desde la altura de casi dos mil quinientos metros hasta el nivel del mar, el Rojo, en cuya costa se levanta Massawa.

Asmara y Massawa son las principales ciudades de Eritrea, y Eritrea, a su vez, es el Estado de África más joven; pequeño, con tres millones de habitantes. Nunca en su pasado había sido independiente: fue colonia de Turquía, luego de Egipto, y en el siglo XX, sucesivamente, de Italia, Inglaterra y Etiopía. En 1962, esta última, que ya llevaba diez años ocupando Eritrea por las armas, la declaró provincia suya, a lo que los eritreos respondieron con una guerra, la guerra antietíope de independencia, la más larga de la historia del continente, pues se prolongó durante treinta años. Mientras reinaba en Etiopía Haile Selassie, los norteamericanos le ayudaban a combatir a los eritreos, y desde el momento en que Mengistu depuso al emperador y él mismo tomó el poder, los relevaron los rusos. Las reliquias de esta historia se pueden ver en el gran parque de Asmara que alberga el museo de la guerra. Su director, un joven poeta y guitarrista, el antiguo guerrillero Aforki Arefaine, es un hombre muy agradable y hospitalario. Primero me enseña los morteros y otras piezas de artillería americanos y luego, una colección de metralletas, minas, *katiushas* y Mig soviéticos. «¡Eso no es nada!», me dice. «¡Ay, si pudieras ver Debre Zeit!»

La cosa no ha resultado fácil, pues no es nada simple conseguir el permiso, pero, finalmente, sí he logrado ver Debre Zeit. Debre Zeit está situado a un centenar escaso de kilómetros de Addis-Abeba. Para llegar hasta allí hay que recorrer unos caminos de tierra salpicados por numerosos puestos de control del ejército. Los soldados del último de ellos abren una verja que da a una plazoleta situada en la cima de una colina plana. El panorama que se despliega desde este lugar es único en el mundo. Ante nosotros, hasta donde alcanza la vista, hasta el mismo horizonte, lejano y algo nebuloso, se extiende una inmensa llanura, sin árboles. Toda ella aparece cubierta por maquinaria de guerra. A lo largo de kilómetros se ven cañones de diverso calibre, infinitas avenidas de tanques grandes y medianos, parcelas en que se amontonan bosques de morteros y piezas de artillería antiaérea, cientos de carros blindados, tanquetas, emisoras de radio portátiles y anfibios. Al otro lado de la colina se extienden inmensos hangares y almacenes, hangares que ocultan fuselajes de unos Mig sin acabar de montar, y almacenes llenos de cajas de municiones y minas.

Lo que más impresiona y deja atónito a cualquiera son las monstruosas cantidades de ese armamento, su increíble amontonamiento, las pilas de cientos de miles de ametralladoras, obuses, piezas de artillería de montaña y helicópteros de combate. Todo esto, regalo de Brézhnev a Mengistu, fue llegando a Etiopía durante años desde la Unión Soviética. Sólo que en Etiopía no había gente capaz de utilizar ni tan siquiera el diez por ciento de tales armas. Con semejente número de tanques se podría conquistar África entera, con el fuego de todos estos cañones y *katiushas* ¡se podría reducir el continente a cenizas! Mientras deambulaba por las calles desiertas de esta ciudad de acero inmóvil –donde, agazapados por todas partes, clavaban en mí sus oscuros ojos los cañones oxidados y las orugas de los tanques me enseñaban sus macizos dientes de metal desde todos los rincones–, pensaba en el hombre que, planeando la conquista de África y montando para ello un impresionante *blitzkrieg*, construyó aquella necrópolis militar que se llama Debre Zeit. ¿Quién habría podido ser? ¿El embajador de Moscú en Addis-Abeba? ¿El mariscal Ustínov? ¿El propio Brézhnev?

–¿Y has visto Tira Avolo? –me preguntó Aforki un día. Sí, lo he visto. Es una de las maravillas del mundo. Asmara es una ciudad hermosa, de arquitectura italiana, mediterránea, y un magnífico clima de eterna primavera, cálida y soleada. Y Tira Avolo no es otra cosa que el lujoso barrio residencial de Asmara. Chalets espléndidos se ven sumergidos entre jardines en flor. Magníficas palmeras, setos vivos de altura considerable, piscinas, parterres frondosos y composiciones de macizos de flores, ese interminable desfile de plantas, colores y olores es un auténtico paraíso en la tierra. Cuando en tiempos de la guerra los italianos abandonaron Asmara, el barrio de Tira Avolo fue ocupado por el generalato etíope y soviético. Ningún Sochi, Sujumi o Gagra pueden compararse, en clima y confort, con Tira Avolo. Por eso la mitad del estado mayor del Ejército Rojo, al tener prohibida la entrada a la Costa Azul o a Capri, pasaba sus vacaciones en Asmara, ayudando, al mismo tiempo, a las tropas de Mengistu a combatir la guerrilla eritrea.

Las fuerzas armadas etíopes hacían un uso generalizado del napalm. Para salvarse de él, los eritreos construían refugios, pasillos y escondrijos bajo tierra. Pasados los años, acabaron construyendo un segundo país, subterráneo –en el sentido estricto de la palabra–, una Eritrea secreta, oculta, inaccesible para los extraños, por la que podían moverse de un lado a otro, invisibles para el enemigo. La guerra eritrea no fue –como lo subrayan con orgullo– ninguna *bush-war*, es decir, un zafarrancho de saqueo y destrucción propio de las contiendas de los *warlords*. En su Estado subterráneo tenían escuelas y hospitales, tribunales y orfanatos, talleres y armerías. En este país de analfabetos, cada combatiente tenía que saber leer y escribir.

La guerra se acabó en 1991 y dos años más tarde Eritrea se convirtió en un país independiente. Y lo que había sido un logro y el orgullo de los eritreos ahora se ha convertido en su problema y su tragedia:

El país, pequeño y uno de los más pobres del mundo, cuenta con un ejército de cien mil hombres, jóvenes con cierto nivel de instrucción, con los que no se sabe qué hacer. El país no tiene industria alguna, la agricultura se halla en un estado lamentable y las ciudades y los caminos están destruidos. Cien mil soldados se despiertan cada mañana y no tienen nada que hacer y, sobre todo, nada que comer. De todos modos, no se trata sólo de los soldados; el sino de sus hermanos y colegas civiles no es diferente. Basta darse un paseo por Asmara a la hora de comer. Los funcionarios de las todavía poco numerosas instituciones del joven Estado se dirigen hacia los bares y pequeños restaurantes de su zona para tomar un refrigerio. Otros, sin embargo, auténticas multitudes de jóvenes, no tienen adónde ir: no trabajan en ninguna parte y están sin un céntimo. Deambulan por las calles, miran los escaparates, se detienen en las esquinas, se sientan en los bancos, inactivos y hambrientos.

Las campanas de la catedral languidecen, se apaga la voz del almuédano, de detrás de las montañas de Yemen sale el fuego de un sol deslumbrante y nuestro autobús –un Fiat viejo, viejísimo, de un color que ya no hay manera de saber cuál fue el original y con una carrocería llena de boquetes oxidados y de huellas del martillo de planchista– se lanza de cabeza hacia abajo (los dos mil quinientos metros de diferencia de altura) siguiendo los abruptos salientes. No me puedo comprometer a describir aquel camino. El chófer me ha sentado, único europeo, a su lado. Es un conductor joven, inteligente y cauteloso. Sabe qué significa conducir por este camino, conoce sus peligrosas trampas. En el trayecto de cien kilómetros hay varios cientos de curvas; en realidad todo él son meras curvas, con el agravante de que la angosta calzada, cubierta por rocalla y grava suelta y movediza, todo el tiempo corre, sin barreras ni quitamiedos, al borde de precipicios.

En muchas curvas –si la persona no padece de vértigo y puede mirar hacia abajo– se ven, lejos, muy lejos, en el fondo del abismo, restos de autobuses, camiones y carros blindados, así como esqueletos de toda clase de animales: posiblemente camellos, mulas y burros. Algunos se ven ya muy viejos pero otros –y éstos llenan de terror– son muy recientes. El conductor y los pasajeros sintonizan a la perfección; está claro que forman un equipo bien avenido: cuando entramos en una curva el chófer grita un prolongado yyyaaahhh, y al oír tal consigna los pasajeros se inclinan hacia el lado contrario, proporcionando así al autobús un contrapeso: de otra manera, se precipitaría, inerte, hacia el fondo del abismo.

De vez en cuando, siempre al lado de una curva, aparece un altar copto –de colores chillones, adornado con cintas, pomposas flores artificiales e iconos pintados al estilo de los realistas naif– junto al cual se mueven varios monjes flacos y demacrados. Cuando el autobús aminora la marcha, acercan a las ventanillas unos cuencos de barro para que los pasajeros depositen en ellos unas monedas de donativo: los monjes rezarán por el feliz viaje de esa gente, feliz, por lo menos, hasta la curva siguiente.

Cada kilómetro desvela nuevas vistas, de detrás de cada montaña asoma un paisaje diferente; al avanzar vemos cómo ante nuestros ojos se forman unos panoramas cada vez más sorprendentes, cómo la tierra presume de la riqueza de su hermosura, cómo quiere embriagarnos con su belleza. Y es que este camino es, al mismo tiempo, terrible y bello. Allá abajo aparece un poblado hundido entre arbustos, y más allá, un monasterio: sus claras paredes brillan sobre el negro fondo de las montañas como una llama blanca. Allí, una roca gigantesca, de cien toneladas, partida por la mitad –pero ¡por qué rayo!– y clavada en el verde prado, y en otro lugar, campos de piedras esparcidas de cualquier manera aquí y

325

allá; pero en algún momento esas piedras se juntan, aparecen cada vez más cerca unas de otras y más ordenadas: es una señal que indica la presencia de un cementerio musulmán. Aquí, como en un clásico paisaje de estampa, corre veloz un arroyo plateado y, en segundo plano, unos amontonamientos de rocas crean puertas encumbradas, complicados laberintos y grandiosas columnas. A medida que pasa el tiempo, mientras bajamos cada vez más –sin dejar de girar en ningún momento sobre el tiovivo de las curvas, balanceándonos constantemente en la frontera entre la vida y la muerte– notamos que la temperatura sube un poco; luego, que sube más, que ya hace mucho calor, hasta que entramos, como lanzados por una pala inmensa, en un horno de fundición. En unos altos hornos, es decir, en Massawa.

Pero antes, varios kilómetros antes de la ciudad, se acaban las montañas y el camino pasa, ya en línea recta, por un terreno plano. Cuando lo enfilamos el conductor se transforma: su delgada silueta ya no aparece tensa y, una vez relajados los músculos, su rostro se ve suave y sereno. Sonríe. Alarga la mano hacia el montón de casetes que tiene a su lado y mete una de ellas en el magnetófono. De la cinta, gastada y llena de arena, sale la voz ronca de un cantante del lugar. Es una melodía oriental en que abundan tonos altos, nostálgicos y sentimentales. «Dice que ella tiene los ojos como dos lunas», me explica el conductor, embelesado. «Y que él ama esos ojos lunares.»

Entramos en la ciudad, destruida. A ambos lados de la calzada se levantan montañas de casquillos de artillería. Las paredes de las casas, quemadas, yacen derrumbadas, y los troncos de los árboles parecen erizos, de tanta astilla clavada. Una mujer camina por la calle desierta y dos niños juegan en la cabina de un camión destrozado. Llegamos a una plazoleta del centro, rectangular y cubierta de arena. A su alrededor se ven unas casas pobres de una sola planta, pintadas de verde, rosa y amarillo. De las paredes, agrietadas, saltan escamas de pintura seca. En un rincón, donde hay un poco de sombra, dormitan tres hombres viejos. Sentados sobre el suelo, tienen los turbantes bajados hasta taparles los ojos.

Eritrea: dos alturas, dos climas y dos religiones. En el altiplano, allí donde se levanta Asmara y no hace tanto calor, vive la comunidad tigriña. Pertenece a ella la mayoría de los habitantes del país. Los tigriña son cristianos, coptos para ser exactos. La otra parte de Eritrea son las tórridas llanuras semidesérticas a orillas del Mar Rojo, entre Sudán y Djibuti. Las habitan diversas comunidades de pastores que profesan el islam (el cristianismo aguanta peor los trópicos, que le sientan mucho mejor al islam). Massawa, tanto el puerto como la ciudad, pertenece a este último mundo. La zona del Mar Rojo donde se levantan Massawa y Assab, y del golfo de Adén donde están Djibuti, Adén y Berbera, es la parte más calurosa del planeta, un infierno en la tierra. Así que cuando bajé del autobús, me golpeó una oleada de calor tan violenta que no podía tomar aire; sentí que el fuego que me rodeaba me asfixiaría y me di cuenta de la necesidad perentoria de refugiarme en alguna parte; si no, caería fulminado de un momento a otro. Empecé a escudriñar con la vista la ciudad desierta, a buscar algún signo, cualquier señal de vida. En ninguna parte vi rótulo alguno y, desesperado, me puse a andar hacia adelante. Aunque sabía que no sería capaz de hacer demasiado trecho, seguí caminando; con gran dificultad levantaba los pies, ya el derecho, ya el izquierdo, como si los sacase de un profundo lodazal que los succionara. Finalmente, vi un bar al que conducía un hueco cubierto por una cortina de percal. La descorrí, entré y me desplomé sobre el banco más próximo. Me zumbaban los oídos porque el calor no paraba de volverse cada vez más espeso, más monstruoso.

En el oscuro fondo del bar, vacío, vi un mostrador maltrecho y pegajoso (de la suciedad que tenía acumulada) y dos cabezas descansando en él. Desde lejos parecían cortadas y que alguien las había colocado allí y se había ido. Sí. Seguramente así era, porque aquellas cabezas no se movían, no daban ninguna señal de vida. Sin embargo, fui incapaz de pensar en quién las habría traído y por qué las había dejado allí. Toda mi atención se concentraba en la caja con botellas de agua que se hallaba junto al mostrador. Me arrastré hacia ella con el resto de mis fuerzas y empecé a beber, vaciando una botella tras otra. Sólo entonces una de las cabezas abrió un ojo, que miraba a ver qué hacía yo. Sin embargo, ninguna de las dos camareras –inmóviles, a causa del calor, como dos lagartijas– hizo el más leve ademán.

Al disponer por fin de agua y de un lugar a la sombra esperé tranquilamente a que amainase el fuego del mediodía y luego me puse a recorrer las calles en busca de un hotel. Se veía que los barrios opulentos de Massawa debían de haber sido en tiempos una encantadora mezcla tropical de arquitectura árabe-italiana. Pero ahora, varios años después de la guerra, la mayoría de las casas seguía convertida en escombros y las aceras estaban llenas de cascotes, cristales rotos e inmundicias. En uno de los cruces más importantes de la ciudad aparecía, quemado, un tanque ruso de gran tamaño, el T-72. A todas luces, no tenían con qué sacarlo de allí. En toda Eritrea no había grúa capaz de levantarlo. Tampoco plataforma con la que transportarlo. Ni altos hornos donde fundirlo. A un país como Eritrea sí se puede traer un tanque enorme, también se puede disparar desde él, pero cuando se estropea o alguien lo quema, a la hora de la verdad nadie sabe qué hacer con lo que queda.

EN ÁFRICA, A LA SOMBRA DE UN ÁRBOL

El viaje toca a su fin. En cualquier caso, el fin de ese fragmento suyo que hasta aquí he descrito. Ahora –camino de vuelta– aún queda un breve descanso a la sombra de un árbol. El árbol en cuestión crece en una aldea que se llama Adofo y está situada cerca del Nilo Azul, en la provincia etíope de Wollega. Es un inmenso mango de hojas frondosas y perennemente verdes. El que viaja por los altiplanos de África, por la infinitud del Sahel y de la sabana, siempre contempla el mismo y asombroso cuadro que no cesa de repetirse: en las inmensas extensiones de una tierra quemada por el sol y cubierta por la arena, en unas llanuras donde crece una hierba seca y amarillenta, y sólo de vez en cuando algún que otro arbusto seco y espinoso, cada cierto tiempo aparece, solitario, un árbol de copa ancha y ramificada. Su verdor es fresco y tupido y tan intenso que ya desde lejos forma, claramente visible en la línea del horizonte, una nítida mancha de espesura. Sus hojas, aunque en ninguna parte se percibe una sola brizna de viento, se mueven y despiden destellos de luz. ¿De dónde ha salido el árbol en este muerto paisaje lunar? ¿Por qué precisamente en este lugar? ¿Por qué uno solo? ¿De dónde saca la savia? A veces, tenemos que recorrer muchos kilómetros antes de toparnos con otro.

A lo mejor, en tiempos, crecían aquí muchos árboles, un bosque entero, pero se los taló y quemó y sólo ha quedado este único mango. Todo el mundo de los alrededores se ha precupado por salvarle la vida, sabiendo cuán importante era. Es que en torno a cada uno de estos árboles solitarios hay una aldea. En realidad, al

329

divisar desde lejos un mango de estos, podemos tranquilamente dirigirnos hacia él, sabiendo que allí encontraremos gente, un poco de agua e, incluso, tal vez algo de comer. Esas personas han salvado el árbol porque sin él no podrían vivir: bajo el sol africano, para existir, el hombre necesita sombra, y el árbol es su único depositario y administrador.

Si en la aldea hay un maestro, el espacio bajo el árbol sirve como aula escolar. Por la mañana acuden aquí los niños de todo el poblado. No existen cursos ni límites de edad: viene quien quiere. La señorita o el señor maestro clavan en el tronco el alfabeto impreso en un hoja de papel. Señalan con una vara las letras, que los niños miran y repiten. Están obligados a aprendérselas de memoria: no tienen con qué ni sobre qué escribir.

Cuando llega el mediodía y el cielo se vuelve blanco de tanto calor, en la sombra del árbol se protege todo el mundo: los niños y los adultos, y si en la aldea hay ganado, también las vacas, las ovejas y las cabras. Resulta mejor pasar el calor del mediodía bajo el árbol que dentro de la choza de barro. En la choza no hay sitio y el ambiente es asfixiante, mientras que bajo el árbol hay espacio y esperanza de que sople un poco de viento.

Las horas de la tarde son las más importantes: bajo el árbol se reúnen los mayores. El mango es el único lugar donde se pueden reunir para hablar, pues en la aldea no hay ningún local espacioso. La gente acude puntual y celosamente a estas reuniones: los africanos están dotados de una naturaleza gregaria y muestran una gran necesidad de participar en todo aquello que constituye la vida colectiva. Todas las decisiones se toman en asamblea, las disputas y peleas las soluciona la comunidad en pleno, que también resuelve quién recibirá tierra cultivable y cuánta. La tradición manda que toda decisión se tome por unanimidad. Si alguien es de otra opinión, la mayoría tratará de persuadirlo tanto tiempo como haga falta hasta que cambie de parecer. A veces la cosa dura una eternidad, pues un rasgo típico de estas deliberaciones consiste en una palabrería infinita. Si entre dos habitantes de la aldea surge una disputa, el tribunal reunido bajo el árbol no buscará la verdad ni intentará averiguar quién tiene razón, sino que se dedicará, única y exclusivamente, a quitar hierro al conflicto y a llevar a las partes hacia un acuerdo, no sin considerar justas las alegaciones de ambas. Cuando se acaba el día y todo se sume en la oscuridad, los congregados interrumpen la reunión y se van a sus casas. No se puede debatir a oscuras: la discusión exige mirar al rostro del hablante; que se vea si sus palabras y sus ojos dicen lo mismo. Ahora, bajo el árbol, se reúnen las mujeres; también acuden los ancianos y los niños, curiosos por todo. Si disponen de madera, encienden fuego. Si hay agua y menta, preparan un té, espeso y cargado. Empiezan los momentos más agradables, los que más me gustan: se relatan los acontecimientos del día y se cuentan historias en que se mezclan lo real y lo imaginario, cosas alegres y las que despiertan terror. ¿Qué ha hecho tanto ruido entre los arbustos esta mañana, ese algo oscuro y furioso? ¿Qué pájaro tan extraño ha levantado el vuelo y ha desaparecido? Unos niños han obligado a un topo a esconderse en su madriguera. Luego la han descubierto y el topo no estaba. ¿Dónde se habrá metido? A medida que avanzan los relatos la gente empieza a recordar que, en tiempos, los viejos hablaban de un pájaro extraño que, en efecto, había levantado el vuelo y había desaparecido; otra persona se acuerda de que, cuando era pequeña, su bisabuelo le dijo que una cosa oscura llevaba tiempo haciendo ruido entre los arbustos. ¿Cuánto? Hasta donde llega la memoria. Aquí, la frontera de la memoria también lo es de la Historia. Antes no había nada. El antes no existe. La Historia no llega más allá de lo que se recuerda.

Aparte del norte islámico, África no conocía la escritura; la Historia nunca ha pasado aquí de la transmisión oral, estaba en las leyendas que circulaban de boca en boca y era un mito colectivo, creado involuntariamente al pie de un mango, en la profunda penumbra de la tarde, cuando no se oían más que las voces temblorosas de los ancianos, puesto que las mujeres y los niños, embelesados, guardaban silencio. De ahí que los momentos en que cae la noche sean tan importantes: es cuando la comunidad se plantea quién es y de dónde viene, se da cuenta de su carácter singular e irrepetible, y define su identidad. Es la hora de hablar con los antepasados, que si bien es cierto que se han ido, al mismo tiempo permanecen con nosotros, siguen conduciéndonos a través de la vida y nos protegen del mal.

Al caer la noche el silencio bajo el árbol sólo es aparente. En realidad lo llenan muchas y muy diversas voces, sonidos y susurros que llegan de todas partes: de las altas ramas, de la maleza circundante, de debajo de tierra, del cielo. Es mejor que en momentos así nos mantengamos unidos, que sintamos la presencia de otros, presencia que nos infunde ánimo y valor. El africano nunca deja de sentirse amenazado. En este continente la naturaleza cobra formas tan monstruosas y agresivas, se pone máscaras tan vengativas y terroríficas, coloca tales trampas y emboscadas, que el hombre, permanentemente asustado y atemorizado, vive sin saber jamás lo que le traerá el mañana. Aquí todo se produce de manera multiplicada, desbocada, histéricamente exagerada. Cuando hay tormenta, los truenos sacuden el planeta entero y los rayos destrozan el firmamento haciéndolo jirones; cuando llueve, del cielo cae una maciza pared de agua que nos ahogará y sepultará de un momento a otro; cuando hay sequía, siempre es tal que no deja ni una gota de agua y nos morimos de sed. En las relaciones naturaleza–hombre no hay nada que las suavice, ni compromisos de ninguna clase, ni gradaciones, ni estados intermedios. Todo –y durante todo el tiempo– es guerra, combate, lucha a muerte. El africano es un hombre que desde que nace hasta que muere permanece en el frente, luchando contra la –excepcionalmente malévola– naturaleza de su continente, y ya el mero hecho de que esté con vida y sepa conservarla constituye su mayor victoria.

Pues bien, ha caído la noche, estamos sentados bajo un árbol enorme y una muchacha me ofrece un vaso de té. Oigo hablar a gentes cuyos rostros, fuertes y brillantes, como esculpidos en ébano, se funden con la inmóvil oscuridad. No entiendo mucho de lo que dicen pero sus voces suenan serias y solemnes. Al hablar se sienten responsables de la Historia de su pueblo. Tienen que preservarla y desarrollarla. Nadie puede decir: leedla en los libros, pues nadie los ha escrito; no existen. Tampoco existe la Historia más allá de la que sepan contar aquí y ahora. Nunca nacerá esa que en Europa se llama científica y objetiva, porque la africana no conoce documentos ni censos, y cada generación, tras escuchar la versión correspondiente que le ha sido transmitida, la cambia, altera, modifica y embellece. Pero por eso mismo, libre de lastres, del rigor de los datos y las fechas, la Historia alcanza aquí su encarnación más pura y cristalina: la del mito.

En dichos mitos, el lugar de las fechas y de la medida mecánica del tiempo –días, meses, años– lo ocupan declaraciones como: «hace tiempo», «hace mucho tiempo», «hace tanto que ya nadie lo recuerda». Todo se puede hacer caber en estas expresiones y colocarlo en la jerarquía del tiempo. Sólo que ese tiempo no avanza de una manera lineal y ordenada, sino que cobra forma de movimiento, igual al de la Tierra: giratorio y uniformemente elíptico. En tal concepción del tiempo, no existe la noción de progreso, cuyo lugar lo ocupa la de durar. África es un eterno durar.

Se hace tarde y todos se van a sus casas. Cae la noche, y la noche pertenece a los espíritus. ¿Dónde, por ejemplo, se reunirán las brujas? Se sabe que celebran sus encuentros y asambleas en las ramas, sumergidas y ocultas entre las hojas. Más vale no molestarlas, mejor retirarse del refugio del árbol: no soportan que se las mire, escuche, espíe. Saben ser vengativas y son capaces de perseguirnos: inocular enfermedades, infligir dolor, sembrar la muerte.

De modo que el lugar bajo el mango permanecerá vacío hasta la madrugada. Al alba en la tierra aparecerán, al mismo tiempo, el sol y la sombra del árbol. El sol despertará a la gente, que no tardará en ocultarse ante él, buscando la protección de la sombra. Es extraño, aunque rigurosamente cierto a un tiempo, que la vida del hombre dependa de algo tan volátil y quebradizo como la sombra. Por eso el árbol que la proporciona es algo más que un simple árbol: es la vida. Si en su cima cae un rayo y el mango se quema, la gente no tendrá dónde refugiarse del sol ni dónde reunirse. Al serle vetada la reunión, no podrá decidir nada ni tomar resolución alguna. Pero, sobre todo, no podrá contarse su Historia, que sólo existe cuando se transmite de boca en boca en el curso de las reuniones vespertinas bajo el árbol. Así, no tardará en perder sus conocimientos del ayer y su memoria. Se convertirá en gente sin pasado, es decir, no será nadie. Todos perderán aquello que los ha

unido, se dispersarán, se irán, solos, cada uno por su lado. Pero en
África la soledad es imposible; solo, el hombre no sobrevivirá ni
un día: está condenado a muerte. Por eso, si el rayo destruye el árbol, también morirán las personas que han vivido a su sombra. Y
así está dicho: el hombre no puede vivir más que su sombra.
Paralelamente a la sombra, el segundo valor más importante
es el agua.

–El agua lo es todo –dice Ogotemmeli, el sabio del pueblo
dogon, que habita en Malí–. La tierra procede del agua. La luz
procede del agua. Y la sangre.

–El desierto te enseñará una cosa –me dijo en Niamey un
vendedor ambulante sahariano–: que hay algo que se puede desear
y amar más que a una mujer. El agua.

La sombra y el agua, dos cosas volátiles e inseguras, que aparecen para luego desaparecer no se sabe por dónde.

Dos modos de vivir, dos situaciones: a todo aquel que por vez
primera se encuentre en uno de los hipermercados norteamericanos, en uno de esos *mallos* gigantescos e interminables, le chocará
la riqueza y la diversidad de las mercancías allí expuestas, la presencia de todos los objetos posibles que el hombre ha inventado y
fabricado, y luego los ha transportado, almacenado y acumulado,
con lo cual ha hecho que el cliente ya no tenga que pensar en
nada: lo han pensado todo por él y ahora lo tiene todo listo y a
mano.

El mundo del africano medio es diferente; es un mundo pobre, de lo más sencillo y elemental, reducido a unos pocos objetos:
una camisa, una palangana, un puñado de grano, un sorbo de
agua. Su riqueza y diversidad no se expresan bajo una forma material, concreta, tangible y visible, sino en esos valores y significados
simbólicos que dicho mundo confiere a las cosas más sencillas, tan
baladíes que son inapreciables para los no iniciados. Sin embargo,
una pluma de gallo puede ser considerada como una linterna que
ilumina el camino en la oscuridad, y una gota de aceite, como un
escudo que protege de las balas. La cosa cobra un peso simbólico,
metafísico; porque así lo ha decidido el hombre, quien, por el
mero hecho de elegirla, la ha enaltecido, trasladado a otra dimensión, a la esfera superior del ser: a la trascendencia.

Tiempo ha, en el Congo, me permitieron acceder al misterio: pude ver la escuela de iniciación de los niños. Al acabarla se convertían en hombres adultos, tenían derecho a voz y voto en las reuniones del clan y podían fundar una familia. Al visitar una de estas escuelas, tan archiimportantes en la vida del africano, el europeo no parará de sorprenderse y de frotarse los ojos, incrédulo. ¡Cómo? ¡Pero si aquí no hay nada! ¡Ni bancos, ni tan siquiera una pizarra! Sólo unos arbustos espinosos, unos manojos de hierba seca y, en lugar de suelo, una capa de ceniza y arena gris. ¿Y a esto llaman escuela? Y, sin embargo, los jóvenes se mostraban orgullosos y solemnes. Habían alcanzado un gran honor. Es que allí todo se basaba en un contrato social –tratado con mucha seriedad–, en un profundo acto de fe: la tradición reconocía que el lugar donde permanecían aquellos muchachos era la sede de la escuela del clan, la cual, al introducirlos en la vida, gozaba de un estatus de privilegio, solemne e, incluso, sagrado. Una nadería se convierte en algo importante porque así lo hemos decidido. Nuestra imaginación la ha ungido y enaltecido.

El disco de Leshina puede ser un buen ejemplo de esa transformación ennoblecedora. La mujer que llevaba el apellido Leshina vivía en Zambia. Tenía unos cuarenta años. Era vendedora en la pequeña ciudad de Serenje. No se distinguía por nada especial. Corrían los años sesenta y en los más diversos rincones del mundo se topaba uno con gramófonos de manivela. Leshina tenía un gramófono de aquellos y un disco, uno solo, gastado y rayado hasta lo imposible. El disco contenía la grabación de un discurso de Churchill, de 1940, en el que el orador exhortaba a los ingleses a aceptar las privaciones y los sacrificios de la guerra. La mujer colocaba el gramófono en su patio y daba vueltas a la manivela. Del altavoz, metálico y pintado de verde, salían roncos gruñidos y borbolleos que retumbaban en el aire y en los que se podían adivinar los ecos de una voz llena de *pathos*, pero ya incomprensibles y desprovistos de sentido. Al populacho que allí acudía, cada vez más numeroso con el paso del tiempo, Leshina le explicaba que era la voz de dios, que la nombraba su mensajera y ordenaba obediencia ciega. Auténticas muchedumbres empezaron a acudir a su casa. Sus fieles, por lo general pobres de solemnidad, con un esfuerzo sobrehumano construyeron un templo en la selva y comenzaron a decir allí sus oraciones. Al principio de cada oficio el estrepitoso bajo de Churchill los sumía en estado de trance y éxtasis. Pero como los líderes africanos se avergüenzan de tales manifestaciones religiosas, el presidente Kenneth Kaunda mandó contra Leshina su tropa, que en el lugar del culto a la mujer, asesinó a varios cientos de personas inocentes y cuyos tanques convirtieron en polvo su templo de arcilla.

Estando en África, el europeo no ve más que una parte de ella: por lo general, ve tan sólo su capa exterior, que a menudo no es la más interesante, ni tampoco reviste mayor importancia. Su mirada se desliza por la superficie, sin penetrar en el interior, como si no creyese que detrás de cada cosa pudiera esconderse un misterio, misterio que, a un tiempo, se hallara encerrado en ella. Pero la cultura europea no nos ha preparado para semejantes viajes hacia el interior, hacia las fuentes de otros mundos y de otras culturas. El drama de éstas –incluida la europea– consistió, en el pasado, en el hecho de que sus primeros contactos recíprocos pertenecieron a una esfera dominada, las más de las veces, por hombres de la más baja estofa: ladrones, sicarios, pendencieros, delincuentes, traficantes de esclavos, etc. También se dieron casos –pocos– de otra clase de personas: misioneros honestos, viajeros e investigadores apasionados, pero el tono, el estándard y el clima los creó y dictó, durante siglos, la internacional de la chusma rapiñadora. Es evidente que a ésta no se le pasó por la cabeza el intentar conocer otras culturas, respetarlas, buscar un lenguaje común. En su mayoría, se trataba de torpes e ignorantes mercenarios, sin modales ni sensibilidad alguna y a menudo analfabetos. No les interesaba sino conquistar, saquear y masacrar. De resultas de tales experiencias, las culturas –en lugar de conocerse mutuamente, acercarse y compenetrarse– se fueron haciendo hostiles las unas frente a las otras o, en el mejor de los casos, indiferentes. Sus respectivos representantes –excepto los mencionados truhanes– guardaban prudentes distancias, se evitaban, se tenían miedo. La monopolización de los contactos interculturales por una clase compuesta de brutos ignorantes decidió y selló el mal estado de sus relaciones recíprocas. Las relaciones interpersonales habían empezado a fijarse de acuerdo con el criterio más primitivo: el color de la piel. El racismo se convirtió en una ideología según la cual los hombres definían su lugar en el orden del mundo. Blancos-negros: en esta relación a menudo ambas partes se sentían mal. En 1894, el inglés Lugard penetra, al frente de un pequeño destacamento, en el interior de África para conquistar el reino de Borgu. Primero quiere entrevistarse con el rey. Pero sale a su encuento un emisario que le dice que el soberano no lo puede recibir. Dicho emisario, mientras habla con Lugard, no para de escupir en un recipiente de bambú que lleva colgado del cuello: escupir significa purificarse y protegerse de las consecuencias de un contacto con el hombre blanco.

El racismo, el odio hacia el otro, el desprecio y el deseo de erradicar al diferente hunden sus raíces en las relaciones coloniales africanas. Allí, todo esto ya había sido inventado y llevado a la práctica siglos antes de que los sistemas totalitarios modernos trasplantasen aquellas sórdidas e infames experiencias a la Europa del siglo XX.

Otra consecuencia de aquel monopolio de los contactos con África, ostentado por la mencionada clase de ignorantes, radica en el hecho de que las lenguas europeas no han desarrollado un vocabulario que permita describir adecuadamente mundos diferentes, no europeos. Grandes cuestiones de la vida africana quedan inescrutadas, o ni siquiera planteadas, a causa de una cierta pobreza de las lenguas europeas. ¿Cómo describir el interior de la selva, tenebroso, verde, asfixiante? Y esos cientos de árboles y arbustos, ¿qué nombres tienen? Conozco nombres como «palmera», «baobab» o «euforbio», pero precisamente estos árboles no crecen en la selva. Y esos árboles inmensos, de diez pisos, que vi en Ubangi y en Ituri, ¿cómo se llaman? ¿Cómo llamar a los más diversos insectos con que nos topamos por todas partes y que no paran de atacar y de picarnos? A veces se puede encontrar un nombre en latín, pero ¿qué le aclarará éste a un lector medio? Y eso que no son más que problemas con la botánica y la zoología. ¿Y qué pasa con toda la enorme esfera de lo psíquico, con las creencias y la mentalidad de esta gente? Cada una de las lenguas europeas es rica, sólo que su riqueza no se manifiesta sino en la descripción de su propia cultura, en la representación de su propio mundo. Sin embargo, cuando se intenta entrar en territorio de otra cultura, y describirla, la lengua desvela sus límites, su subdesarrollo, su impotencia semántica.

África significa miles de situaciones. De lo más diversas, distintas, contradictorias, opuestas. Alguien dirá: «Allí hay guerra.» Y tendrá razón. Otro dirá: «Allí hay paz», y también tendrá razón. Todo depende de dónde y cuándo.

En tiempos anteriores a la colonización —así que tampoco hace tanto— en África habían existido más de diez mil países, entre pequeños Estados, reinos, uniones étnicas, federaciones. Un historiador de la Universidad de Londres, Ronald Oliver, en su libro titulado *African Experience* (Nueva York, 1991), centra su atención en la paradoja, aceptada de manera generalizada, según la cual los colonialistas europeos llevaron a cabo la división de África. «¿División?», exclama Oliver, asombrado. «Brutal y devastadora, pero ¡fue una unificación! El número diez mil se redujo a cincuenta.»

Aun así, queda mucho de aquella diversidad, de aquel fulgurante mosaico, que se ha vuelto un cuadro creado con terrones, piedrecillas, astillas, chapitas, hojas y conchas. Cuanto más lo contemplamos, mejor vemos cómo todos esos elementos diminutos que forman la composición, ante nuestros ojos cambian de lugar, de forma y de color hasta ofrecernos un impresionante espectáculo que nos embriaga con su versatilidad, su riqueza, su resplandeciente colorido.

Hace unos años pasé la Nochebuena en compañía de unos amigos en el Parque Nacional de Mikumi, en el interior de Tanzania. La tarde era cálida, agradable, sin viento. En un claro en medio de la selva, sin más protección que el cielo, había dispuestas varias mesas. Y sobre ellas, pescado frito, arroz, tomates y *pombe*, la cerveza local. Ardían las velas, las antorchas y las lámparas de petróleo. Reinaba un ambiente distendido y agradable. Como suele pasar en África en ocasiones semejantes, se contaban chistes e historias graciosas. Habían acudido allí ministros del gobierno tanzano, embajadores, generales, jefes de clanes. Era más de medianoche cuando sentí que la impenetrable oscuridad –que empezaba justo detrás de las mesas iluminadas– se mecía y retumbaba. No por mucho rato. El ruido aumentaba por momentos, hasta que de las profundidades de la noche emergió un elefante, justo a nuestras espaldas. Ignoro si alguien de entre vosotros se ha topado con uno cara a cara, no en un zoo o en un circo, sino en la selva africana, allí donde el elefante es el terrible amo del mundo. Al verlo, la persona es presa de un pánico mortal. El elefante solitario, apartado de la manada, a menudo se halla en estado de *amok* y es un agresor frenético que se abalanza sobre las aldeas, arrasando chozas y matando a personas y animales.

El elefante era realmente grande, tenía una mirada penetrante y perspicaz y no emitía sonido alguno. No sabíamos qué pasaba por su tremenda cabeza, qué haría al cabo de un segundo. Tras quedarse parado durante un rato, empezó a pasearse entre las mesas, en cuyo derredor reinaba un silencio sepulcral: todo el mundo, inmóvil, estaba paralizado por el terror. Nadie osaba moverse, no fuera a ser que aquello liberase la furia del animal, que es muy rápido; no hay manera de huir de un elefante. Aunque por otro lado, al quedarse sentada quieta, la persona se exponía a que la atacase; en tal caso moriría aplastada bajo los pies del gigante.

De modo que el paquidermo se paseaba, contemplaba las guarnecidas mesas, la luz, la gente petrificada... Por sus movimientos, por sus balanceos de cabeza, se adivinaba que aún vacilaba, que le costaba tomar una decisión. La cosa se prolongó hasta el infinito, durante toda una gélida eternidad. En un momento dado intercepté su mirada. Nos escrutaba pesada y atentamente, con unos ojos que expresaban una profunda y queda melancolía.

Al final, después de dar varias vueltas a las mesas y al prado, nos abandonó: se apartó de nosotros y desapareció en la oscuridad. Cuando cesó el retumbar de la tierra y la oscuridad dejó de moverse, uno de los tanzanos que se sentaban a mi lado preguntó:

–¿Has visto?

–Sí –contesté, aún medio muerto–. Era un elefante.

–No –repuso–. El espíritu de África siempre se encarna en un elefante. Porque al elefante no lo puede vencer ningún animal. Ni el león, ni el búfalo, ni la serpiente.

Sumidos en el silencio, todos se dirigían a sus respectivas cabañas mientras los chicos apagaban las luces en las mesas. Todavía era de noche, pero se aproximaba el momento más maravilloso de África: el alba.

ÍNDICE

Impreso en Talleres Gráficos de
REINBOOK IMPRES S.L.
Avenida Barcelona, 260, 08750
Molins de Rei (Barcelona)